グッドコーチ
になるための
ココロエ

[Webアシスト付]

平野裕一

土屋裕睦

荒井弘和

共編

培風館

執筆者紹介 (50音順，2019年6月現在)
＜　＞は執筆分担を示す

青野　　博	日本スポーツ協会スポーツ科学研究室	＜4-3＞
青柳　健隆	関東学院大学経済学部	＜5-5, 5-6, コラム3＞
荒井　弘和	法政大学文学部	＜2-1, 2-2, 3-4, アクティブ・ラーニング＞
池上　　正	NPO法人I.K.O市原アカデミー	＜コラム7＞
石川　三知	Office LAC-U	＜4-1＞
石田　和之	読売巨人軍ジャイアンツアカデミー	＜コラム5＞
泉　　重樹	法政大学スポーツ健康学部	＜4-2, コラム6＞
伊藤　雅充	日本体育大学体育学部	＜1-3＞
岩原　文彦	日本体育大学体育学部	＜1-2＞
苅部　俊二	法政大学スポーツ健康学部	＜2-4＞
木内　敦詞	筑波大学体育系	＜コラム9＞
窪　　康之	国立スポーツ科学センタースポーツ科学部	＜3-3＞
栗山　靖弘	鹿屋体育大学体育学部	＜2-5＞
小菅　　萌	大阪体育大学体育学部	＜2-3＞
佐々木玲子	慶應義塾大学体育研究所	＜コラム2＞
佐良土茂樹	日本体育大学総合スポーツ科学研究センター	＜1-1＞
澤江　幸則	筑波大学体育系	＜5-3＞
渋倉　崇行	桐蔭横浜大学大学院スポーツ科学研究科	＜5-4＞
清水　智弘	湘南ベルマーレスポーツクラブ	＜5-1＞
杉本　龍勇	法政大学経済学部	＜コラム4＞
鈴木　康弘	国立スポーツ科学センタースポーツ研究部	＜3-2＞
関口　　遵	日本体育大学体育学部	＜1-4＞
芳賀　　瑛	九州大学附属図書館付教材開発センター	＜Web教材作成協力＞
森丘　保典	日本大学スポーツ科学部	＜3-1＞
山口　　香	筑波大学体育系	＜5-2＞
山本　　浩	法政大学スポーツ健康学部	＜コラム1＞
來田　享子	中京大学スポーツ科学学部	＜コラム8＞

本書の無断複写は，著作権法上での例外を除き，禁じられています。
本書を複写される場合は，その都度当社の許諾を得てください。

はじめに

　日本のスポーツ界は新しい時代に入りました．2020 オリンピック・パラリンピック東京大会をはじめ，2019 ラグビーワールドカップ，2021 ワールドマスターズ等，スポーツのメガイベントが続き，スポーツへの関心や期待がこれまで以上に高まっています．スポーツ立国戦略では，スポーツの力によって，日本の社会をさらに発展させていこうと考えています．たとえば，日本のコーチが海外でスポーツ指導に携わり，その国の発展に有益な人材を育てていくことは，成熟したスポーツ文化を持つ日本の大切な役割だと思われます．

　今後，人々のスポーツに対する価値観はいっそう多様化することが予想される中にあって，グッドコーチを育成することはとても重要な課題になっています．2012 年，大阪の市立高校において，バスケットボール部を指導する顧問教諭の体罰に悩み，当時 2 年生だったキャプテンが自死した事案を忘れることはできません．日本代表チームでもハラスメントと認定される事案が表面化し，この問題は当時の文部科学大臣をして「我が国のスポーツ史上最大の危機」とまで言わしめる事態に発展しました．

　この声明を受けて文部科学省に「スポーツ指導者の資質能力向上のための有識者会議」（タスクフォース）が設置されました．本書で編者を務める平野裕一先生と筆者は委員としてタスクフォースに加わり，報告書の取りまとめに参画しました．そこで確認したことの 1 つが，グッドコーチ育成のために，新しい時代にふさわしいモデル・コア・カリキュラム（MCC）を作ることでした．本書は，スポーツ庁の委託を受け，公益財団法人日本スポーツ協会（JSPO）が作成した MCC に準拠した図書として企画されました．

　執筆者は MCC 作成に直接関与した有識者をはじめ，スポーツ科学の専門家，そして日本を代表するグッドコーチの皆さんです．MCC の特徴は，アクティブ・ラーニングにあります．本書のもう一人の編者，荒井弘和先生は MCC に基づいて実施された第 1 回コーチデベロッパー養成講習会の修了者で，実際にアクティブ・ラーニングを体験した当事者です．その経験を活かし，本書ではスポーツ指導で直面するさまざまな事象をもとに，グッドコーチ

になるために最低限必要となる基礎知識をわかりやすく紹介しています．同時に，より主体的で深い学びが可能となるよう，Web上に関連資料や動画などの補助教材を配し，学び続けられるよう工夫されています．これらの教材は，随時アップデートされていく予定です．

　本書が想定する読者は以下の皆さんです．まず，実際にスポーツ指導を行っているコーチの皆さんには，ぜひ本書を手に取っていただきたいと思います．地域スポーツやスポーツ少年団のコーチ，中学校・高等学校で運動部の顧問を務める先生方や外部指導員，あるいは新しく部活動指導員に任命された方，そして大学や社会人クラブ，実業団等で指導を行うプロ・コーチにも，本書を通じて「学び続けること」の大切さを確認していただきたいと思います．本書を紐解くと，「インテグリティ」のような聞き慣れない言葉が新しくキーワードになっていることに気づいていただけると思います．また，JSPOをはじめ，各競技団体の認定するコーチ資格のあり方が大きく変わり始めていることも理解していただけると思います．

　次に，これからコーチを目指す皆さんにもぜひ本書を通じて，新しい時代にふさわしいコーチングの全体像を把握してほしいと思います．体育系大学の学生や運動部活動に打ち込む学生アスリートの皆さんは，もしかすると自身の専門種目に関するコーチングに自信があるかも知れません．しかし，アスリートとして優秀であるからと言って，グッドコーチになれるとは限りません．私たちは自分が体験したコーチングにのみ基づいて指導を行いがちです．本書には，グッドコーチを目指すための，さまざまな手がかりが散りばめられています．

　また，教育系大学で教職を目指す学生にも本書を活用してほしいと思います．教職を目指す学生の中には，これまで運動部活動の経験のない方もいるでしょう．中学校の運動部活動を担当する顧問のうち，約4割は保健体育の教員でもなく，またその種目の経験者でもないという調査結果があります．これまで，運動部活動をどのように担当したらよいのか，最低限どのような知識・技能が必要なのかについて解説した図書は必ずしも多くありませんでした．本書はそのようなニーズにも対応しています．教員養成系大学では，教職科目として体育実技と講義が設定されていることが多くありますが，その講義科目の教科書としても本書は活用可能です．

　スポーツを指導する際には，車の運転と同じように，最低限守らなければならないこと(心得)があります．たとえば，体罰を行うことは赤信号にも関わら

はじめに

ず交差点に突っ込むことと同じです．信号を守るのと同じように，コーチはプレイヤーの人権に注意深く配慮し，自主性を尊重しなければなりません．これまで「多少の体罰は許される，強くなるためには必要悪だ」との認識があったかもしれません．しかし時代は変わりました．新しい時代にふさわしい心得が求められています．最低限守らなければならないことを知った上で，プレイヤーを育て，自分も成長していくことに喜びを感じるグッドコーチを目指しましょう．そこで育ったプレイヤーは，私達の姿を見て，さらに優れたグッドコーチになってくれるかもしれません．新しい時代を迎えた今，私達がグッドコーチを目指すことは，未来から託された使命なのです．

令和元年 6月10日

編者を代表して

土屋　裕睦

本書内の web 情報は培風館のホームページ
　http://www.baifukan.co.jp/shoseki/kanren.html
から，アクセスできるようになっています．
参考にして有効に活用してください．

目　次

第1章　コーチングの理念・哲学 ——————————— 1

- 1-1　日本のコーチングの今　1
- 1-2　多様なコーチング文脈　10
- 1-3　コーチに求められるもの　18
- 1-4　コーチの学び　26
- アクティブ・ラーニング1　対話の前のアイスブレイク　34

第2章　対自分力と対他者力
　　　　～セルフコントロールとコミュニケーション ——— 35

- 2-1　コーチのセルフコントロール　35
- 2-2　コーチのコミュニケーション　44
- 2-3　コーチングとリーダーシップ　52
- 2-4　多様な思考法に基づくコーチング　63
- 2-5　運動部員の進路・キャリアデザイン　72
- アクティブ・ラーニング2　対話のマナー　81

第3章　トレーニングのミニマム ——————————— 82

- 3-1　スポーツトレーニングの基本的な考え方　82
- 3-2　体力トレーニング　92
- 3-3　技術トレーニング　100
- 3-4　メンタルトレーニング　110
- アクティブ・ラーニング3　グループ分けの工夫と対話の活性化　118

目　次　　　　　　　　　　　　　　　　　　　　　v

第4章　アスリートの健康 ― 119

4-1　食事と栄養，サプリメント　　110
4-2　アスリートの休養・睡眠　　129
4-3　アンチ・ドーピング　　138

アクティブ・ラーニング4　　対話を描く　　147

第5章　現場のマネジメント ― 148

5-1　発育発達に合わせたコーチング　　148
5-2　女性アスリートのコーチング　　155
5-3　障害のある人のコーチング　　164
5-4　コーチングにおけるリスクマネジメント
　　　（体罰・ハラスメント）　　178
5-5　運動部活動の外部指導者を探す・活用する　　186
5-6　運動部活動顧問の役割と負担　　196

アクティブ・ラーニング5　　対話の雰囲気を変える　　203

引用文献 ― 204

あとがき ― 218

索　引 ― 220

コラムの目次

1. ドイツのスポーツ指導 ——— 17
2. 幼児を対象としたコーチング（幼児期の指導・コーチング） ——— 53
3. 小学校の運動部活動 ——— 71
4. 他種目に対するコーチング ——— 101
5. 幼児から児童へのコーチング（ジャイアンツアカデミーの試み） ——— 108
6. 熱中症対策（起こったあとに何をすべきでしょうか） ——— 136
7. 問いかけて伸ばすジュニア期のスポーツ指導 ——— 154
8. LGBTとコーチング ——— 161
9. 順道制勝のコーチング ——— 183

第1章 コーチングの理念・哲学

1-1 日本のコーチングの今

　本節は「日本のコーチングの今」という壮大なタイトルを冠していますが，その「今」を限られた紙幅で余すところなく詳細に描き出すのは簡単ではありません．そこで，いくつかの資料を手引きとして，日本のコーチングの過去から現在までを大まかに描き出し，そこから向かうべき未来とそこへと至る方策を示すことにします．同時に，読者のさらなる学びのために，国際的に注目されるようになってきたいくつかの重要な用語(キー・ターム)についても触れておくことにします．

(1) 7つの提言とモデル・コア・カリキュラム

　さて，ここで手引きとする1つ目の資料は「グッドコーチに向けた『7つの提言』」(コーチング推進コンソーシアム，2015)です．なお，この「7つの提言」には次のような文言に対してそれぞれ補足的な説明が付されています(詳細は web 1-1)．

1. 暴力やあらゆるハラスメントの根絶に全力を尽くしましょう．
2. 自らの「人間力」を高めましょう．
3. 常に学び続けましょう．
4. プレーヤーのことを最優先に考えましょう．
5. 自立したプレーヤーを育てましょう．
6. 社会に開かれたコーチングに努めましょう．
7. コーチの社会的信頼を高めましょう．

　この提言は，2012〜13年に起こり，スポーツ界を揺るがした体罰やハラスメントの事件に端を発し，「全ての人々が自発性の下，年齢，性別，障害の有無に関わらず，それぞれの関心・適正等に応じてスポーツを実践する多様な現場でのコーチングを正しい方向へと導くために」取りまとめられたものです．

また，その取りまとめを行った「コーチング推進コンソーシアム」は，オールジャパン体制でコーチング環境の改善と充実に向けた取り組みを推進することを目的として，さまざまなスポーツ関係団体，大学クラブ，アスリートなどから構成されています．こうした経緯と組織の性格を考えれば，この提言のなかに日本のコーチングの過去と現在，さらに向かうべき未来が凝縮されていることは容易に想像できるでしょう．

　そうして浮かび上がってきた過去から連なる現在の課題に対して，未来に向けて改善するためにわれわれがどのようにしていけばよいかという方策を示しているのが2つ目の資料となる「平成27年度コーチ育成のための『モデル・コア・カリキュラム』作成事業報告書」（日本体育協会，2016）です．この報告書で取り上げられている「モデル・コア・カリキュラム」（以下「MCC」と略す，表1-1）は，「多様化・高度化・専門化する体育・スポーツにおいて，体育系大学等の学生が卒業後にコーチとして現場に立つことを見据えて，コーチに求められる資質能力（思考・態度・行動・知識・技能）を確実に習得するために必要な内容を『教育目標ガイドライン（講義概要（目的やねらい）・到達目標・時間数）』として提示するもので，体育系大学等におけるカリキュラム作成の参考となるもの」（日本体育協会，2016，p.3）です．そして，このMCCは，スポーツ医科学やコーチング学の専門家からなる「作成ワーキングメンバー」と体育系大学などの管理職からなる「作成専門研究委員」が協力して作成し，さらに「コーチングの専門家，日本体育学会，国際コーチングエクセレント評議会（ICCE）会長，全国体育系大学学長・学部長」といった異なる4者からの意見も踏まえています．そうした専門知とこれまでの経験則の結晶と言える存在であることを考えれば，MCCは日本のコーチングのこれから向かう先を描き出すうえでは絶好の資料と言えます．

　また，本書で扱う内容も概ねこのMCCの内容に沿ったものです．読者の皆さんがそれに基づいてグッドコーチになることを目指すのであれば，本節の記述はいわば「地図」の役割を果たすと思われます．つまり，自分が生きている世界の全体が実際にはどのようになっているのか，さらには，今いるところからどの方向に進めば，自分が目指している「グッドコーチ」という目的地に辿りつくことができるのかを把握できるでしょう．

　そこで，「7つの提言」とMCCを「暴力とハラスメントの根絶」，「コーチ自身の人間力向上と学び」，「コーチとプレーヤーの関係性」，「コーチと社会の関係性」という4つのテーマから見ていくことにしましょう．この区切りは，

1-1 日本のコーチングの今

表1-1 モデル・コア・カリキュラム（日本体育協会，2016，p.40）

資質能力区分		領域	学習内容	必要最低時間数		
				基礎	応用実践	計
人間力	思考・判断	コーチングの理念・哲学	プレーヤーとともに学び続けるコーチ	9h	18h	27h
			コーチング及びコーチとは			
			コーチに求められる資質能力			
			スポーツの意義と価値			
			コーチの倫理観・規範意識			
			コーチの役割と使命（職務）			
		計		9h	18h	27h
	態度・行動	対自分力	多様な思考法	6h	12h	18h
			コーチのセルフ・コントロール			
			コーチのキャリア・デザイン			
		対他者力	コミュニケーション	6h	12h	18h
			人的環境（関係者との信頼関係）の構築			
			プレーヤーのキャリア・デザイン			
		計		12h	24h	36h
知識技能	共通	トレーニング科学	スポーツトレーニングの基本的な考え方と理論体系	9h	18h	27h
			体力トレーニング			
			技術トレーニング			
			メンタルトレーニング			
		スポーツ医・科学	スポーツと健康	9h	18h	27h
			外傷と障害の予防			
			救急処置			
			アンチ・ドーピング			
			スポーツと栄養			
			スポーツの心理			
	専門	現場における理解と対応	ライフステージに応じたコーチング	6h	12h	18h
			プレーヤーの特性に応じたコーチング			
			コーチングにおけるリスクマネジメント			
			クラブ・チームの運営と事業			
			コーチング現場の特徴			
		計		24h	48h	72h
合計				46h	90h	135h

実習	現場実習	コーチングの実践と評価	5日	20日	50h
			10h	40h	

「暴力とハラスメントの根絶」というコーチにとっての至上命題から始まり，コーチ自身の在り方，プレーヤーとの関係，社会との関係というように扱う範囲が広くなっている点に特徴があります．

(2) 暴力やハラスメントの根絶

まず「1．暴力やあらゆるハラスメントの根絶に全力を尽くしましょう」という項目ですが，これは過去から現在に至るまでコーチによる暴力やハラスメントが多く起こってきたことを含意しています．そして実際に大きな社会的な問題になったコーチングの事例としては，高校部活動のバスケットボール指導者による体罰や，柔道女子日本代表チームで起こったパワーハラスメントなどがあります(島沢, 2014；谷釜, 2016, p.5；菊, 2017, p.112)．それ以降に刊行された書籍や論文ではそれらの事案が必ずといっていいほど言及される事例です．こうした事件は，「スポーツの価値を著しく脅かす重大な問題であり」(文部科学省, 2013, p.47)，コーチングが社会問題として見直されるきっかけとなりました．したがって「暴力とハラスメントの根絶」の訴えが「7つの提言」の最初に掲げられているのには理由があります．そして，「『体罰』という名の暴力は，今日，刑事罰を伴うほど社会の暴力と同等に認知され，絶対に許されなくなっている」(菊, 2017, p.114)ということをコーチは肝に銘じておかなければなりません．また，ハラスメントは「相手より優位な立場にある者が，その意図にかかわらず，相手方に不利益や損害を与え，若しくは個人の尊厳又は人格を侵害する行為」と定義されますが(谷釜, 2016, p.5)，とりわけスポーツに関連するものとしては，上下関係に基底したパワーハラスメントやセクシャルハラスメントなどがあります．さらに，これらと関連して，不適切な指導としては「しごき」や「虐待」も問題になります(南部, 2017)．残念ながら，スポーツ界では一般社会と比べて，暴力や体罰やハラスメントに対して問題意識が希薄だという現状があるといいます(菊, 2017, p.117)．

こうした現状を打破するために，MCCでは「スポーツの意義と価値」や「コーチの倫理観・規範意識」という項目が含まれています．「スポーツの意義と価値」では「スポーツのインテグリティを脅かす暴力，八百長，ドーピング，人種差別，ガバナンス欠如などを排除する必要性について理解」することが求められ，また「コーチの倫理観・規範意識」では，暴力とハラスメントの根絶をキーワードとして，「コーチは，暴力行為による強制と服従では，決して優れたプレーヤーや強いチームを育成できないこと，また暴力行為が指導に

おける必要悪という考え方が誤りであることを説明できるようになること」が求められています（日本体育協会，2016，pp.44-45）．ただし，この倫理的なコーチング行動は，座学や実習の場というより，それぞれの実践を通して学ばれなければなりません．つまり，それぞれのコーチは，単なる頭での理解ではなく，適切な行為の繰り返しと習慣づけによって，常に適切な行動を取ることができる性格や性向を身につける必要があります（アリストテレス，2014，pp.64-66）．さらに，「提言」では，「根絶に全力を尽くしましょう」と言われていることから，自分が体罰やハラスメントを行わないのはもちろんのこと，自分の周りでそのような事例が起こるのも見過ごしてはならないということも意味しています．

（3）コーチ自身の人間力向上と学び

　コーチ自身の事柄に対しては，2つの提言がなされています．1つ目は「2. 自らの「人間力」を高めましょう」という提言です．この提言からは単純に「これまでコーチたちの人間力がなかった」ということが帰結するわけではありません．むしろその背景として，直接的にはこれまでコーチの「人間力」がそれほど重要視されてこなかったという事情があり，また間接的には「勝利至上主義」的な傾向が蔓延していたという事情があるように思われます．言ってみれば，この提言にはコーチが自身の「人間力」を高めることをもっと意識しましょうというニュアンスが込められているのです．では「人間力」にはどのような要素が含まれるのでしょうか．これは一見したところ明らかではありません．これに対してMCCでは，「人間力」を「思考・判断」と「態度・行動」という領域から構成されるものとしています（日本体育協会，2016，p.40）．「態度・行動」は，自分の思考やセルフコントロールといった要素を含む「対自分力」と，プレーヤーとのコミュニケーションからそのキャリアデザインの範囲に渡る「対他者力」に分かれます．これは，コーチングが単なる技術や戦術指導にとどまらない幅広い活動であることを明確に示しています．さらに，こうした「人間力」の向上を求めるために，MCCでは，「人間力」に関する項目と時間数が，従来のカリキュラムから大幅に増加しています．具体的には，従来のカリキュラムでは人間力の内容が17％，現場実習が0％だったのに対して，このMCCでは人間力が34％，現場実習が27％となっているのです（日本体育協会，2016，p.1）．MCCでは，専門的技術や戦術を効果的に指導するためのコーチング理念・哲学やコミュニケーションや多様な思考法に加え

て，メンタルトレーニングや関係者との信頼関係の構築法などが含まれていますが，これらも理論的な把握のみならず，実践を通じてそのやり方を身につけることが欠かせません．

また「3. 常に学び続けましょう」という提言については，その付加的説明文で「自らの経験だけに基づいたコーチングから脱却」する必要性が述べられており，それは，現状として「自らの経験に頼ったコーチング」をしている指導者が多数いることを示唆しています．日進月歩の世の中において，「現代は高度情報化社会となっており」(文部科学省，2013，p.32)，最新のコーチング技術の習得やスポーツ医科学的知識の獲得が求められます．適切なスポーツ医科学の知識を身につけておく必要があるのは，何よりも安全管理・指導の観点からです．そうした知識を持たずにやみくもにコーチングを行えば，アスリートの怪我や障害や疾病につながってしまう可能性があり，実際にそのようなスポーツ障害が多く発生しています(南部，2016，pp.85-92)．他方で，医科学的知識や優れたコーチング技術に基づいてこそ，より効果的なコーチングが可能になります(國土，2016；小澤，2016；伊藤，2016b)．こうした現状を鑑みて，MCCでは，「トレーニング科学」「スポーツ医・科学」といった内容が盛り込まれています．

コーチが「学び続けなければならない」のは，そうした理論的知識にとどまりません．自分が日々のコーチングのなかで出会うさまざまな個別的状況に理論的知識を適用し，うまく対応していくことも学ばなければならないのです．だからこそ，MCCには「プレーヤーの特性に応じたコーチング」や「ライフステージに応じたコーチング」，「コーチングにおけるリスクマネジメント」も含まれています．コーチングという実践的な営みの本質を考えれば，常に異なるプレーヤーや環境・状況(コンテキスト)に出くわすことが避けられないからです．学校の部活動を指導していれば，毎年その構成員は異なりますし，学校を異動すれば自らを取り巻く環境も変わってきます．また，「二刀流」に挑戦する大谷翔平選手のような前例のない「規格外」の選手と出会うことも考えられます．そうしたさまざまな状況で，プレーヤーの特性を見抜き，それに応じたコーチングが必要になります(平井，2008，pp.62-65)．さらに，その特性に対応するための新たなコーチングを学ぶ必要性すら出てくるでしょう．

こうした学び続けるコーチを支える存在として，近年「コーチデベロッパー(Coach Developer)」が国際的に注目されるようになってきています(伊藤，2017，pp.24-25)．これはいわば「コーチのコーチ」といえるべき存在です

が，「ただ単に経験豊富なコーチやコーチングの知識の伝道者であるだけではありません．それは，ポジティブで効果的なスポーツ体験をすべての参加者に提供するために，コーチを育成・支援し，彼らが知識やスキルを磨いたり向上したりするのを促すトレーニングを受けた者」です(International Council for Coaching Excellence, 2014, p.8(訳文は日本体育協会, 2016, p.79 を若干修正したもの))．2018 年 9 月から日本スポーツ協会(2018 年 4 月 1 日に日本体育協会から名称変更)でもこのコーチデベロッパーの養成が開始されました．今後はそこで養成されたコーチデベロッパーがコーチの学びと成長を支援していくことになるでしょう．

(4) コーチとプレーヤーの関係性

さらに，「7 つの提言」では，コーチとプレーヤーのしかるべき関係性についても触れられています．「4. プレーヤーのことを最優先に考えましょう」という項目からは，これまでのコーチングではプレーヤーが最優先されず，例えばコーチ自身の欲求や自己満足，関係者への便宜，さらには勝利やお金や名誉などが優先される傾向にあったことが考えられます．もちろんこれは，プレーヤーたちが先に触れた暴力やハラスメントの対象となってきたこととも無関係ではありません．そして今，こうした過去からの連鎖を断ち切ることが求められており，さまざまな取り組みがなされています．例えば，日本サッカー協会は 2015 年に『合言葉は Players First!!』という小冊子を刊行して，啓蒙活動を行っています．また日本バスケットボール協会でも，「プレイヤーズファースト」の推進を明言しています(日本バスケットボール協会, 2018)．しかし，スポーツのもっと本質的な部分に注目すれば，コーチがコーチであることができるのは，プレーヤーがいて，チームがあり，試合が行われるからこそです．コーチという立場自身がプレーヤーなしには成立しないのです．そして何より，プレーヤーは，指導者の道具ではなく，人格を有し，意志を持ち，喜びと苦しみを感じることができる人間です．こうした点を考えてみれば，「スポーツの主体としてのプレーヤー」をリスペクトし，最優先すべきことは明らかです．

また，「5. 自立したプレーヤーを育てましょう」という提言は，裏返せば，これまでただひたすら「教え込む」スタイルのコーチングが多く行われてきたことを反映しています．こうしたスタイルのコーチングでは，自分の頭で考えるプレーヤーを育成することが難しいのは明らかです．しかし，スポーツ競技

では，競技ごとにその割合は異なるものの，プレーヤー自身がコートやフィールドで考えて動くことが必須です．ただし，それはプレーヤーがすべて自分だけで考えなければならないということではなく，コーチは，練習してきたことを思い起こさせ，良いプレーを引き出すことができます(日本サッカー協会，2015, p.3)．つまり，コーチはアスリートの言葉に耳を傾け，動きを観察し，場合によっては問いかけをすることで，アスリートの良さを引き出すことができるのです．

こうしたスタイルのコーチングとして，近年では「アスリート・センタード・コーチング(Athlete-Centered Coaching)」というアプローチが重要視されるようになってきています(伊藤，2016a；伊藤，2017, p.17)．これは，文字通り「アスリートを主体としたコーチング」のことですが，そこにはさまざまな要素が含まれているように思われます．つまり，「アスリートの人格を大切にする(尊重される主体がアスリート)」「アスリート本人のやりがいを大切にする(喜びや幸福感の主体がアスリート)」「アスリート自身に考えさせ，選択させる(考え行動する主体がアスリート)」「アスリート本人の「学び」を最適化する(学びの主体がアスリート)」といった点であり，どれか1つでも欠けていれば，「アスリート・センタード・コーチング」と呼ぶことはできないでしょう．こうしたアプローチを通じて，「プレーヤーのことを最優先」と「自立したプレーヤーの育成」を実現することができるのです．

(5) コーチと社会の関係性

さらに，「7つの提言」では，コーチと社会のしかるべき関係性についても述べられています．ここで「社会」とは，コーチ自身，プレーヤー，家族，マネージャー，トレーナー，医師，教員などの関係者(アントラージュ)が念頭に置かれていますが，考え方によってはさらに広い範囲まで及ぶでしょう．「6. 社会に開かれたコーチングに努めましょう」という提言からは，社会から距離を置いて孤軍奮闘するコーチの現状が伺われます．しかし，「協力は強力」と言われるように，「コーチング環境を改善・充実する」ためにはさまざまな人々と課題を共有することが必要になります．そもそもコーチは「社会的な存在」であることを忘れてはなりません．いかなる形態であれスポーツそのものが社会のなかで営まれるものだからです．そして，よりよいコーチング環境を作ろうとすれば他の人々の支援が必ず必要になります．例えば，自分の専門ではないスポーツ医科学についてはトレーナーや医師の助言が有効です．また，

1-1　日本のコーチングの今

学校の部活動などの環境では，今や社会的な問題となっている顧問の活動時間を削減するために「外部指導者の活用」が考えられます（詳細は5-5節を参照）．もちろん，他の教員の協力や支援も欠かせません．さらに，コーチにとってもプレーヤーにとっても，その家族の支援が重要なのは明らかです．そうした状況にあっては，他のコーチや教員や関係者たちと連携，協力していくことが何より大切です．これと関連して近年注目されるようになってきた1つの概念として，「実践の共同体(Community of Practice)」があります（Culver and Trudel, 2008）．そのなかでは例えば「有用なツールや知識や方法論の共有」や「経験や物語の分かち合い」や「それぞれの実践活動の研究や吟味」などを通じて，他のコーチたちと共に学び合うことで自ら（あるいはお互い）のコーチング環境の改善へとつなげることができるでしょう（「コーチの学び」について1-4節を参照）．

また，「7. コーチの社会的信頼を高めましょう」という提言からは，さまざまな事件によってコーチの社会的信頼が揺らいでいるという現状が伺われます．すでに触れたコーチによる体罰やハラスメントの事例がその典型例です．大半のコーチが良い指導をしていても，1人のコーチが何か問題を起こしてしまえば，他のコーチたちに対する信頼も失われてしまうかもしれません．その意味で，「コーチ」は社会のなかでつながった存在とも言えます．他方で，コーチに対する社会からの期待，つまり，関係者，所属する組織，地方自治体，国からの期待があるのも事実です．コーチに対する社会からの支援が必要なだけではなく，コーチ自身も社会に対して貢献することが求められています．ではどのようなコーチの貢献が考えられるでしょうか．何より，コーチにはアスリートやチームの卓越性を向上させ，試合でその卓越性を発揮させるという欠かせない本質があり（佐良土，2018, pp.4-5），それを十全に果たすという貢献があります．それが試合での勝利につながることもあるでしょう．しかしそれ以外にも，スポーツそのものの価値を高めることが考えられます．例えば，スポーツを通じてベストを尽くし自らの限界を知ること，つまり「己に何ができ，何ができないかを知ること」は，スポーツに内在する価値ですが（深澤，2017, pp.24-25），コーチであればアスリートがそうした価値を実現するのをコーチングのなかで支援することができます．それがコーチングを通じた「インテグリティ」の体現ということにも結びついていきます．さらに，コーチはスポーツを通じて競技力と人間性を兼ね備えたアスリートを育成し，社会に送り出すことで「スポーツの意義」を体現することができます．このように

して，コーチは「社会」に貢献することができるでしょう．

（6）むすびに代えて

　スポーツを行う人の多くが「反省」や「振り返り」をすることを常としていますが，とりわけ悪い部分を改善するために反省や振り返りに取り組みます．本節においても，スポーツ界におけるコーチングの悪かった部分を未来に向けて改善していくという方向性で記述を行ってきました．しかし，ここで誤解しないでいただきたいのは，これまでのコーチングのすべてが悪かったわけではないという点です．むしろ，わが国においては，優れた指導技術，指揮能力，倫理観，インテグリティを備えたコーチたちが，競技力と人間性を兼ね備えた素晴らしいアスリートたちを多数育ててきたという歴史，伝統，文化があります．これからのスポーツ界を担うコーチは，そうした素晴らしい歴史，伝統，文化を学び，敬意を払いつつ，優れた指導者の言葉に耳を傾けるべきです．そうしたつながりこそが，スポーツ界におけるレガシーとなるだろうからです．

〔佐良土茂樹〕

1-2　多様なコーチング文脈

　スポーツ人口は2000年代に入り横ばいを続けていますが，科学技術の発達やマスコミによるスポーツ関連の取り上げが増えてきていることなどからスポーツの楽しみ方は自分自身が実施する，しないに関わらず多様化してきています．また，わが国における成人のスポーツボランティア実施率をみてみると，2000年以降，7％前後を推移しており，2016年度の実施率（6.7％）からスポーツボランティアの人口は約700万人にのぼると推定できます（笹川スポーツ財団，2016）．このスポーツボランティアの実施内容のうち，スポーツの指導をしている者が28.7％おり，スポーツクラブ等の有給の指導者を加えると約200万人以上がスポーツ現場にてコーチングを行っていることになります．スポーツ参加への目的は，年齢や発育発達段階，パフォーマンスレベル，取り巻くスポーツ文化や環境，性別，障害の有無などに影響を受け，健康の維持，体力の増進，ストレスの発散，運動能力の向上，チャンピオンスポーツへの参加など，多種多様であり，同じ目的を持っていても参加者各人の具体的な目標に違いがあり，千差万別です．

　このようなさまざまな目的や目標を持ったスポーツ参加者達を満足させるこ

1-2 多様なコーチング文脈

とがコーチの役割だとすると，コーチは対象者一人ひとりのニーズを理解し，多種多様な要求に応えられるように準備しなくてはなりません．実際のコーチング現場は，年齢や性別，競技力や目的，スポーツ種目の違い（測定スポーツ・評定スポーツ・判定スポーツ・武道など）や個人スポーツかチームスポーツかによってもコーチングの仕方に違いがあり，参加型スポーツやハイパフォーマンススポーツ，スポーツ少年団，中学校や高等学校の部活動，障害者スポーツなど多岐にわたっています．本項ではこの多様なコーチング現場におけるコーチングについて，国際コーチングエクセレンス評議会（International Council for Coaching Excellence: ICCE）らが発行した国際スポーツコーチング枠組みにある考え方（図1-1）をもとに，参加型コーチングとパフォーマンスコーチングに分けて解説を加えていきます．参加型コーチングとパフォーマンスコーチングは，コーチ側からの視点で，スポーツ活動への参加目的を競技性の高低によって分けたものとなっています．

（1）参加型スポーツのコーチング

参加型コーチングの対象者は，次に扱うパフォーマンスコーチングの対象者と比べると勝敗を目的とした競技性への関心は高くはなく，運動そのものを楽

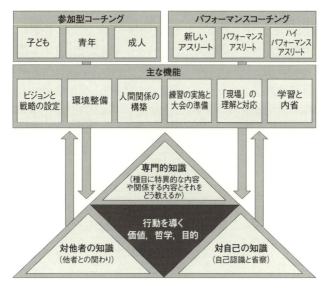

図 1-1　コーチが果たすべき主な機能と備えるべき知識（ICCE et al., 2013）

しむためや健康のため，体力の向上，ストレスの発散，コミュニティーへの参加などが中心となる余暇活動を目的としています．しかし，参加型コーチングにおいても勝ち負けを競い合うような場面が珍しくないことにも注意が必要です．このような目的意識を持ったスポーツ活動集団へのコーチングを少年(子ども)期，青年期，成人(壮年以降)期と各年齢別に分けて考えていきましょう．

a. 少年期のスポーツ活動に対するコーチング

日本の平均寿命が男女ともに 80 歳を超えた現在，生涯にわたって健康を維持し QOL(生活の質)をあげることは大切なことです．また，この生涯にわたって健やかな人生を送るためには，少年期から適切な生活習慣や運動習慣を身につけることが重要です．さらに，この時期は運動動作の取得に最も適しているため，運動の基本動作(走跳投など)を中心にいろいろな運動，動作を経験させることが重要になるでしょう．

コーチングの注意点としては，子どもは大人のミニチュアではないということを認識することです．発育発達過程の途中にある少年期は，大人と比べ，手足が短かったり，上肢と下肢の筋量がアンバランスであったり，重心の位置や浮心の位置などが違うため，段階的な指導や補助具などを駆使して無理のないトレーニングメニューを作る必要があります．また，体温調整機能が未成熟であったり，熱産生が少ないことなどから，トレーニング環境の整備には十分注意が必要です．さらに持久力や筋力，集中力なども未熟なため，運動種目の選定や反復回数の設定などに注意をしなければなりません．長時間のスポーツ活動が初めての子どもたちにとって，自分自身の体調変化に対する認識の遅れや意思表示が上手にできないことがあるため，子ども一人ひとりを十分観察し，熱中症や低体温症などにならないよう早めの対応をしなければなりません．また，スポーツに対する専門用語や技などに関しては，ほとんど知識がないため口頭による理論的な説明よりも，身振り手振りなどのジェスチャーやコーチやスタッフ自らデモンストレーションをして，運動を視覚的に伝えるなどの工夫が必要となるでしょう．

この時期のスポーツ経験は，それ以降のスポーツに対する価値観への影響が大きいため「楽しんで運動させる」ことを中心に，新たな動作ができた時の達成感や充実感を共有すると良いでしょう．また，目の前にある課題に対し「どうやればうまく行くかな？」といった問いかけを行い，自らが考え，前向きに取り組む姿勢を身につけさせることも重要となるでしょう．さらにスポーツ活動により，チームメイトと一緒に過ごす時間が少しずつ長くなることから，協

調性を身につけたり，集団内での適切な行動について学んだりと，人間的な成長も視野に入れることも大切になります．また将来，パフォーマンス型スポーツに転向することも十分あり得るので，対象者の可能性を広げてあげ，前向きで夢が持てるようにしてあげることも大切です．

b. 青年期のスポーツ活動に関するコーチング

この時期のスポーツ活動の主な場は，学校のクラブ（部活動），サークルやスポーツクラブ，自治体におけるスポーツ振興政策行事などでしょう．スポーツ活動の主な目的は，スポーツ種目のそのものの楽しみ，少年期に行っていたスポーツ種目の継続や体型の維持，健康・体力の維持，ストレス発散など多岐にわたります．活動時間は，放課後や仕事後や休日などになるため，余暇の過ごし方の一つとなるでしょう．青年期初期には，思春期を迎え，心身ともに子どもから大人に移り変わる多感な時期で，心身の成熟とともに人間形成への大事な時期になります．また，心肺機能や筋力の発達が著しいため，適度なスポーツ活動の実施により持久力や瞬発力などの身体機能が向上し，人生においてのピークに達する時期であり，高度なスポーツ活動ができるようになります．この時期の対象者は，スポーツを行うことへの目的やこれまでのスポーツ経験の有無，現在の体力などに違いができています．また，指導した動きがどのような意味を持ち，どのように動かすことが効果的で安全な動きであるかなど理論的に説明をし，頭で考えて運動することの楽しさも十分に味わえる年齢となります．さらに，試合や大会への出場を計画することにより，より高いレベルを目指したトレーニングや練習の目標を立て，自分たちのパフォーマンスの向上の確認や競い合う楽しみを持たせると，より一層，充実したスポーツライフを送る手助けになるでしょう．

c. 成年期（壮年期以降）のスポーツ活動に関するコーチング

この時期のスポーツ活動の参加者は，千姿万態であり，運動の経験歴や体力に大きな差がみられます．また，高齢者になると持病を持っている方などがおり，十分注意が必要です．スポーツ活動への参加の目的もスポーツ種目そのものの楽しみ，体力・健康の増進やストレスの発散，体形の維持，リハビリテーションなど，多種多様にわたっています．この時期の対象者は，若いころ（現役時代）の感覚のまま，限界以上に頑張ってしまいオーバートレーニングに陥ったり，時には怪我などの危険性もあり，スポーツ医学の知識や緊急時の対応もしっかり準備しておく必要があります．さらに生涯スポーツの実施場所となるため，「誰もが，いつでも，どこでも参加できる」雰囲気を作り，継続し

て参加することができるような「場」の提供を目指すことが良いでしょう．

d. 参加型スポーツにおける問題点

このように参加型スポーツの目的は，多種多様であり，そのためにより多くのスポーツ活動の場が必要になります．しかし，一つの集団の中で一つのスポーツ活動の場しかない学校のクラブ(部活動)などでは，スポーツ種目そのものを楽しみたい者，友だちとの時間の共有により友情を深めたい者，勝つことを求める者などが混在し，その活動の運営に支障をきたすこともあります．このような活動の目的が複数存在する場合，コーチングの効果が分散してしまいます．さらに，相反する目的がある場合は，コーチングを進めることが困難になります．このような時の対処法の一つとしては，スポーツ活動を始める前に参加者たちの目的を確認し，その集団の目的を統一することが必要となるでしょう．

(2) パフォーマンススポーツのコーチング

参加型スポーツのコーチングでは，その目的・目標が多種多様であったのに対し，パフォーマンスコーチングでは，その目的は競技力の向上になります．コーチングを受ける対象者(アスリート)によって，その時々の目標に違いはあれど，最終目的はパフォーマンスの到達点をできるだけ高いレベルにあげることです．しかし，高いレベルのパフォーマンスになるまでには長い時間が必要になると言われており，多くの競技にとってピークパフォーマンスの達成は，20歳代から30歳代においてマークされています．このことを考えると，早い時期から計画性をもってアスリートをコーチしていくことが求められます．

そこで，可能な限り高いパフォーマンスレベルの達成を目的にした競技スポーツへのコーチングを新しいアスリート(選手育成)期，パフォーマンスアスリート期，ハイパフォーマンスアスリート期に分けて考えていきましょう．

a. 新しいアスリート(選手育成)へのコーチング

リオデジャネイロオリンピック日本代表選手を対象としたアンケート調査(日本オリンピック委員会，2017)では，専門的に競技活動を始めた年齢は，男性平均 $11.9±4.7$ 歳，女性平均 $10.9±5.0$ 歳，はじめて国際大会に出場した年齢は，男性 $22.1±3.9$ 歳，女性 $20.9±4.2$ 歳となっていました．また，幼少期(6歳まで)に経験した競技数は，$1.6±1.7$ 競技となり，海外のオリンピアンの $3.3±1.6$ 競技[5]と比べると低い値を示しました．しかし，多様なスポーツ経験が現在の競技に役立ったかどうかを尋ねると「役に立たなかった」と答えた選手

は約10％程度にとどまり，「役に立った」「大変役に立った」と答えた選手は約半数に上りました．このことから，幼少期には複数種目を経験させることが将来のパフォーマンスに好影響を与える可能性があるといえます．また，国際的なパフォーマンスレベルになるまでには約10年間かかることから，目先の試合や大会の結果だけにとらわれず，10年先のパフォーマンスを考えたコーチングが重要となります．この時期のコーチングは，優秀なアスリートになるために必要な基礎となる能力の向上に努めることになるでしょう．対象者の年齢が6～10歳の場合は，神経-筋系に関する能力（動作の習得や正しい動作への改善）が著しく発達するため，運動技術の取得がしやすい時期となります．よっていろいろな動作や運動を経験させながら，将来につながる適切な動きを身につけさせることを目標にすることが良いでしょう．対象者の年齢が10～14歳頃であれば，筋-呼吸循環系に関係する能力（肺活量・毛細血管密度の増大）が著しく発達することにより，持久力の能力が大きく向上します．よって，反復回数や距離の増加，運動時間の延長などができるようになるため，より良い動作を長く続けることを目標にすると良いでしょう．このように，対象者の発育発達の進み具合に合わせ，トレーニングの内容を変えていくことが大切になります（5-1節参照）．また，この時期から競技への適正を見極めたり，栄養の知識（食育）やスポーツへ取り組む姿勢の確立や生活習慣などを保護者を巻き込みながら教えていき，徐々にパフォーマンスアスリート（競技者）となるように導いていくと良いでしょう．

b. パフォーマンスアスリートへのコーチング

選手育成期を超えると，専門的な競技活動が始まります．将来，ハイパフォーマンスアスリートとなり，国際レベルのアスリートとなるためには，この時期のコーチングが大変重要になるでしょう．この時期のアスリートは，トレーニングの時間や回数が増え，大変忙しくなります．アスリートが生徒・学生であれば，学業との両立が求められます．「生徒・学生の本分は勉強である」ということを考えると，トレーニングと勉強のバランスを上手くとることが必要となるでしょう．さらに，思春期においては反抗期や競技以外の問題などから，競技に集中することが難しくなることがあります．コーチは，アスリートの状態に常に注意を向け，アスリートの手助けをしてあげることが求められるでしょう．しっかりとトレーニングを積み，スポーツフォームの向上を目指すには，アスリートを尊重し，適切な信頼関係を構築することが求められます．

この時期には，コーチの指示をよく聞き，理解ができること（理解力），辛い

トレーニングに耐えることができること(忍耐力)，物事を集中して行うことができること(集中力)，何事にも前向きに取り組むことができること(克己心・執着心)などの能力を培っておくと良いでしょう．また，トレーニングの充実に加え，競技会でベストパフォーマンスを出すための準備がより必要となります．すべてが万全に整っていないとベストパフォーマンスを発揮できないようでは，日頃と違った環境や自分よりも強い相手が出場する海外の試合などで好成績をあげることはできません．また，最重要競技会が万全な状態で臨めないからと言って，諦めるようでは，次のステージとなるハイパフォーマンスアスリートへステップアップすることは困難になります．このステージからステップアップすることは決して容易なことではありません．しかし，この時期を乗り越えることができれば，アスリートに自覚が芽生え自発的な行動が増えたり，周囲からのバックアップを受けることが容易になったりと今まで問題であったことがすんなりと解決することが多々あります．

c．ハイパフォーマンスアスリートへのコーチング

現在の競技パフォーマンスは，アスリートの能力のみならず，それを取り巻くコーチをはじめとするさまざまな関係者(アントラージュ)の能力も同時に影響を受けると言われています．ハイパフォーマンスを獲得し，国際大会などで活躍するためには，専門性の高いスタッフたちによるサポート体制の整備が必要不可欠となっています．このサポート体制を統制するのは，コーチであり，これらを機能的に動かす必要があります．そのためには，効果的で効率的なトレーニングの追求のためのスポーツ科学など高い専門的知識に加え，サポートスタッフを束ねるマネジメント能力も必要になってくるでしょう．また，このレベルのスポーツ活動となると社会的な関心も高まります．コーチはアスリートの人格を尊重し，自立した行動や判断ができるよう導き，スポーツの価値や健全性を高めることに寄与することも求められます．また，アスリートは引退後のセカンドキャリアについても考え始める時期となり，デュアルキャリアも念頭において，コーチングを行っていく必要があります．

（3）おわりに

スポーツ活動におけるコーチングは，対象者の目的・目標により多種多様なものとなります．この対象者の文脈を無視してコーチングをしてしまうと効果的なコーチングが行えないばかりか，コーチングの「場」の崩壊に繋がりかねません．また，スポーツ活動におけるコーチングの正解は決して1つではあり

コラム1　ドイツのスポーツ指導

　ライプチヒから南に一時間，ヴァルデンブルクにある中・高等学校(ギムナジウム)を訪ねました．見学したのはバレーボールの90分授業です．体育館に立った女性教員3人の元に35人の女子生徒はいずれも8年生，日本で言えば中学2年に相当します．準備運動のあとドッジボールで25分を使ったところで，飲水休憩の間に教員が次の準備．1コート分しかないフロアの壁から壁まで縦に長いネットを張りわたし，2チームが基礎練習から始めます．この間にもう1チームはメディシンボールを使っての体力作りです．チームを入れ替えながらパス，スパイク，レシーブ，サーブと一通りをやるのですが，最初に見本を一度見せただけでいきなり実施．終盤になって手指や足，肩の使い方のポイントが伝えられたとはいえ，自分なりの方法やペースで癖を残しながらもかなり上達した者がいました．開始，終了の合図の他に指示らしきものはほとんどなく，館内にはいつまでも生徒の嬌声が聞こえていました．

　重量挙げの上級コーチ講習会に参加する機会もありました．コーチ達に要求するのは東独時代から知られた生物学的年齢に配慮したメニューの組み方で，始めた子ども達がドロップアウトしないようにと能力と意欲に応じた条件別の練習計画が印象的です．キャッチフレーズは「10年あるいは1万時間ルール」．追い込まず，怪我を避け，楽しむことをベースにしながら育て上げる意図が見て取れました．
　体育にも，専門競技者を視野に入れた重量挙げにも共通するのは，大枠は決めるが基本原則に配慮しながら自由裁量を許していることです．手取り足取りの指導は限られています．

　ドイツに暮らし日本を遠くから眺めるうちに日独の違いが見えてきました．似ているのはルールや計画を守ろうとする姿勢．しかしそれを実行する際のスタンスが異なっているのです．日本はいわばムカデ競走．前の選手と次の選手はきわめてタイトに結びつけられ，どの選手の間隔もおしなべて狭い．うまく運べば誰もがスムーズに進みますが，一人のちょっとしたつまずきでチーム全体が転んでしまいます．
　一方のドイツは犬ぞりにたとえられます．犬同士はそれなりに離れていて，なおかつ自由裁量の幅も日本のそれよりはるかに広い．勝手なことをしているように見えて，いったんチームを組むと強い牽引力を発揮する．子どもから大人になるまで，自分の裁量と判断を大切にするドイツのあり様が，指導者の思想にも大きな影響を与えているようでした．

［山本　浩］

ません．スポーツ活動を行う場所や施設・設備，性別や人数，社会情勢や政策によって，スポーツ活動の目的や目標が変わり，その達成のための取り組みやコーチングもまた変わります．また，日々のスポーツ活動によって，参加者たちの状態・状況は刻一刻と変化し続けており，二度と同じ状態にはならないからです．さらに，身体への直接的なトレーニングメニューに加え，コーチの言動や表情などの全てが対象者に刺激として入り，この刺激に対して，ゆっくりかつ着実に反応を起こします．しかし，同じトレーニングメニューを行ったからといって，必ずしも同じ反応が起こるとは限りません．

このように，スポーツにおけるコーチングは，その時々で考えられる最良と思われる方法を選択してコーチングを行っていくこととなります．この選択が，唯一無二の最高な方法であったかは誰にもわかりません．よってコーチは，対象者をできる限り観察し，変化を見逃さず，目標に向かって最良と思われる方法を思案することとなります．このために，コーチは日々学び，自分の知識を高めなくてはなりません． ［岩原文彦］

1-3 コーチに求められるもの

コーチに必要とされる資質や能力を断言することはとても難しいと言えます．1-2節で指摘したように，指導の対象が誰なのか，どのような目的を持ってスポーツに取り組んでいるのかなどによって何が必要とされるかについてさまざまな考え方ができるからです．そのことは日本スポーツ協会が提示したコーチングのモデル・コア・カリキュラム（表1-1）でも読み取ることができます．図1-2はモデル・コア・カリキュラムで示されたグッドコーチに求められる資質能力を表したものです．同心円の最も外側にあるのがそれぞれの指導現場を意味しており，必要とされる知識も異なることを示しています．このように多様なコーチング文脈があることはすでに述べたとおりです．そのすぐ内側にあるのがスポーツ種目ごと，あるいは指導対象ごとに異なる専門的な知識や技能です．このように，それぞれの文脈に特異的な専門的スポーツ知識・技能がある一方で，どのような文脈においても共通に必要とされる資質や能力があることを読み取ることができます．スポーツ共通の知識としては，トレーニング計画や発育発達に関する知識，性差に関する知識などが挙げられます．もちろん，これらの知識を記憶するだけではなく，技能として使いこなせるように

1-3 コーチに求められるもの

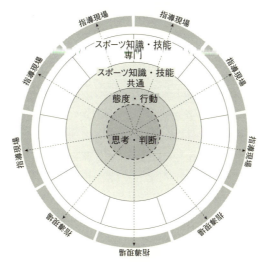

図 1-2　グッドコーチに求められる「資質能力」（日本体育協会，2016，p.34）

なることも重要です．

　さらに同心円を中心方向に進んでいくと，態度や行動，そして思考・判断にたどり着きます．スポーツ共通の知識・技能や態度・行動，思考・判断といった領域に関しては，スポーツ特異的，あるいは文脈特異的な知識に比べると，文脈の違いを超えてコーチに必要な基本的な知識やスキルとして考えることができます．それ故に，この同心円ではスポーツ共通の知識・技能や態度・行動，思考・判断の円はそれらをさらに細分化する分割線が描かれていません．態度・行動や思考・判断については，もはやスポーツに限定されず，社会の一員として社会的活動であるコーチングを営んでいく基本的な知識やスキルであると言えるでしょう．指導者それぞれが自身の人間的成長に興味を持ち，日々コーチングスキルの研鑽に努めていくことで，わが国のスポーツ・インテグリティ確保に少なからぬ影響を与えることができると考えられます．

（1）コーチの機能・役割

　国際コーチングエクセレンス評議会は 2013 年に国際スポーツコーチング枠組みを発行し，その中でコーチの主な機能と役割について解説しています（図 1-1）．こどもや青年，成人を対象とした参加型のコーチングにおいても，競技志向の強いパフォーマンスコーチングにおいても，コーチが果たすべき主な機

能はおおよそ6つに集約されるとしています。その6つとは「ビジョンと戦略の設定」「環境整備」「人間関係の構築」「練習の実施と大会の準備」「現場の理解と対応」「学習と内省」です。これら6つが順番に行われるわけではなく，ほぼ同時に遂行されるべき機能と考えておくほうがよいでしょう。

① **ビジョンと戦略の設定**：コーチが自分のビジョンを持っていることは重要ですが，それをコーチングの対象者に押しつけることなく，対象者らとコミュニケーションをとり，お互いに納得できるビジョンを設定する必要があります。また，共有するビジョンを掲げることに成功すれば，それを達成するために必要な戦略を設定します。コーチとしての自分はどのようなコーチングスタイルをとるべきなのか，ステークホルダーは誰で，どのような関係性を保つべきなのかなどを考えていきます。同じチームで活動していても，社会の情勢が変わったり，構成メンバーが変わったときなど，チームの進む方向性をしっかりと話し合う必要があるでしょう。

② **環境整備**：環境整備には施設等のハードウェア環境整備はもちろんのこと，人的環境や育成システムの整備，ジュニアの指導であれば保護者らとの協力のもとに子どもの送り迎えをどのように行うかといったソフトウェア面の環境整備も含まれます。ハードウェア環境整備においては，活動を展開するのに十分な体育館やグラウンド，コートなどの確保，活動に必要な用具の確保やそれらの保守などを行わなくてはなりません。コーチングにおいて，アスリートはもちろんのこと，コーチやその他関係者の安全を確保することは最優先課題であると言えます。また，活動を維持していくためにも安定した予算の確保をしていく必要があります。どの程度の資金をどのように調達するのか，適切な会計処理を行っていくためのシステムを有しているかなども検討しなくてはなりません。コーチングスタッフの採用も重要な課題です。何人のコーチが必要なのか，ある程度のコーチがいる組織ではコーチのシフトをどのように決めていくのか，コーチのワーク・ライフバランスについて考慮しているかどうか，コーチのコーチング力向上のためのシステムをどう構築し運営するのかといったことを考えていく必要があります。ここに挙げられている6つの主な機能それぞれ，またこれら以外に必要とされるさまざまな機能との関わりの中で，適切な環境を構築していくことが求められます。

③ **人間関係の構築**：スポーツ活動を実施するにあたって好ましい人間関係を構築することが大切です。まずはコーチとアスリートの関係性について考えてみましょう。日本の中では特に問題となりがちなのが，アスリートに対する

コーチのパワーハラスメントとも取られかねない指示的，制御的な言動です．そのようなコーチの行動を，コーチ自身はアスリートの成長のために必要であると，みじんも疑うことがなくとっていることが少なくありません．

④ **練習の実施と大会の準備**：コーチの果たす役割として即座に思いつくのが練習の実施や大会に向けた準備です．スポーツ生理学，バイオメカニクス，スポーツ心理学，スポーツ栄養学といったスポーツ科学の知見が特に活躍するのはこの領域です．これらの科学的知識を活用することで，より効率のよい効果的なパフォーマンス向上が可能となります．オリンピックなどのハイパフォーマンス領域においては，国をあげてスポーツ科学支援を行うことが必須となってきている部分もあります．ハイパフォーマンススポーツでなくとも，目的とした状態により近づくためには適切な練習の質と量を組み合わせて実施していくことが重要であることには変わりはありません．特に，ジュニア期のアスリートを指導しているコーチは発育発達に関する科学的根拠を背景にした適切な指導を行っていくことが欠かせません．スポーツによっては，大会中に直接指示を与えることが可能な場合と，競技が始まるとコーチは何もできなくなる，あるいはルールでコーチングが禁止されている場合もあります．どのようなコーチでも共通に行うことは，大会に向けての準備をアスリートとともに行っていくことだと言えます．

⑤ **現場の理解と対応**：効果的なコーチングはその文脈によって異なると言われており，コーチには現場を適切に理解し，対応していくことが求められます．現場の適切な理解のためは，その場で起こっていることの情報をさまざまな手段を用いて収集し，多角的な分析をしていく必要があります．時には現場を理解するために時間を遡った情報収集と分析をし，ある組織で長い時間にわたって育まれた文化を読み取っていく能力が必要になるかもしれません．ある時，ある場面での出来事のみから事の本質を読み取ることはかなり難しいといえます．対象となっているアスリートの育った家庭環境，交友関係，地域性，運動経験など，その背景にあるものを無視して，適切な判断ができる確率は非常に低いでしょう．それが複雑な背景を持った人たちが集まってスポーツを実施するわけですから，コーチングが「混沌」と表現される(Cushion, 2007)のは容易に理解できます．海外で推奨されるコーチング手法が，日本において有効であるかどうかも定かではありません．西洋と東洋には心理学的にみて，数々の相違点があることが報告されています(ニスベット，2004)．そう考えていくと，現場を理解し対応していくことがどれだけ重要かがわかると思いま

す．

⑥ **学習と内省**：どのような優れたコーチであっても，最初は初心者コーチとしてのスタートを切っています．また，コーチング経験が数十年を超えるコーチがみな揃って優れたコーチと評価されるようになるわけではありません．コーチとしての能力を向上させるためには，コーチとしての学習と内省が欠かせません．コーチとしての活動を始めてからでないとコーチング能力が磨けないかというとそうではなく，人生を歩んでいるうちに身につけた他者とのコミュニケーションを円滑に図っていくような能力などは，初心者コーチでも高いレベルのものを有している場合は少なくありません．しかし，コーチとして重要な点は，今よりも次のコーチング行動の質を高める努力をし続けることでしょう．アスリートの学び，つまりスキルの向上や人間性の向上，パフォーマンス向上などを支援する役割を担っているコーチが，自らの学びに興味がないということは致命的なことかもしれません．アスリートと同様に，自らのパフォーマンスを改善し続けることが求められるのです．そのためには積極的に新しい知識やスキルを得るために学習し，自らの思考や行動を省察して，より良いコーチング実践を目指していくことが求められるのです．

（2）コーチの知識とスキル

これまでコーチが果たすべき機能として6つのことに触れてきました．これら6つの機能はコーチングの対象や目的が異なっても必要とされるものだとされています．これらの機能を果たしていくために必要な知識として，「専門的知識」「対他者の知識」「対自己の知識」の3つが挙げられています．

専門的知識とは，当該スポーツのルールや戦術，技術やスキル，スポーツ一般に適用可能なスポーツ科学の知識などに関する知識を指します．大学や各種コーチング資格に関連する講座などでスポーツ生理学，スポーツバイオメカニクス，スポーツ心理学，スポーツ栄養学，トレーニング学などを学ぶのは，この専門的な知識を獲得するためと言えるでしょう．ここで注意が必要なのが，知識として教科書の中身を知っていることと，それを実践知として使えることは同じではないということです．自動車教習所を例とすれば，教室で自動車の運転に関わる学科を受講し，筆記試験を高得点でクリアしたとしても，実際の自動車の運転がうまくできるかどうかは別問題です．長く日本のコーチングの問題点としてあげられている体罰も，各種法令や宣言等で禁止され，教員養成課程やコーチングの資格プログラムなどで必ず触れられる内容であるにも関わ

1-3 コーチに求められるもの

らず，体罰は許されないと知っていながらも，未だに根絶できないというジレンマを抱えています．スポーツ科学の知識を得るだけでなく，いかにそれを実践で使いこなせるかを考えていく必要があります．

対他者の知識とは，簡単に言えば，他者との関係性を適切なものにしていくための知識のことを指しています．コミュニケーションのスキルだと言えなくもありません．対他者の知識も，コミュニケーションに関する理論として頭で理解している場合と，それを実際に態度や行動として表すことができるかどうかには溝が存在します．例えば，問いかけのスキルとして回答が限定的なクローズド・クエスチョンよりも，回答が非限定的なオープン・クエスチョンを用いることが望ましいということがさまざまな場所で言われていますが，実際にオープン・クエスチョンを効果的に使えているかというと，なかなか難しいものがあります．傾聴のスキルも重要です．効果的にクエスチョニングを用いて，相手から発せられる言葉に耳を傾けて，共感する能力はコーチングにおいて重要なスキルとなるでしょう．他者とのコミュニケーションにおいて，自分と他者の感情を適切に読み取り，行動を制御していく能力も重要です．このような能力のことを感情知性（EQ）と呼びます．感情知性は，他者の感情を読み取り理解できる力，自身の感情を読み取り理解する力，自身の感情を制御する力を総合したものとして用いられます．また，他者理解に関して言えば，感情に関するものだけでなく，その人の背景を適切に理解して対処していく能力が求められます．この能力のことを文化的知性（CQ）と呼んでおり，EQ と同様に相手と自分の文化的違いを感じとり，それらを踏まえた上でのコミュニケーションをとっていくことが重要です．

コーチの機能として学習と内省があることは先述のとおりです．学習と内省をするための知識やスキルを対自己の知識と呼びます．どれだけ優秀なコーチに成長したとしても，おそらく完璧な状態に至ることは不可能であり，常に上のレベルを目指して成長し続ける意欲を持つことが重要です．また，社会情勢の変化やスポーツ科学の発展など，コーチとアスリートを取り巻く環境は常に変化しています．そればかりか，その変化のスピードは年々速くなっています．コーチを取り巻く環境の変化に対応していくしなやかさ（リジリエンス）を持ち合わせることも重要な要素となるでしょう．自らの成長は，まず自分の現在位置を適切に把握すること，言い換えれば適切な自己認識から始めることが重要です．私たちは多くの認知活動や意思決定，行動などを無意識のうちに行っています．このような場合，なぜその行動なのかについて考える機会はほ

とんどありませんが，無意識のうちに行っていることに対して疑問を持つことができれば，そこでそのスキルを改善しようと努めることができるようになります．つまり無意識のうちにできないこと，無意識的無能の状態にあるとき，私たちはその状態を繰り返し行うしかありませんが，できないことに気づく，つまりは意識的無能の状態になったとき，私たちはできないことをできるようにするための行動を起こすことができるようになります．

　コーチングスキルに関しても同様のことがいえ，私たちは過去に自分たちが受けてきたコーチングをそのまま行っている場合が少なくありません．しかし，そのコーチング以外にも方法があると知ることができれば，自分の過去にのみとらわれることなく，新しいスキルを身につけるように努力することができるのです．そのためには自分自身の過去を見つめ，自分が何者かを認識する自己認識のスキルが重要となります．もちろん自分の殻にとどまらないようにするために，外の世界に触れることも重要です．新しいものを学習するとともに，自己認識を深めていくことが，コーチングスキルの向上には欠かせないことなのです．

(3) コーチングによって導く結果

　これまでコーチの機能と役割と，それらを果たしていくために必要とされる知識とスキルについて述べてきました．しかし，言うまでもなくコーチが果たすべき役割の最も重要な点はアスリートの成長を支援することにあります．コーチングを通して，どのようなアスリートの成長を促していくべきなのかについて考えてみましょう．その手がかりとしてCôté and Gilbert(2009)によって提示された効果的なコーチングの定義を引用します．彼らは，効果的なコーチングは，「あるコーチングの状況において，一貫して専門的知識，対他者の知識，対自己の知識を駆使し，アスリートの有能さ，自信，関係性，人間性を向上させる」ことだと述べています．コーチに必要とされる3つの知識とスキル(専門的知識，対他社の知識，対自己の知識)については，ICCEの国際スポーツコーチング枠組みにおいても引用されており，本書でもすでに紹介したとおりです．ここで注目したいのは「アスリートの有能さ，自信，関係性，人間性を向上させる」という部分で，コーチングの結果として，アスリートの有能さ(Competence)，自信(Confidence)，関係性(Connection)，人間性(Character)を育んでいく必要があると述べているのです．これらは，英単語で表すとそれぞれがCで始まることから，まとめて4C's(フォーシーズ)と呼

ばれています．

　有能さを向上させていく支援をするという概念は，コーチングにおいて非常に重要なもので，試合などの結果というよりも，アスリート本人ができなかったことができるようになる，あるいはよりうまくできるようになることに焦点があてられています．有能さが向上することで試合に勝つ可能性は高くなるかもしれませんが，対戦相手もいることですし，勝つか負けるかという結果をコーチが操ることはできないのです．有能さの向上を目指すことで，パフォーマンスの向上プロセスそのものに意識を持っていくことができ，試合の結果よりも自らの成長に興味を持てるようになると期待できます．そうすれば，勝ち負けに関わらず，アスリートの自信を育むことにつながり，さまざまなことに対して積極的に挑戦していく成長的な考え方を持ったアスリートを育成することにつながると考えられます．

　また，コーチがどのようにアスリートとコミュニケーションをとるのか，保護者や審判，スタッフらとどのような関係性を築こうとしているのかをアスリートたちが感じ取り，意識的であれ無意識的であれ，あるいは勧められるか否かは別として，他者との関係性の構築の仕方を学び取っています．有能さを高めていく支援を，お互いの存在を尊重し，相手を思いやる態度や行動によって実践していくことができれば，アスリートはスポーツを通して人間性を育み，社会を構成する一員としての自覚ある行動をとることができる人に成長していくことができるでしょう．

(4) おわりに

　コーチに必要とされるものは，時代，場所，指導対象など，実にさまざまな要素によって異なってきます．これまでのコーチ育成プログラムにおいては，スポーツ科学などの知識伝達が重要視されていたことは否めません．ただ，本節でも触れたように知っていることとできることは同一ではなく，コーチとして高い実践力を発揮するためには，いわゆる実践知を高めていく取り組みをコーチ自身が行っていくべきでしょうし，各大学や日本スポーツ協会といったコーチ養成を行っている機関においてはコーチとしての実践力を高められるようなプログラムを構築していく必要があります．コーチングを行う場の状況は常に変化しています．社会全体が複雑性を増している現在にあって，スポーツも同様にさまざまなステークホルダーのニーズ，SNS等による人間関係の変化などにさらされており，コーチングも不確実な状況を前提としながらも，自

らが置かれた状況を的確に読み，適切な意思決定を行って行動を起こして，そこで起こったことを省察しながら，常によりよいコーチング実践ができるように努力を続けることが重要と言えるのではないでしょうか． ［伊藤雅充］

1-4　コーチの学び

　コーチの学びの主体は，常にコーチ本人です．コーチには，そのキャリアを通して，自らの学びに対し，当事者意識を持って取り組むことが求められます．「学び」と聞くと，学校の授業や資格講習会などを思い浮かべる方もいるかもしれませんが，コーチの学びの多くはコーチングの現場で起きると言われています(ICCE, 2013)．つまり，コーチの学びの資源はコーチングの現場に多くあるということです．しかし，たとえコーチングの現場に出続けたとしても，ただ単に同じコーチングを繰り返すだけでは，コーチとしての能力はなかなか高まりません．それゆえ，コーチには現場における経験から意図的に学びを得る姿勢が求められます．また，この学びは，コーチ一人だけで進めるものではなく，コーチ仲間の協力や現場外での学習機会をうまく活用して進めていくことが良いでしょう．アスリートやチームに対してより良い実践を提供するために，自らの資質能力向上に目を向けて，そのキャリアを通じて学び続ける姿勢を身につけることがコーチの学びです．

　本節では，コーチが学ぶための方法論に焦点を当てて，コーチの学びについて見ていきます．最初に，コーチ本人の過去の経験から学ぶ方法，次に，実践を通して学びを進める方法を見ていき，その後，コーチがコーチ仲間や専門家などの他者と学んでいく方法について紹介していきます．

(1) 今の自分を知ることから始めよう

　あなたのコーチとしての学びは，コーチになる前からすでに始まっています．それはどういうことかというと，あなたのスポーツ経験や受けてきた指導の経験，あるいは，家庭，学校，就業などの人生経験，それらの経験の中に，コーチとして必要な学びがすでに存在している可能性があるということです(Mallett and Coulter, 2016)．それらの経験を改めて振り返ることで，あなたがコーチとして必要となる知識やスキルをある程度有していることに気づいたり，あなたがすでに構築している価値観などを確認することができたりします．つまり，今の自分を知ることを通して，コーチとしての対自己の知識を高

め，アスリートやチームとの関係性構築のための対他者の知識やスポーツに関する専門的知識を獲得できるということです．

例えば，ある一定のスポーツ経験を積んでいる方であれば，これまで経験してきたスポーツ種目のルール，技術，戦術について，ある程度の理解があることでしょう．それらを思い出し，整理することによって，過去の経験があなたのコーチとしての専門的知識になります．また，既知の知識を明らかにすることは，あなたが有する現在の知識量やその知識の理解度を知ることにもつながります．

もちろん，知識だけではなく，あなたがこれまでに身につけてきた技やスキルも，コーチングをする上で重要な資源です．あなたがその技やスキルを練習場において模範を示すことができれば，アスリートたちがその動きのイメージをつかむための助けになるでしょう．また，模範を示すことだけにとどまらず，自分がその技やスキルをどのように習得してきたのかを振り返ることで技やスキルの習得方法の一例を確認することになります．あなたの実感が伴っている方法であり，その一例を知っていることは，コーチングを行う上で非常に役立ちます．しかし，その習得方法は，すべてのアスリートに当てはまるような普遍的なものとは限らないので注意が必要です．

このように過去経験から学びを引き出していくことは，コーチになる以前から取り組める学びですし，コーチとして活動している時にもできます．これは，コーチとして学び続けるための出発点にもなります．また，すでに有している知識やスキルを再確認することは，自分のコーチとしての知識やスキルの現状を知ることにつながるでしょう．

（2）価値観や信条について探求する

あなたが有する価値観や信条は，自ずとコーチの言動や行動に反映されます（Horn, 2002）．それゆえに，アスリートやチームとのより良い人間関係を構築するためにも，自分の価値観や信条に対して自覚的であるべきでしょう．あなたのスポーツやコーチングに対して持つ価値観を明確にしておくことは，あなたがコーチとしての持論を構築するため，チームやクラブの理念や方針を策定するためにも重要な取り組みです．

コーチが有する価値観や信条は，コーチのスポーツ経験や受けてきたコーチングからの影響を大きく受けると言われています（Mallett and Coulter, 2016）．あなたの過去の経験を振り返り，自分の価値観や信条を文章化してお

くことは，価値観や信条に対して自覚的になるための方法となります．具体的には，「コーチとして何を大切にしているのか」「何のためにコーチングをしていくのか」「スポーツやアスリートはどうあるべきか」などの問いに対して，あなたがあなたなりにもつ答えを出していくのが良いでしょう．そして，どのような経緯でそう思うようになったのかを考えることで，あなたが持つ価値観や信条がより明確になってきます．

　ただし，ここで注意しなければならないのは，自分の経験というのは，ある意味で諸刃の剣であるということです．なぜなら，あなたのアスリートやチームの価値観は，コーチであるあなたが求めるそれと同じとは限らないからです．ましてや，コーチの価値観や信条のみを反映するために，アスリートやチームが存在するわけでもありません．アスリートやチームとの関係を構築する上で，スポーツやコーチングへの取り組み方に対する価値観を適切に構築し，共通の了解を作ることは欠かすことができないでしょう．

　このことは，実のところ，知識やスキルに関しても同様で，価値観や信条だけに当てはまるわけではありません．それは，スポーツの発展・進化の過程の中で，競技のルールだけでなくスキルや戦術も変わりゆくもので，日進月歩のスポーツ科学やテクノロジーの発展によって，安全安心なスポーツ環境のつくり方やパフォーマンス向上のための知識も更新されるからです．だからこそ，自らが持つ知識やスキルを検証して，文脈や状況，時代，対象に通用しないものは捨て，新たなものを獲得していく必要があります．アスリートからコーチに転向する際やコーチとしてのキャリアが一定期間過ぎたら，自らが有する経験，その経験から得た知識やスキル，価値観，信条を活用しつつも，定期的に検証し，更新することを忘れてはならないのです．

（3）実践を振り返ることで学ぶ

　次に，実際のコーチング実践から学びを得ていくことについて述べていきます．

　コーチが学び続ける上で，自らのコーチング実践の経験から教訓を引き出していくことは必要不可欠な習慣です．このことについては強調しすぎても足りないくらいでしょう．

　冒頭で述べたように，コーチング現場はコーチがより良いコーチになるために必要な学びの資源が豊富にある環境です．その環境において，コーチが実践から学ぶためには，言うまでもなく実際のコーチング経験をすることは必須条

1-4 コーチの学び

件です．ただし，ただ単に練習や試合の場に立ち，それを繰り返すことで学べるわけではなく，現場での実践から意図的に学びを得る姿勢がコーチには求められます．

　コーチングの実践現場において，あなたが事前に立てた練習の計画や試合での戦術などを実行し，アスリートやチームにどのようなことが起きるのかを実際に観察する，そうすることによって実践からの学びは始まります．実践をした結果，実際にどのようなことがチームやアスリートに起きたのか，何がうまくいき，何がうまくいかなかったのかなどを振り返っていきます．その振り返りから教訓となるものが何かを見つけ出していき，その教訓を生かして，次の実践に取り組みます．このように，実践，振り返り，教訓の引き出し，新たな実践，これを連続的にしていくことを，経験学習サイクルと呼びます(Kolb, 1984)．

　この経験学習のサイクルを回していく上で，振り返る対象にはいくつかの事象が考えられます．例えば，アスリートの反応や動きの変化，得点数や記録などの「あなたの実践結果」，そして，あなた自身の説明の仕方や関わり方，意思決定の仕方などの「あなたの行動や挙動」がまずはわかりやすいところでしょう．さらには，練習や試合で目指そうとしたことやそのための手順などのあなたが設定した「目標やその計画」や，あなたが有する価値観や信条，無意識に意図してしまっていることなどの「前提となる概念」も振り返りの対象になります．それを実際に実践している際に振り返ってみたり，時には一度立ち止まり時間をかけて検証したりすることが実践を振り返ることになります．

　また，コーチング実践を振り返る際には，いくつかの視点を持って振り返るのが良いでしょう．まずは，コーチが自身の視点，つまり，「主観的視点」で振り返ることです．実践中の自身の行為，思考，感情，望んでいたことに着目して，実践を振り返ることは多くの教訓を引き出します．これは自分一人でも始められることですし，コーチの実践で起こる事象の捉え方を鍛えることにもつながります．

　しかしながら，あなたが実践の中で見えたことやあなたが知っていることだけでは十分とは言えません．主観的な視点のみでの振り返りではわかり得ないことに対しては，「客観的な視点」「他者視点」「理論的視点」を用いて，複眼的に振り返ることが必要となるでしょう．

　「客観的視点」を得るための手段としては，自らの行動や言動をビデオカメラやICレコーダーなどで記録することが挙げられます．映像や音声を記録す

ることによって，自分がどのような振る舞いをしていたのか，どのような言葉を発したのか，それらのあなたの行動や言動に対してアスリートたちがどのように反応したのか，そういった実際に起きたことを確認することができます．

次に，「他者視点」についてです．これは，アスリートや他のスタッフから，あなたの行動や言動に対する率直な意見を聞くことで確認することのできる視点です．あなたにとって身近な存在や異なる視点を持っている人からの助言は貴重な振り返りの素材になるでしょう．

最後に，「理論的視点」です．コーチング実践現場で起きたことの解釈を助けるような理論は多く存在しています．振り返りによって得た教訓から新たな行動を計画するためにもそういった学術的な理論は非常に有効です．実践の中で得た情報や教訓に対して学術的な理論や知見を照らし合わせたり，その逆に理論から実践を計画してみたりすることで，次の実践に対する仮説を立てる参考となります．

このように「主観」「客観」「他者」「理論」という複数の視点を確保することで，複眼的に実践を振り返り，教訓を引き出すことでより良い実践を目指していきましょう．

なお，実践を振り返る際に，注意しなくてはならないのは，実践を振り返ること自体が目的ではないということです．コーチの学びの目的は，アスリートやチームの課題を解決することです．そのために，さまざまな視点から現象を捉え解決策を考えていくこと，それがコーチに求められることです．振り返ることはあくまでも手段です．

また，自身の言動や行動を批判的に振り返ってみると，否定的な意見や指摘ばかりを自分に向けてしてしまうことがよくあります．コーチングスキルを洗練させていくためには，その態度を保つことも重要ですが，基本的には，何がうまくいったのか，できるようになったのかなどの肯定的な側面に焦点をあてて振り返ることがまずは望ましいでしょう (Ghaye, 2011)．

（4）仲間と学ぶ，仲間から学ぶ

「実践を振り返ることで学ぶ」の中で，他者の協力を得ることについて述べました．他者を学びに招き入れることは，コーチの学びを豊かにします．実践を振り返る際に，本音で語りあえて，異なる視点を提供してくれる仲間の存在はとても貴重です．自分では気づくことができないような癖などに対する気づきをもたらしてくれる可能性もありますし，自身の行動の改善に向けた批判的

な指摘はもちろん，精神的な支援や励ましをもらうことも期待することができます．このような仲間を「クリティカルフレンド」と呼びます．コーチとしてのスキル改善や人間的な成長のための課題を達成するためにもこのような仲間を持つことはとても大切です．

それに加え，コーチングに関する情報について学びあえる仲間集団を作り，その仲間とともに勉強会をすることもあなたの学びを深めます．例えば，コーチングに関連することを教えあったり，自身の活動のまとめを発表したりすることは，現時点のあなたの知識やその理解を確かめるための絶好の機会になります．成人の学びにおいても，教える機会を持つことは学ぶ機会を得ることになると言われています(中原，2018)．その機会において，自分の見解や意見を言語化したり，図表を使ってまとめたりすることを通して学ぶことができるでしょう．また，自らの持つ仮説や持論，信条を開示したり発表したりする場を持ち，そこで他者からの意見や指摘を受けることはあなたの持論を洗練するためにも貴重な刺激にもなります．1-1節で紹介した「実践共同体(コミュニティオブプラクティス)」はこのような仲間の集まりで，共通した課題の解決に対して専念し協働していく関係性を指します．

(5) 資格講習会やワークショップから学ぶ

ここまでは，自分自身で学ぶことや近しい仲間とともに学ぶことを紹介してきました．その学びと合わせて，指導者資格プログラムや各種講習会などの学習機会に参加することもコーチが学ぶための手段の一つです．そのような機会での学びを「公式・準公式的な学習」と言います．

公式的学習とは，高等教育機関で提供される学位課程での教育プログラム(保健体育教員養成課程など)や，コーチの場合は，各種スポーツ連盟や協会の指導者資格制度に基づいた研修や講習会などでの状況や機会における学びを指します．この学習機会では，多くの場合，スポーツ医・科・哲学の専門家などからコーチに必要とされる知識が体系的に提供されます．また，それに加え，コーチング経験の豊かな講師からの実践紹介や指導が含まれることもあるでしょう．

それに対して，準公式な学習は，企業やNPOなどの私的団体などによって開催される学習機会を指します．その形式はさまざまで，特定のテーマに関する講演会やトークセッション，ワークショップ，実技習得講習会などがあります．コーチが自分の興味や関心に合わせて選択して参加することができる学び

の機会とも言えます．

　これらの学びの機会に参加することは，他の現場や競技のコーチと出会う格好の機会とも言えます．大学教育における保健体育教員養成課程では，異なる環境でのスポーツ経験を持つコーチ志望者と出会うことができます．指導者の資格講習や集合研修では，異なるスポーツのコーチと会話を交わし学びあうことができます．また，企業などのワークショップでは，他の業種の方，企業幹部や人材育成担当者などと対話できる可能性もあります．そのような場面での出会いや対話は，あなたが経験してきたことや，自分の種目や組織での当たり前を捉え直す機会にもなります．このように，自分の種目や自分の組織・領域を越えた学びは，コーチの学びを進める上では良い刺激になるでしょう．

　ただし，この公式・準公式的な学習機会は，あくまでも学びを進めるための手段です．参加することが目的になってしまうと本末転倒です．特に，公式的な学習機会では，多くの場合に，参加者の規模が大きく，カリキュラムが固定的で，それゆえに，個々人の学びのニーズすべてに応えることは困難な面があります．コーチに求められることは，公式・準公式的な学習機会において，ただ情報や知識を得るだけでなく，そこで得たことをアスリートやチームが求める成果につなげていくことであることは忘れてはなりません．

（6）コーチデベロッパー

　ここまではコーチの学び方について述べてきましたが，本章をまとめる前に，このコーチの学びを支援する存在として注目されているコーチデベロッパー（コーチを育成する人）について少しだけ触れておきます．

　わが国では，モデル・コア・カリキュラムの導入に際して，日本スポーツ協会の公認指導者資格共通科目の新たなカリキュラムを実施するために，コーチデベロッパーの養成が始まりました．現時点では，さまざまな種目のコーチたちが集まる共通科目の集合研修・講習におけるファシリテーターとしての役割が期待されています．ファシリテーターとしてのコーチデベロッパーの役割は，コーチが学ぶべきことや身につけるべき思考や態度などについてさまざまな題材を扱いながら，コーチの学びを促していくことです．しかし今後は認定単位の取得のためにコーチング実践を課していくことも想定されているため，その実践評価にもコーチデベロッパーが一躍を担う可能性があります．

　このコーチデベロッパーという概念と役割は，イギリス，カナダ，ニュージーランドなどの諸外国ではすでにコーチ教育や育成のシステムの一部として

導入されており，2010年代中盤から世界的にも認知されてきています（ICCE, 2014）．コーチデベロッパーの導入については，これまでのコーチ教育がコーチに対して知識や情報を提供するだけにとどまっていたことに対する反省から，その知識や情報を現場で生かせる形に変えていくような支援が必要となることが主張されてきた背景があります（関口，2017）．わが国では，集合研修を展開するファシリテーターとしての役割が先んじて期待されていますが，各国のコーチ育成においては担う役割がさまざまです．ファシリテーターとして講習会や集団研修の場において問題解決型の学習を支援するのはもちろんのこと，現場における指導実践を観察し評価するアセスメント役，現場で起きる課題解決に対して助言をするメンター役としてもその活動範囲を広め，コーチ育成における重要な役割を担っています．今後それらの役割についても，わが国のコーチ育成の環境を勘案しながら導入されることが期待されるところです．

（7）おわりに

本節では，コーチの学びに関して，その方法のいくつかを紹介してきました．具体的には，過去の経験を振り返ることで今の自分を知ること，コーチングを実践した経験から学びを引き出すこと，コーチ仲間との学びあう関係性を構築すること，そして，講習会などへの参加を通して学ぶことでした．それに加え，最後には，コーチの学びを支援するコーチデベロッパーについても少しだけ触れてきました．

冒頭でも述べましたが，コーチには，そのキャリアを通して継続的に学ぶことが求められます．しかし，コーチに求められる役割や機能は広範に渡り，対象とするアスリートやチームの目的や目標，そして価値観も多様であり，学ぶべきことは広範で，それらすべてのことをコーチ本人が短期間で，ましてや一人で学ぶことは容易なことではありません．だからこそ，自分の過去の経験や実践現場など身近にある事柄から学びを始め，必要に応じて信頼できる他者の力を借り，さまざまな学習機会を利用することが肝要になります．コーチ本人が自らの学びに対して当事者意識を持ち，コーチ同士がお互いから学び，お互いの学びを助けあうことは，わが国のスポーツコーチングの質を高めることにつながるのではないでしょうか． ［関口　遵］

アクティブ・ラーニング1　対話の前のアイスブレイク

　本書が準拠しているモデル・コア・カリキュラムの特徴のひとつは，「アクティブ・ラーニング」を積極的に取り入れていることです．そこで本書では，アクティブ・ラーニングについてのコラムを各章末に1つずつ設けました．

　アクティブ・ラーニングは，対話を中心に構成されます．でもいきなり「さぁ，今日は対話をしましょう！」と呼びかけても，参加者たちは困惑するかもしれません．そのため，アクティブ・ラーニングを行う際には，対話の前に「アイスブレイク」を行うことが多いです．アイスブレイクとは，「緊張をほぐすためのきっかけ．本題に入る前の雑談や，研修会の前に皆で行う簡単なゲームなど」（デジタル大辞泉）です．

　ここでは，筆者がよく活用しているアイスブレイクの方法を紹介します．いずれも，筆者が開発したものではなく，文献欄に列挙した書籍などで紹介されている方法です．

1. **自己紹介にひとこと添えてもらう**
   ①好きな食べ物をひとつ教えてください．
   ②最近経験した，ちょっとうれしかったこと（もしくは，ちょっとマズかったなと反省したこと）を短く語ってください．
   ③「実は私，…なんです」というフレーズを使って，ひとことお願いします．

2. **整列やグループ分けを工夫する**
   ①生月日を使う：生まれた月日順に並んでください．生年は関係ありません．本当のことを言いたくない人は，仮の月日で結構ですよ．
   ②血液型を使う：血液型ごとにグループを作りましょう．本当の血液型を言いたくない人は，ウソの血液型でかまいません．

3. **対話のための事前情報を収集する**
   ①参加者のテンションを把握する：今日の気分に点数をつけてみてください（その日のテンションをチェックする）
   ②参加者の関心度を把握する：今日のテーマへの関心度に点数をつけてみてください（テーマに対する意識をチェックする）

　アイスブレイクの後，感想や理由をたずねることで，参加者の気づきも深まるでしょう．プライバシーに踏み込んでしまう場合もあるので，参加者間の関係性や場のセッティングにも注意しながら，アイスブレイクを行ってください．

　アイスブレイクの方法をもっと学びたい場合は，日本ファシリテーション協会のホームページや，「チーム・ビルディング」の特別付録，「15分でチームワークを高めるゲーム39」「プレイフェア」などに，すぐに使えるアイスブレイクが豊富に掲載されていますので，チェックしてみることをお勧めします．　　　　　　　　　　［荒井弘和］

第2章 対自分力と対他者力
～セルフコントロールとコミュニケーション

2-1 コーチのセルフコントロール

　どのコーチも，指導のさまざまな場面で悩んでいます．コーチは，プレイヤーとは異なるストレスを感じますし，ときにはプレイヤー以上のストレスを感じることさえあります．そのような状況に直面したとき，あなたはセルフコントロールできる自信がありますか？

　本節では，コーチはどのようなときにセルフコントロールが難しくなってしまうのか，どうすればセルフコントロールができるようになるのかを学びます．はじめに，イライラしたり，気持ちが落ち込んだりするストレス状況では，私たちに何が起きているのかを整理します．そのうえで，そのようなストレス状況に対処する方法を認知行動療法という心理療法の考え方に基づいて紹介し，セルフコントロールについて学びます．認知行動療法は，世界的に最も普及している心理療法のひとつです．本節では，認知行動療法について解説した伊藤（2016a，2016b，2011a，2011b）に基づいて説明していきます．

（1）俺は監督に向いてない…

　あなたは少年野球チームの監督です．あなたが指導する少年野球チームのエースピッチャーは，弘和くんです．弘和くんは良いピッチャーなのですが，ランナーがいるときに，腕が縮んでしまい，コントロールが乱れるクセがあります．あなたはいつも，「打たれてもかまわないから，ランナーがいるときに逃げのピッチングをするな」と指導しています．

　今日も試合がありました．7回裏，2アウト満塁，相手の打順は9番．9番バッターは，前の2打席とも三振をしていました．そして弘和くんは，3ボール1ストライクから，バッターの内角にボール球を投げて，フォアボールを出してしまいました．押し出しで，逆転されました．

　「あいつ，何しているんだ！」「フォアボールだけは出すなと言ったのに！」

「何で俺の言うことを聞かないんだ！」強い怒りと，むなしさがこみ上げてきます．ドキンドキンと，心臓が激しく鼓動しているのがわかります．思わず，あなたは近くにあったペットボトルを蹴りつけました．そして，弘和くんをすぐに交代させて，自分のところに呼びつけました．弘和くんが来るとすぐに，「お前，何回言ったらわかるんだ！もうお前は試合で使わない！」と怒鳴ってしまいました．

弘和くんは，両手で頭を抱えたまま，ベンチでうなだれています．その光景を見て，あなたはハッと我に返り，「あぁ，また怒ってしまった．感情にまかせて怒ってはいけないと思うんだけど…」「どうしたらもっとうまく指導できるんだろう，俺は監督に向いていないんだろうな…」頭から血の気が引いていくのが感じられます．あなたは気持ちが落ち込んでしまい，ため息を繰り返しています．

（2）セルフコントロールできていない状況を理解する
a. 基本モデルで整理しよう

ここでは，セルフコントロールできない状況を，図2-1に当てはめて整理します．図2-1は認知行動療法の基本モデルと呼ばれます．

まず，ストレスが生じたのはどのような状況だったか整理します．心理学では，ストレス状況（ストレスの原因）のことを「ストレッサー」と呼びます．このストレッサーがどうなっているのか，4W1H（いつWhen，どこでWhere，

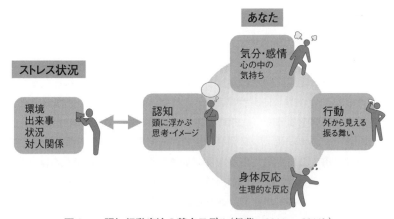

図2-1　認知行動療法の基本モデル（伊藤，2011a，2011b）

誰が Who, 何を What, どのように How) の切り口で書き出し, 明らかにします. この書き出す作業を「外在化」といいます. 外在化は, 状況を理解する時にとても有効です.

ストレス状況を書き出したら, 「そのとき, どんなことが自分の頭に浮かんだか？」「そう思って, 自分はどんな気分になったか？」「身体はどうなったか？」「どんな行動をしたか？」といった, 自分に起きた変化を思い出して書き出します. このように整理すると, ストレス状況で, 自分に何が起きていたのか理解することができるでしょう.

弘和くんに対してあなたが怒ってしまったケースを基本モデルに当てはめると, 図2-2のようになります(web 2-1 参照).

b. 一歩引いてアセスメント

a では, 認知行動療法の基本モデルという枠組みで, ストレス状況とその反応を整理しました. このように, 何らかの枠組みに沿って, 自分の体験を書き出すことで, 整理する作業を「アセスメント」と呼びます(伊藤, 2011a). アセスメントを行うには, 実際の自分から一歩引いた自分を想定して, 自分のことを観察することが必要になります. ストレス状況にいる自分から距離を置いて, 自分を観察するもうひとりの自分を想定するのです(web 2-2 参照).

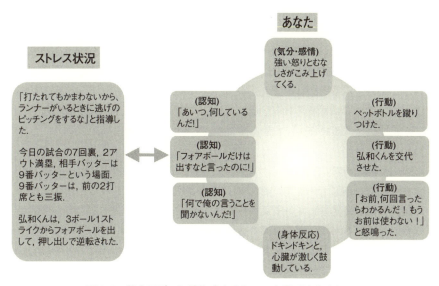

図2-2　基本モデルに弘和くんのケースを当てはめると…

ストレス状況に直面したとき，「自分に何が起きているのか？」をアセスメントするクセをつけましょう．繰り返して練習すれば，アセスメントする能力が高まります．そして，アセスメントを行って，ストレス状況で自分に何が起きているか理解することができれば，それだけであなたのストレス反応は減っていくでしょう．

ただし，アセスメントに慣れていない段階では，自分が直面しているストレス状況のことを思い出すだけで，息苦しくなることがあるかもしれません．そういう場合は，あまり強烈ではないストレス状況…例えば，カフェに入ってホットコーヒーを注文したのに，アイスコーヒーが出てきた…くらいのちょっとした出来事を思い出して，アセスメントしてみるとよいでしょう．

c. 自動思考を捕まえろ

アセスメントのところで，ストレス状況でどんなことが頭に浮かんだか？を書き出すと説明しました．弘和くんに対してあなたが怒ってしまったケースでは，「フォアボールだけは出すなと言ったのに！」「どうしたらもっとうまく指導できるんだろう，俺は監督に向いていないんだろうな…」といった思考が，監督であるあなたの頭に浮かんでいました．

この「勝手に頭に浮かんでしまう考え」を「自動思考」と呼びます．アセスメントをするときにポイントになるのは，この自動思考です．試合の日の朝，「今日，調子いいな．勝てそうじゃん」「あー，調子悪いな」「おいおい，何で雨降ってんだよ」「負けたらどうしよう」…といったことが頭に浮かぶことがあるのではないでしょうか．「今，自分にどんな自動思考が出てきているかな」とアセスメントする練習をすれば，比較的簡単に，リアルな自動思考を捕まえることができるようになります．

あなたにストレス反応をもたらすストレスの源は，ストレス状況ではなく，ストレスに対する評価，つまり自動思考にあるといえます．

（3）どうやって対処するか

ストレス状況になっても，私たちは手をこまねいているわけではありません．何らかの対処をしています．心理学では，ストレス状況に対して意図的に行う対処を「コーピング」と呼びます（伊藤，2011a）．コーピングによって，ストレス反応は変わってきます．

a. 2つのコーピング

コーピングには，頭のなかで行う「認知的コーピング」と，動いて行うコー

ピング「行動的コーピング」があります．「認知的コーピング」は，基本モデルでいうところの「認知」に対する働きかけで，「行動的コーピング」は「行動」に対する働きかけです．

弘和くんに対してあなたが怒ってしまったケースでは，どのようなコーピングが行えるのでしょうか．認知的コーピングであれば，「まずは落ち着け，と頭のなかで自分に語りかける」「自分が尊敬するコーチの顔を思い浮かべて，そのコーチのようにセルフコントロールして振る舞おうと考える」「自分が選手なら，どういう言葉をかけられたら効果的か想像してみる」といったことが挙げられます．行動的コーピングであれば，「目を閉じて深呼吸をする」「ペットボトルの水を飲んで一息つく」「トイレに行くことでベンチから離れる」といったことです．

「ストレス状況」「気分・感情」「身体反応」に対して，直接的にコーピングすることはできません．あくまで，ターゲットは「認知」と「行動」のどちらかです．認知行動療法は，「認知」と「行動」のコーピングによって悪循環から抜け出すことを目指す方法なのです（図2-3）．

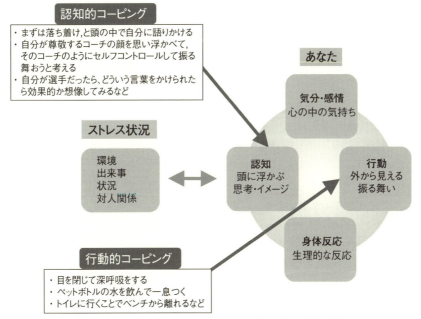

図2-3 直接的なコーピングが可能なのは「認知」と「行動」だけ

b. コーピングに関する心がけ

コーピングについて重要なことは，数多くのコーピング方法を持っておくことです．なぜなら，いつでも万能なコーピングはないからです．持っているコーピングの数が少ないと，そのコーピングに効果がないと感じていても，それにしがみついて，それを行わざるを得ないという状況になりかねません．

コーピングを数多く身につけるためには，いろいろなコーピングを「実験して行ってみること」が重要です．実験してみて，効果があったのか，効果がなかったのかを検証する必要があります．実験して，検証して，自分だけのコーピングのデータベースを作っておきましょう．

（4）使えるコーピング：代替思考を探す

ここでは，認知行動療法の中心的なコーピング技法である「認知再構成法」に含まれる「代替思考を探す」という方法を紹介します．認知再構成法とは「自分をつらくさせる思考を，自分をつらくさせない新たな思考に置き換える技法」のことで，私たちが日常でやっている「思い直し」のことです（伊藤，2011a）．ここでいう「代替思考」とは，自動思考に置き換わる他の考え方のことです．「代替思考を探す」とは，自動思考ではない，他の考え方を探すことで，認知の「幅を広げる」「柔軟性を高める」ことを目的として行います．「代替思考を探す」は，「自分にツッコミを入れる」と言い換えることもできます．代替思考を考える方法として，石丸（2014）が示している6つの視点が役立ちます．

① 自動思考の根拠を検討する（過度の一般化や，過大評価・過小評価をしていないかと考える）
② 最悪のストーリーを考えてみる（恐怖感のためにその状況を深く考えるのを避けると，漠然として怖さだけが感じられてしまう）
③ 友人に起きたことだったら何と言ってあげるか（友人に起きたことであれば違った考えが出てくることがある）
④ 友人に話したら何と言ってくれそうか（自分が信頼できる他者の頭で考えてみた想定をしてみる）
⑤ 二分法に取り組む（0点か100点と考えるのではなく，その間にある37点や76点なども検討する）
⑥ 自由な発想を持つ（ちょっとやそっとじゃ思いつかないような面白い考えを思いついてやろうとチャレンジしてみる）

これら6つの視点から考えてみることで，思考の数が増えていきます．思考の数が増えて，最初に浮かんだ自動思考が，いくつかの思考のうちの1つになると，その自動思考にとらわれなくなります．そして，自動思考だけにとらわれなくなると，気分・感情も変わります．

弘和くんに対してあなたが怒ってしまったケースについて，石丸(2014)の視点から考えてみましょう．「あいつ，何してるんだ！」「フォアボールだけは出すなと言ったのに！」「何で俺の言うことを聞かないんだ！」という自動思考に対して，代替思考を探します．

① 「弘和くんはまじめだから，監督である俺の指示を忘れるはずがない．逆に，フォアボールだけは出さないように…と意識しすぎてしまい，身体に力が入りすぎたのではないか」（自動思考の根拠を検討する）
② 「これは練習試合だから，むしろ今のうちに課題の場面を経験できてよかった可能性もある」（最悪のストーリーを考えてみる）
③ 「序盤の調子が良かったから，監督として交代しにくかったとは思うけど，弘和くんの投球数が多くなりすぎていたような気がするぞ」（友人に起きたことだったら何と言ってあげるか）
④ 「前の回の攻撃で，ランナーに出た弘和くんに盗塁させたから，疲れてしまったんじゃないか」（友人に話したら何と言ってくれそうか）
⑤ 「7回裏の場面はダメだったけど，6回まではよく抑えていたから，全体としては65点だな」（二分法に取り組む）
⑥ 「ピッチャーである弘和くんのことばかりに目が向いているけど，満塁になったらタイムを取って一呼吸置くようにと，キャッチャーに言っておけばよかったんじゃないか」（自由な発想を持つ）

などと考えてみます．逆に「次の試合の作戦は完璧だ」「俺はうちのチームの選手のことすべて理解できている」といった過剰にポジティブな自動思考が出てくる場合は，「いや，完璧だと思っているときこそ危ない．もう一度，相手のことを綿密に分析し直そう」「上級生とはコミュニケーションが取れているが，下級生とはあまり取れていないな．明日の練習後のグラウンド整備のとき，下級生たちにちょっと話しかけてみよう」といった考えをすることが効果的かもしれません．

「代替思考を探す」ときは，「認知を正すんだ」「認知の歪みを修正しなきゃ」と考えるよりも，勝手に頭に浮かぶ自動思考とは異なる考え方を探すというスタンスで臨んでください．頭のなかに多様な考えを並べられるように心がけま

しょう．人間は，悩む生き物です．どうせ悩むなら，思考の幅を広げて柔軟になり，新鮮に悩むことをお勧めします．

（5）周りの力を借りてセルフコントロール

「俺は誰にも頼らず，これまでずっとコーチをやってきた．だから，いま抱えている課題も，自分だけで解決するんだ」．そう考えるコーチの方も多いでしょう．たしかに，それは立派なことだと思います．しかし，冷静に考えれば，あなたがいま抱えている課題を自分ひとりで乗り越えられる保証はどこにもありません．大事なことは，課題を解決することです．

「ちょっと相談に乗ってほしい」「グチを聞いてほしい」「困っていることがあるから助けてほしい」…なかなか，こういうことを口にできないコーチもいると思います．コーチは誰かに頼ってはいけない，そんな考えにとらわれている人も少なくないのではないでしょうか．サポートしてくれる誰かを探す，その人にサポートしてもらう，これも立派なコーピングです．以下では，コーチに知っておいてほしい3つの視点を紹介します．

a．コーチ仲間と支え合う

文部科学副大臣の下に設置され，新しい時代にふさわしいスポーツの指導法のあり方について検討を行った「スポーツ指導者の資質能力向上のための有識者会議」(2013)では，競技やコーチングの対象(年代や性別など)を超えて，コーチは交流し，コーチングの知見が共有されることが期待されています．そして，わが国全体のコーチの資質能力向上を促す競技横断的なコーチのコミュニティを創出することが望まれています．

自分が抱えている課題を誰かに語ることで，考えが整理されたり，気持ちが楽になったりすることもあるでしょう．悩んでいるのはあなただけではありません．悩みのないコーチはいません．悩みのないコーチがいるとしたら，そのコーチは，悩むべきことに気づいていないだけです．

コーチ仲間やメンターとコミュニケーションを取ることは，あなた自身のキャリアを考えたり，コーチングにおいて大事にしている価値観を見つめ直したりする機会にもなるでしょう．そして，あなたが誰かに支えてもらうだけでなく，あなた自身も，誰かを支えることができるはずです．

b．メンターを持つ

自分の「メンター」を持つことも大事です．メンターとは，ある者がひとりの人間として成長するために，大きく貢献してくれる人のことをいいます(児

玉・深田，2010)．

　スポーツ指導者の資質能力向上のための有識者会議(2013)では，開かれたコーチング環境を作り出すために，スポーツ団体において，アスリートに対してだけでなく，コーチに対するメンター制度を創設して，コーチングを支援する体制の充実を図ることが期待されています．しかし，メンター制度を設けている競技団体はほとんどありません．

　アスリートにとって，メンターが大切であることはわかっています(Arai et al., 2016)．額賀ほか(2018)によれば，「現在のスポーツ活動に関係している人(部の先輩や部のコーチ)」だけでなく，「スポーツ活動と関係のない人(家族や部活動に関係のない友人)」や「現在のスポーツ活動と関係のない人(昔のチームメイトや昔のコーチ)」といった人々が，アスリートのメンターになり得るようです．

　コーチに置き換えても，同じことがいえるのではないでしょうか．つまり，仕事の同僚やスポーツ関係者だけでなく，昔お世話になった自分のコーチや昔のチームメイト，親戚や友人も，あなたのメンターになり得るのです．

c. 専門家とともに考える

　コーチを支える心理サポートの専門家も活用することができます．例えば，1973年に設立された学術団体である日本スポーツ心理学会では，2000年より「スポーツメンタルトレーニング指導士」という資格を認定しています．学術団体が認定した資格を持っている心理サポートの専門家は，自称専門家とは一線を画し，心理学の理論や研究成果に基づいて，優れた実践を行っています．そして，アスリートだけでなくコーチも対象としても活動しており，多くの現場ですばらしい実績を残しています．日本スポーツ心理学会のホームページには，スポーツメンタルトレーニング指導士の有資格者一覧が掲載されています．

　実際，コーチから，心理サポートの専門家が相談を受けることは多いようです．スイス代表チームを対象として，3つのオリンピック競技大会(2006トリノ大会・2008北京大会・2010バンクーバー大会)で現地サポートを行ったスポーツ心理学者の活動を分析した研究では，心理サポートの相談に来た者の約30%はコーチであったことが報告されています．わが国では，ラグビー日本代表メンタルコーチとして活躍した荒木香織氏(スポーツメンタルトレーニング指導士)が，当時のヘッドコーチであったエディ・ジョーンズ氏にサポートを行った記録(荒木，2016)がよく知られています．

コーチは多様なストレス状況を経験します．コーチは，コーチングそのものだけでなく，アスリートやアスリートの親，または，自分以外のコーチやチームのスタッフとの人間関係に関するストレス状況を経験することが明らかにされています(Norris et al., 2017)．そして，コーチの感情表出は，プレイヤーの感情・認知・行動に影響を及ぼします(van Kleef et al., 2019)．コーチにとって，セルフコントロールの技術を身につけることは必須といえるでしょう．

セルフコントロールは技術です．セルフコントロールという技術を身につけるためには，スポーツの技術と同じく，その技術を繰り返し練習する必要があります．コーチングの場面だけでなく，日常生活から繰り返し使って，セルフコントロールの技術を自分のものにしてください．そして，セルフコントロールの技術を高めることができれば，あなたが指導する選手にも，その技術を伝えることができるでしょう． ［荒井弘和］

2-2　コーチのコミュニケーション

モデル・コア・カリキュラムでは，グッドコーチ像として「いかなる暴力やハラスメントも行使・容認せず，プレーヤーの権利や尊厳，人格を尊重し，公平に接することができる人」と記載されています．このことはすでに，ほとんどのコーチが認識していると思います．その一方で，「プレーヤーのためと思って，親身になって熱心に指導をしたら，むしろハラスメントだと言われて訴えられるのではないか」と心配しているコーチの声を聞くこともあります．この節では，コーチが，プレーヤーやアントラージュ(関係者)とどのようなコミュニケーションを取ればよいかを考えてみましょう．

(1) 質問・傾聴・承認・フィードバック

コーチには，コミュニケーションスキルを用いることでプレーヤーを理解し，プレーヤーの考えやニーズを引き出すことが求められます．ここでは，青柳(2017)を参考に，「質問」「傾聴」「承認」「フィードバック」という4つのコーチングスキルを紹介します．

a. 質問のスキル

相手から情報を引き出すためには，効果的な質問が欠かせません．相手の視点を変える問いや，相手の思考を活発にする問いを発してみましょう．相手の考えや価値観に迫るには「そのとき，君は何を感じた？」とたずねることが有

2-2 コーチのコミュニケーション

効です．2-1節で学んだように4W1H（いつ When，どこで Where，誰が Who，何を What，どのように How）の切り口で質問してみましょう．

質問では，自問自答する機会を提供することが大事です（伊藤，2015）．例えば，コーチが質問する→プレーヤーが自問自答する→プレーヤーが回答する→コーチがさらに質問する→…といった具合に繰り返して，自己理解を深めてもらいます．自問自答する習慣がつけば，「今の場面では，あのプレーを選択してよかったのか」「さっきのミーティングで，結局コーチは何を言いたかったのか」など，コーチから質問されなくても，プレーヤーは自分自身で考えるようになるでしょう．

b. 傾聴のスキル

傾聴とは，話の「内容」だけでなく，その話を通して表現されている「気持ち」や「表現されようとしていること」「すでに表現されてしまっていること」を丁寧に聴くことです（諸富，2018）．相手の言ったことを否定したり評価したりせず，中立的な視点を失うことなく，プレーヤーが何を考えているのかを共感的に聴き入れます．次に何を話そうか考えながらプレーヤーの話を聴いたり，相手の話していることを評価しながら聴いたりしないように気をつけます．評価をしながら話を聴くと，あなたが受け取る情報は制限されてしまうからです（船川，2006）．

プレーヤー自身は，自分の考えを言語化することで，明確に認識できていなかったことに気づきます．そして，すぐに言葉が出てこないときは，沈黙してもかまわないと伝えます．コーチと話をするというだけで，焦って緊張してしまうプレーヤーも多いはずです．自分がプレーヤーだった頃を思い出せば，このことは容易に理解できるのではないでしょうか．安心して選手に語ってもらうことを第一に考えましょう．諸富（2018）の言葉を借りれば，しっかり話を聴いてもらっていると感じるとき，プレーヤーは「自らの内側を傾聴するようになる」のです．このことが，プレーヤーの人間的な成長に重要な意味を持つことを覚えておきましょう．

c. 承認のスキル

承認とは，相手の存在・発言をただそのまま受け止め，それを表現するスキルです．ほめることや賛同することとは異なります．「受容」と言い換えることもできるでしょう．プレーヤーが落ち込んで，「チームメートとうまくやっていけるか心配なんです…」と言ってきたとします．そんなとき，「大丈夫だ，お前はうまくやれる！」と端的に返すことは，承認ではありません．プ

レーヤーの発言を価値評価することなく，ただ受け止めるだけにとどまることを心がけます．「そうか，チームメートとうまくやっていけるか心配しているんだね」と相手の話をそのまま返してあげたり，場合によっては，要約して返してあげたりするスキルが効果的です．

d．フィードバック

質問・傾聴・承認という3つのスキルを上手に使った後，プレーヤーに適切なフィードバックを行いましょう．例えば，「（私は）最近，あなたの意欲が強いと感じるよ」といった具合に，「私」を主語にして話します（「私は」と口に出して言わなくても構いません）．または，「その話題については，とても楽しそうに話しているよね．自分ではなぜだと思う？」といったように，相手の気づきを促すことも有効です．

（2）ほめる

プレーヤーが好ましい行動をとったとき，ほめることは大切です．ほめることは，運動技能の獲得と運動技能の定着を促すことが，科学的に証明されています（菅原，2018）．それでは，コーチはプレーヤーをどのようにほめればよいのでしょうか．まず，プレーヤーがよい行動を取ったときには，その直後にほめることが望まれます．この場合の直後とは，60秒以内だと言われています（杉山ほか，1988）．言葉の内容は簡単でかまわないので，60秒以内にほめるよう心がけましょう．行動は，ほめられることで，その後も起こりやすくなります．

金澤（2017）は，結果よりもプロセスをほめることの重要性を説いています．短期的な結果ではなく，部分的にできているところをほめ，セルフコントロールにつながるプロセスをほめることを重視しましょう．これは，プレーヤーの主体性を引き出すということです．日本オリンピック委員会（2016）によれば，アスリート・アントラージュには，プレーヤーの主体性をどう支援するかが求められています．上手にほめて，プレーヤーの主体性を引き出しましょう．

島宗（2015）は，ほめられることが，行動を増やしたり強めたりしない場合があるといいます．「最近がんばっているなぁ」といった漠然としたほめ言葉や「○○くんのことを信頼してるよ」といった言葉は，特定の行動に対してかける言葉ではないので，特定の行動を強化することにはならないかもしれません．コーチは，何でもいいからとにかくほめればよい，のではありません．「このプレーヤーのこの行動を増やそう」という意図を持ってほめましょう．

「ほめようと思うんだけど，ほめ方がわからない」…そんなコーチもいるかもしれません．ほめることも，コーチングのスキルです．ほめることは，習えばできるようになります．どうしてもほめることが難しいという人は，ほめ上手な人のそばにいたり，ほめ言葉を学んだりすることから始めてみましょう（平木，2017）．

（3）パフォーマンスを高めるためのコミュニケーション

つづいて，パフォーマンスを改善し，向上させるためのコミュニケーションを考えてみましょう．このコミュニケーションは，コーチングの本質とも言えるコミュニケーションです．

a. 課題を翻訳する

行動的翻訳とは，「あいまいな目標を具体的で操作可能な行動のレベルに落とし込むこと」です（杉山，1988，2005）．あるプレーヤーが「サッカーのシュートがうまくなりたい」という，ややあいまいな目標を立てていたとします．このあいまいな目標を行動的翻訳すれば，「速いスピードのシュートを打てるようになりたい」「ゴールキーパーが取れないゴールの隅にシュートを打てるようになりたい」「ゴールキーパーの動きを見極めてからシュートを打てるようになりたい」などに置き換えることができるでしょう．

2-1節で紹介した弘和くんのケースで考えてみます．弘和くんは，「逃げのピッチングはするな」という指示を「フォアボールだけは出すな」という意味だと捉えていました．しかし，もしかすると弘和くんは，「逃げのピッチング」という言葉に，「バッターの外角に投球すること」という意味が含まれていると捉えてしまったのではないでしょうか．だから，3ボール1ストライクからの1球を，内角に投じたのかもしれません．コーチが指示を出すときは，その指示をきちんと翻訳して，正確に伝えることが大切です．

b. 課題を分解する

プレーヤーは，自分の課題がどこにあるのか詳細に理解できていないことも多いです．そこでまずは，課題を分解して整理する必要があります．行動分析学では，課題分析と呼ばれる方法が用いられ（杉山，1988），標的とする行動を個々の構成要素に分けて適切な順序に並べます．課題の分解では，必ずしも課題を順序どおりに分解しなくてもかまいません．「上半身と下半身」に分けて分解してもよいでしょうし，「心・技・体」という切り口で分解してもよいでしょう．

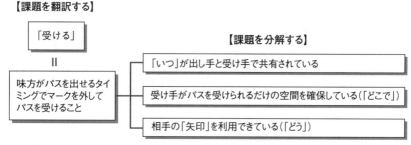

図 2-4　サッカーのボールを「受ける」を翻訳・分解する（風間・西部, 2017）

課題の分解は，競技に精通しているコーチの得意技とも呼べるスキルだと考えられます．2-1 節で紹介した「行動的コーピング」の代表的な技法に「問題解決法」という技法があります．問題解決法とは「ストレス体験において，実際に自分がどう動いたらよいか，つまり『行動』をよりよい方向に向けて工夫するための技法」（伊藤，2011a）です．「課題を分解する」とは，この問題解決法のうち，問題を理解する部分を指します．

私たちはつい，問題を理解する前に，解決しようとしてしまいます．「どうしようか？」ではなく「どうなっているのかな？」と課題を考え抜いてから，解決する段階に移行する必要があります．島宗（2015）は，課題の原因を推定せずに思いついた解決策に手を出してしまうことを「解決策飛びつきの罠」と呼んでいます．この罠にはまらないように注意しましょう．

課題の分解を行う際に重要なのは，課題が改善された状況をイメージすることです．自分はどういう状況を望んでいるのか，どういう状況になれば自分の課題が解決されたことになるのかを明らかにする必要があります．2-1 節で紹介したアセスメントを上手に行うことができれば，課題をうまく分解できたといえます．課題の分解が上手にできれば，解決の方法も見えてくるかもしれません（web 2-3 参照）．例えば，サッカーのボールを受けるというプレーを翻訳して分解すると図 2-4 のようになります．（3）の説明については，荒井（2016）の解説もご参照ください．

（4）ファシリテーションを活用する

a．アクティブ・ラーニングのスキルとしてのファシリテーション

コーチ育成のために作成されたモデル・コア・カリキュラムの最大の特徴の

ひとつは，アクティブ・ラーニングを積極的に取り入れていることです．アクティブ・ラーニングとは，「課題の発見と解決に向けて主体的・協働的に学ぶ学習」とされています（中央教育審議会，2014．アクティブ・ラーニングの詳細な定義は中央教育審議会（2012）を参照）．

アクティブ・ラーニングでは，「ファシリテーション」を用いることが勧められます．このことは，モデル・コア・カリキュラムにファシリテーションという言葉が何度も登場することからもわかります．

ほとんどのチームでは，ミーティングを行っていると思います．ミーティングには，情報を伝達するだけのものや，結論が決まっている場合もあります．その一方で，問題解決のために，対話によって意見を出し合い，出された意見をまとめる場合もあります．この問題解決のミーティングのときに，ファシリテーションを用いることができます．実際，陸上競技部の部員を対象としたファシリテーションプログラム（荒井ほか，2013）など，スポーツチームでファシリテーションを実施した取り組みも報告され始めています．

b. ファシリテーションとは？

ファシリテーションとは，人が集まって何かをしようとするとき，参加を促し，お互いの違いを生かし合いながら，相互作用のなかで，大きな創造的な成果に結びつける技法（中野，2009）です．中野ほか（2009）によると，ファシリテーションは，誰かが何かをするのを容易にしたり，促進したりするために使われます．ファシリテーションを用いることで，参加者の活動が容易にできるよう支援し，うまく事が進むよう促すことができます（堀・加留部，2010）．

c. ファシリテーションの3つのポイント

①ファシリテーターがみんなをしゃべらせる

ファシリテーションを担う人をファシリテーターと呼びます．ファシリテーターには，2つの働きが期待されます（堀・加留部，2010）．1つは，参加者の主体的な学習・体験を支援することです．もう1つは，参加者同士の相互作用を促進することです．協働作業などを通じて参加者たちが関わり合うことで，新しい関係性や相互作用が生まれ，思わぬ能力や考え方が引き出されます．

ファシリテーターは，主役ではなく周りの発言を促すような立場で，強力なリーダーシップを発揮するというよりも，むしろ助産師のような役割を担います（中野ほか，2009）．成果（子ども）を生み出すのは参加者（親）です．助産師は，子どもを産むわけではないが，いないと困る…ファシリテーターとはそういう存在です．また，ファシリテーターとは，メンバーをその気にさせる人で

あり，そそのかし役と呼ばれることもあります(堀，2009).

ファシリテーションでは，まず目的を示します．ファシリテーションが終わった後に，参加者やチームがどうなってほしいのかを明確に示します．また，開始前や開始直後に，参加者の情報を得ることが効果的です．「参加者は，今日の議題について何を知っていて，何を知らないのか？」「参加者は，今日の議題に対して，どのような考え・意見を持っているのか？」という2つの点を把握できるとよいでしょう(グロービス，2014).

②プロセスを大事にする

ファシリテーターは，対話のプロセスを重視します．ファシリテーターが関与するのはプロセスであり，対話の内容ではないのです．対話の内容を取り扱う主役は参加者です．参加者が，自分たちが主役だと感じられるような場づくりを心がけましょう(中野，2009).

③ゆるやかなルールでフリートーク

ファシリテーションの参加者は，自分の考えを押し通すのではなく，みんなのアイデアを持ちよれば，よい解決策が見つかるはずだというスタンスで参加してもらいます．このことを参加者に理解してもらうために，ゆるやかなルールを設定します(グラウンドルールと呼ばれます)．ゆるやかなルールの例として，堀・加藤・加留部(2007)などで紹介されているアイデア出しのミーティングのルールがわかりやすいので，以下に紹介します．

・**自由奔放**：発言する際に，(誰かを傷つける意見でなければ)これを言ってはいけないという聖域や制限は一切なく，どんな発言をしてもかまわないというルールです．突飛な意見であっても臆せず発言するよう促します．最初はわざと，ファシリテーターがふまじめで非現実的な意見を言うことで，自由な発言をしやすい雰囲気をつくるのも有効です．ただし，自由な発言が認められているとはいえ，一人の参加者がしゃべり過ぎるのは禁止です．しゃべり過ぎてしまう参加者がいたら，それとなく，ファシリテーターが気づかせてあげましょう．

・**批判厳禁**：とくに意見を出し合う段階では，他人の意見を批判したり，評価したりすることは好ましくありません．「いやいや，それは無理だろう」「そんなこと言ったって…」と感じたとしても，「そうだね，おもしろい意見だね」「そういう考えもありだよね」といったコメントで，意見の出やすい雰囲気づくりに努めます．せっかく出した意見を批判されると，下級生やチームの中心にいないプレーヤーはとくに，意見を言いにくくなるものです．

・便乗歓迎：誰かの意見に自分の意見をつけ足すことはよいことです．いろいろな人の考えを結びつけて，発想を広げて発展させましょう．「○○さんの発言で思い出したのですが，私にもこんな経験があって」といった発言が出てきたらしめたものです．その結果，もっとすばらしい考えが浮かび上がるかもしれません．

・質より量：質の高い結論を生み出すためには，意見の量を増やすことが大事です．意見のよし悪しは後で考え，まずは多様な意見がたくさん出るよう配慮しましょう．

d. ファシリテーションの効果

ファシリテーションによる効果のうち，特徴的な効果を2つ挙げます．1つは，参加者の相乗効果で盛り上がることです．制約の少ない状況での対話は，それだけで楽しいものです．そして，一部の人だけでなく，参加者みんなで盛り上がることがファシリテーションのよいところです．ファシリテーションでは，主張の強い人の意見だけでなく，普段はリーダーシップを発揮しないような人の意見や，少数意見も大切にするためです．

もう1つ，結論が自分ごとになるという効果も挙げられます．参加者は対話を繰り返しながら，自分と他の参加者の間で共通する考えや，異なっている考えが何なのかを理解します．そして，多様な意見が統合されてゆくプロセスを体験することで，『三人寄れば文殊の知恵』を実感することができます．参加者たちは，まさに結論が「腑に落ちる」という体験をします．

ファシリテーションを実際に行う際は，17のプログラム例を紹介している堀・加藤(2008)などを参考に構成することを勧めます．最近では，経験豊富なファシリテーターがファシリテーションを実践している様子が，動画共有サイトなどにアップロードされています．ファシリテーションがどういうものかイメージが湧かないという方は，ご覧になることをお勧めします．

わが国にも，ファシリテーションを教育・普及している組織がいくつかあります．なかでも2003年に設立された日本ファシリテーション協会(https://www.faj.or.jp/)は，その草分け的な存在です．2018年5月現在で1,600名を超える個人会員が所属しており(筆者も2011年から会員として所属しています)，その会員達が日本各地で支部やサロンを設け，地域ごとの活動が大変活発です．会員でなくても参加できるイベントもありますので，関心のある方は一度参加してみてはいかがでしょうか．

(5) 最後に…「学び手は常に正しい」

プレーヤーの行動を変えようとするときの鉄則として，島宗(2004)は，「学び手は常に正しい」という考え方を提示しています．これは，プレーヤーは必ず正解どおりに振る舞うという意味ではありません．コーチは，プレーヤーがそう反応せざるを得ないコーチングをしているということを認識しましょうという意味です．私たちコーチは，プレーヤーに教えようとしていることがうまく教えられないとき，「個人攻撃の罠」に陥りがちです．個人攻撃の罠とは，プレーヤーが教えようとしていることを学んでいないとき，それをプレーヤーやコーチ自身の能力・適性・やる気のせいにしてしまい，改善のための行動を起こさないことです(島宗，2004)．

2-1節で紹介した弘和くんの例であれば，「フォアボールだけは出すなと何度も言っているのに，フォアボールを出したのは，弘和くんが自分の言うことを聞くつもりがないからだ」または「弘和くんにピッチャーとしての適性がないからだ」もしくは「自分に監督の適性がないからだ」といった具合に考えてしまいがちです．そうではなく，「フォアボールを出してしまったのには，それなりの理由があるはずだ」「弘和くんがフォアボールを出さないために，改善できる原因はどこにあるのだろう」といった具合に，改善の余地を探ろうとするべきです．

「最近の若者は…」「俺たちが若かった頃は…」，そう思ってしまうのが人の常です．しかし，「学び手は常に正しい」のです．目の前にいる学び手にとって適切なコーチングを行えるよう，私たちコーチは常に自らを省みたいものです．

[荒井弘和]

2-3 コーチングとリーダーシップ

コーチは，選手を指導することのほかに，常にチームのリーダーでいることを求められます．普段はチームの方針を決めて戦略を練り，チームや施設のマネジメントを行い，試合では起こり得るさまざまなことに対応し，また選手を効果的に動機づけることが必要になるなど，コーチに求められるリーダーとしての役割は多岐に渡ります．ここでは，まずリーダーシップとは何を意味するか，そしてコーチングに生かすことが可能なリーダーシップ理論について紹介し，コーチが良いリーダーになるための方法について考えます．

コラム2　幼児を対象としたコーチング
（幼児期の指導・コーチング）

　幼児期は，就学前の3,4年間という短い間でありながら，心身ともに著しく発達していきます．運動や動きに関していえば，この時期は生涯にわたる運動全般の基盤づくりの始まりとして大切な時期だといえます．

　指導というと，つい未完成な部分や気になる部分を修正，矯正することに意識がいきがちですが，そういったやり方は幼児にはなじみません．スポーツなどにつながる動作の原型，原初的な形が徐々にみえてくるのが幼児期であり，環境を通して受けたさまざまな刺激を吸収しながら変化している途中なのだという認識が必要です．からだ全体で動きを感じ取っている状態といえるのではないでしょうか．

　3歳前後の年齢の低い子どもたちには自分の能力を客観的に判断することは難しく，実際よりも自分を高く評価します．「みんな，これできるかな？」という問いに，3歳児は皆口をそろえて「できるー，できるー」と訴えます．年齢が上がるにつれ徐々に自己の結果を意識，判断できるようになり，5歳半から6歳頃には客観的な認識とともにそれに見合った動きのコントロールも徐々にできるようになってきます．できるという自覚と自信(有能感)は運動を続ける動機につながります．またそれは自分の判断とともに指導者からのフィードバック，さらに努力の過程を知覚することによって影響を受けます．したがってこの頃には，難しい課題の克服や他の子との比較ではなく，それぞれの子どもがそれなりにできたと感じられるような前向きな評価を与えることが大切になります．目的とする動きに到達できなくても，その過程で偶然できるようになることはたくさんあります．それを見逃さずキャッチする眼が幼児期の指導には必要だといえるでしょう．そして見つけたらすかさずほめてあげましょう．何が飛び出すかわからない子どもたちのできばえに適切に対応できる力量を備えたいものです．

　心理面からみるとこの頃は，個から集団へ，自我から他我へ向かう時期，すなわち他人とかかわりを持ち始める時期です．気持ちも少しずつ外に向けられ，初めて接するものへの好奇心も旺盛になります．そこでは「やってみたい」という気持ちと「ちょっと怖い」という相対する気持ちが共存しています．思い切ってやってみたものの，失敗したり，つまづいたりすれば，それが逆に嫌いになったりそこから遠ざかったりするきっかけになってしまう可能性もあります．子どもたちのやってみようという気持ちを引き出すこと，そしてそれを阻害することのないよう手をかすこと，できる喜びを味わわせることが指導者の役割といえるでしょう．　　　　［佐々木玲子］

(1) リーダーシップとは

あなたはリーダーシップと聞いてどんなことを思い浮かべるでしょうか．リーダーシップとは，個人がチームの目標達成に向けてメンバーに影響を与える行動的，心理的，社会的プロセスを指します(Vealey, 2005)．そして，リーダーとはそのプロセスでチームの目標達成に向けて影響を与えている人物です．つまり，リーダーシップとは，リーダー個人，例えばコーチだけではなく，そのコーチが率いる選手達，そしてチームが置かれている環境（競技レベルや保護者，会社や学校の雰囲気，文化などチームを取り巻くもの）すべてが関係しあって起こるプロセスを指します．

リーダーとしてのコーチについての研究は盛んに行われてきています．そしてそれらの研究から，良いコーチは良いリーダーでもあることが示されています．

(2) コーチングに生かすリーダーシップ理論

あなたはどんなリーダーでしょうか．リーダーとして，チームにどのような影響を与えているでしょうか．リーダーシップ理論は，どんなリーダーが効果的にチームに影響をあたえることができるかについて考える機会を与えてくれます．ここでは主に4つの理論について説明していきます．

a. 多角的リーダーシップ理論(Multidimensional Model of Leadership)

スポーツ心理学で提唱されたリーダーシップ理論のなかで最も古く，かつコーチのリーダーシップ研究に現在も大きな影響を与えている理論に多角的リーダーシップモデル(Chelladurai, 2001；Chelladurai and Saleh, 1980；Zhang et al., 1997)があります．

多角的リーダーシップモデルは，変革型リーダーシップを基盤に置き(b.を参照)，チームのパフォーマンスや選手の満足度が，リーダーに要求される行動，実際のリーダーの行動，好まれるリーダーの行動の相互作用によって決定されるとしています(図2-5参照)．リーダーに要求される行動と好まれる行動は，チームの競技レベルや雰囲気・文化などの状況の特徴，それから，選手の年齢，性別，性格などのメンバーの特徴から影響を受けます．また，実際のリーダーの行動は，リーダー自身の年齢，性別，性格，経験などのリーダー自身の特徴，そしてリーダーに要求される行動，好まれる行動に影響を受けると示されてきました．

この理論では，状況や選手に要求され，好まれる行動が，実際のリーダーの

行動と上手く整合したときにチームのパフォーマンスや満足感が向上するとされています．つまり，コーチが選手の特徴や状況を考え，自身に要求される行動や好まれる行動を加味し，自身の行動を決めていく必要性が示唆されているのです．例えば，この理論を使用した研究では，6種類のコーチのリーダー行動に着目していますが(表2-1)，選手の性別によりそれぞれの行動についての好みに違いが見られるとも報告されています．比較すると，男子選手は女子選手よりもコーチに対して独裁型の意思決定スタイルを好み，女子選手は男子選手よりも民主型の意思決定スタイルを好むことが示されています(Martin et al., 1999；Riemer, 2008： web 2-4 も参照)．

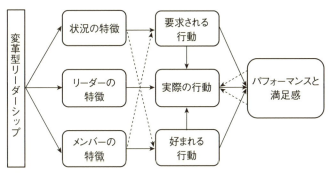

図2-5　多角的リーダーシップモデル(Chelladurai, 2001; Chelladurai and Saleh, 1980)

表2-1　6種類のリーダーシップ行動(Chelladurai and Saleh, 1980; Zhang et al., 1997)

リーダーシップ行動	行動の内容
トレーニング・指示	指示を与える・練習やトレーニングを強調する・チームの活動を調整する
ポジティブ・フィードバック	良いパフォーマンスを常にほめる・報酬を与える
独裁型行動	独立した意思決定をする・意思決定でコーチとしての権限を重要視する・基本的に選手からの意見を取り入れない
民主型行動	目標や練習，試合の戦術や戦略などの意思決定に選手の参加を促す
ソーシャル・サポート	選手が気持ちよくチームにいられるようにする・温かい関係を築く
状況検討行動	状況，個人，環境，チーム，試合を考慮し，個人の目標やその達成方法を明確にして，試合に向けて選手を一番良い状態にするために段階によってコーチング行動を調整する

b. 変革型リーダーシップとフルレンジモデル(Transformational Leadership and Full-range Model of Leadership)

さらに近年スポーツ心理学でも注目されてきているのが，変革型リーダーシップ(Bass and Riggio, 2006)です．従来スポーツの現場でも受け入れられてきたようなリーダーシップは，社会的な交換(報酬を与える／ほめる，罰を与える／怒る，など)によってメンバーに影響を与えるというリーダーシップ(＝処理型リーダーシップ：transactional leadership)です．一方，変革型リーダーシップはそのようなリーダーシップを超えて，明確なビジョンを提示し，モチベーションを鼓舞して，効果的にメンバーの力を引き出しながら，集団を率いるというリーダーシップを指します(Bass and Riggio, 2006).

変革型リーダーシップを促すためには，このリーダーシップを構成する4つのリーダーの行動を理解することが必要です(表2-2)．「理想的な影響」はカリスマ的なリーダーシップと関連し，リーダーの姿勢，言動，行動でチームのメンバーがついていきたいと感じるような行動を指しています．「鼓舞する動機づけ」は，メンバーが積極的に取り組みたくなるようなチームの目標・方向性を示して，メンバーの積極的な関わりを促すような行動です．「知的刺激」は，メンバーが持っている意見やアイデア，創造性を引き出していくような行動を指し，「個別配慮」はメンバーの個性に沿ってさまざまなサポートをする行動を指します．このようなコーチの変革型リーダーシップ行動は，選手の楽しいという気持ち(内発的な動機づけ)，努力やパフォーマンス，さらにチームの自信やまとまり，一体感(集団凝集性)に影響を与えることも示されています(Charbonneau et al., 2001；Price et al., 2013；Rowold, 2007).

しかしながら処理型のリーダーシップ行動が非効果的で除いていくべきというわけではありません．例えば，目標を達成したときにメンバーをほめる，など適切な報酬を与えることはチームのマネジメントに必要な行動であることが示唆されています(Bass and Riggio, 2006；Rowold, 2007：処理型リーダーシップの行動と非リーダーシップ行動は表2-3を参照)．変革型リーダーシップ行動は処理型リーダーシップ行動と合わせて必要となるリーダーの行動と言えます．

また，この変革型リーダーシップは，前述の多角的リーダーシップモデルの基盤になるリーダーシップとされており(Chelladurai, 2001：図2-5参照)，上の4つの行動と自分の指導者としての行動を照らし合わせ，状況や選手の特徴を理解しながら，行動を変えていくように努力することはコーチが持つチーム

表 2-2　変革型リーダーシップ行動(Bass and Riggio, 2006)

行動	行動の内容
理想的な影響	メンバーが一体感を抱き，熱心に見習おうとする見本のような存在になる
鼓舞する動機づけ	リーダーが示すビジョンや目標に対してメンバーが積極的に努力できるように促す
知的刺激	メンバーの創造性や気づきを促し，新たな取り組みを奨励する
個別配慮	メンバーの多様性をリーダーが認め，それに応じてメンバーの成長を促すようにサポートする

表 2-3　処理型リーダーシップ行動と非リーダーシップ行動(Bass and Riggio, 2006)

行動	行動の内容
随伴的報酬	明確に決定された課題に集中し，その遂行に報酬を与える
例外による管理(受動的)	基準からの逸脱が起こったときに修正する
例外による管理(能動的)	能動的に基準からの逸脱を監視・探索し，修正する
非リーダーシップ	リーダーシップが欠如している

への影響力の向上につながると考えられます．

c. コーチと選手の関係性モデル(coach-athlete relationship model)

多角的リーダーシップモデルや変革型リーダーシップのようにリーダーの行動に着目するだけではなく，コーチと選手の関係性に着目したコーチと選手の関係性3＋1Cモデル(Jowett and Ntoumanis, 2004)も指導者のリーダーシップを考える上で重要なヒントを与えてくれます．このモデルでは指導者と選手の関係性には，尊敬や信頼などの感情的な意味をつける「親密性(closeness)」，指導者と選手がその関係性を続けていくという意志を持つ「コミットメント(commitment)」，指導者と選手がお互いの意見に応えながら協働して行動する「相補性(complementarity)」，そしてお互いの感情・考え・行動を理解する相互理解を表す「コオリエンテーション(co-orientation)」が必要であるとしています．コーチと選手の関係性がこれらの要素を満たしているとき，選手のモチベーションやパフォーマンスが向上すると考えられています．

また，コーチと選手がポジティブな関係を維持し，さらなる向上を目指すための7つのポイントも研究から示されています(Rhind and Jowett, 2010；図2-6参照)．このなかで強調されるのは，コーチと選手の関係性の維持や向上のためにはコーチからの働きかけだけではなく，選手からの働きかけも重要で

あるということです．コーチは自身の選手への働きかけだけでなく，関係性を維持するための選手の働きかけも促していくことが必要であるといえます．

d．コーチのリーダーシップスキル

ここまでみてきたように，コーチの行動や選手との関係に焦点をあてた理論のほかに，コーチのリーダーシップスキルに焦点をあてたリーダーシップの考え方もあります．リーダーシップスキルはリーダーの行動の基盤となり，チームの目標達成に向けて選手に影響を与えるために必要な力と定義できます．また，これらのリーダーシップスキルは「認知スキル」「対人スキル」「マネジメントスキル」，そして「ストラテジックスキル」に分類できるとされています（Mumford et al., 2007：図2-7参照）．まず「認知スキル」には，学習する，情報を伝える，聞く等のリーダーシップの基盤になるスキルや行動が含まれます．次の「対人スキル」には選手の感情や考えをくみとる，目標の達成のために説得する，選手間の対立を解決する，チーム内での自身の行動を調整する，

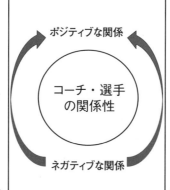

図2-6 コーチと選手の関係性を維持する：COMPASS model
(Rhind and Jowett, 2010 を抜粋して一部改変)

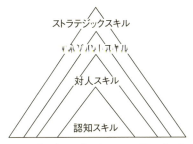

図2-7　リーダーシップスキルストラータプレックス
（Mumford et al., 2007を抜粋して一部改変）

など選手同士や，選手とコーチが良好な関係を築くために必要なスキルが挙げられます．また「マネジメントスキル」は選手を動機づけたり，チームの経費や物品を管理したり，選手を育てるなど，生産的なチームを作るために必要なスキルです．最後の「ストラテジックスキル」には，チームの目標・ビジョンを立て，チームを取り巻く状況やその変化を分析し，課題を明確にして，次にどう進むべきか判断をするなどのチームのトップとして必要なスキルが含まれます．

　これらのスキルは図2-7のように階層的になっているとされています．つまり，認知スキルは対人スキルの基盤になり，認知スキルと対人スキルはマネジメントスキルの基盤に，そしてストラテジックスキルは他の3つのスキルが基盤になるのです（Mumford et al., 2007）．会社組織の研究では，会社役員など，ポジションが上にいくほど上位のスキル（ストラテジックスキルなど）が必要になるとされています．また，コーチングの研究でもこれらのスキルに対する自信（自己効力感）がコーチングのキャリアを発展させることへの意図につながっていることが示唆されており，コーチのキャリアにとってもこれらのスキルを獲得すること，またそれについての自信を持つことは重要なことであると言えます（Machida-Kosuga et al., 2017）．

（3）良いリーダーになるには

　それでは，コーチが良いリーダーになるにはどうすべきでしょうか．まだ数は少ないものの，近年コーチのリーダーとしての成長に関する研究も行われてきています．また，各国でコーチのリーダーシップ向上に関するプログラムも実施され，その効果が検証されています．

図2-8で示したリーダーの成長プロセスモデルはコーチがリーダーとしての成長を目指すための指針になります(McCauley et al., 1994；Van Velsor et al., 2010). このモデルは，リーダーの成長には，成長を促すさまざまな経験(developmental experience)が必要としています．その経験には，3つの要素が含まれています．まず，自身の能力を試すような「チャレンジ」の経験が重要です．チャレンジは，新しい方法に挑戦し，それを練習する機会や，さまざまな考え方にふれる機会をリーダーに与えてくれます．このチャレンジにも，いろいろな種類があるとされていますが(McCauley et al., 1994；1999：表2-4を参照)，例えば「多様な人材と働く経験」もチャレンジのひとつです．チーム内の選手がみんな同じようであれば，指導も効率的にできますが，積極的にさまざまな背景(性別，競技レベル，経済レベルなどを含む)を持った選手をリクルートしてチームをマネジメントしていくのも，自身のリーダーとしての成長にとっては，ひいてはチームの発展にも，重要なことかもしれません．

第二に「フィードバック」です．自身が目標や求められている基準をどの程度満たしているかについて評価を得ることは，リーダーの成長には不可欠です．このフィードバックには，他者(上司・同僚・部下)からの評価に加え，自身の振り返りからの評価も含まれます．フィードバックは，自身のどこが強みで，どこに課題があるか，またその強みを伸ばすため，課題を解決するために何をすべきかについての情報を提供してくれます．また，フィードバックはリーダーの成長へのモチベーションを維持・向上するにあたっても重要な役割を担います．最後に，リーダーの成長には「サポート」が必要です．チャレン

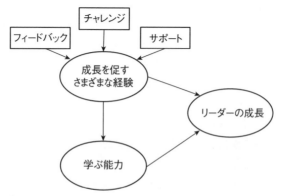

図2-8　リーダーの成長プロセスモデル(Van Velsor et al., 2010を抜粋して一部改変)

ジには失敗が伴います．そのような失敗のなかでは，人は不安定になりやすいです．不安定な状況の中での周りからのサポートは，そのチャレンジから学んだことを明確にし，確信にすることを促します．そして，この確信は自分のその後の成長や成長する能力へのさらなる自信につながるとされています．

また，このような成長を促す経験のほかに，リーダーが成長を続けるためには学ぶ能力（ability to learn）が必要です．学ぶ能力には，パーソナリティや動機づけ，学習の習慣などの要因が関わっています（Van Velsor et al., 2010）．この学ぶ能力の違いで，リーダーが同じ経験から学べる程度が変わると考えられています．

これまでの研究で，これらの成長を促す経験や学ぶ能力の要素がコーチの成長につながることが示されています（DeRue et al., 2009；Dragoni et al., 2009；Erickson et al., 2007; Machida-Kosuga et al., 2017: web 2-5 も参照）．今後，コーチがリーダーとして成長するためには，自身の学ぶ力を育てながら，成長ができる機会を積極的に求めることが必要になると考えられます．表2-4 のチャレンジ経験はその際に求めるべきチャレンジの指針になりますし，

表2-4 リーダーの成長を促すチャレンジ経験（McCauley et al., 1995, 1999 を抜粋して一部コーチングの現場に合わせて改変）

チャレンジ	チャレンジの内容
仕事のトランジション経験	過去に経験したコーチとしての仕事とはまったく違う仕事，もしくは新しい仕事を請け負っている
変化をつくる	チームで新しいことを始めることや戦略を変える仕事を請け負う．前任者が作った問題やチームに続く問題を解決する必要がある．また，チームの選手やスタッフの経験が足りなかったり，彼らが変化に抵抗したりしている
高い責任レベルでの管理	明確な期限，周囲からのプレッシャー，高い透明性，重要な決定をする責任が，コーチングの成功・失敗を明白にしている．またコーチングの仕事の規模が大きく，自身の様々な役割に対して責任を持っている
境界線の管理	チーム外の人たち（保護者，協会，学校など）と協力してチームを管理している．また，直接的なコントロールができないこのような人たちに影響を与えるような仕事をしている
ダイバーシティーへの対応	異なる文化の選手・スタッフや他の国のチームと働く必要があったり，さまざまな背景（年齢，性別など）を持つ人との仕事を請け負っている

積極的に周りの人,同僚のコーチや競技団体,上司,後輩などからフィードバックやサポートを得られるような環境づくりを自ら作っていくことも重要です.また自身がコーチを育てる立場である場合は,コーチのリーダーとしての成長を促せるような環境づくりを目指すことが必要になるでしょう.

(4) 選手のリーダーシップを育てる

コーチは自身のリーダーシップを向上させることだけでなく,チームの成長のため,またそれぞれの選手の成長のために,選手のリーダーシップを育成することも考えていく必要があります.上で紹介したリーダーシップの理論は選手のリーダーシップ(アスリートリーダーシップ:athlete leadership)にも応用できます.

リーダーシップ理論を応用することに加えて,アスリートがチームで持つ特別な役割について理解することも重要です.表 2-5 はアスリートリーダーの 4 つの主な役割について説明しています(Fransen et al., 2014).これら 4 つのリーダーとしての役割は,公式な肩書を持つようなキャプテンのみでなく,そのような肩書を持たない選手も果たすことが研究で示されています.また,このような役割をチームの選手ひとりが持つのではなく,いろいろな選手が持つ

表 2-5 アスリートリーダーの 4 つの役割(Fransen et al., 2014 を抜粋して一部改変)

リーダー	役割
課題リーダー	フィールド/コート上を仕切るリーダー.チームが目標に集中することを助け,戦術においての意思決定を促す.また,ゲーム中にチームメイトに戦術的なアドバイスを提供し,必要に応じて調整する.
社会的リーダー	フィールド/コート以外で主導的な役割を持っているリーダー.チーム内で良好な関係を促進し,チームの雰囲気を良くすることに貢献する.フィールド/コート以外でのチームメイト間の対立の解決を促す.
モチベーションリーダー	フィールド/コート上で最もモチベーションを与えるリーダー.できるところまで努力するようチームメイトを励ます.また,落ちこんでいるプレーヤーを新鮮な気持ちにする.
外的リーダー	チームと外部の人々との関係を結ぶリーダー.クラブ運営におけるチームの代表.メディアやスポンサーとコミュニケーションが必要な場合に,主導する.

ことがチームの自信や一体感(集団凝集性),パフォーマンスの向上につながる可能性も示唆されています.

(5) まとめ

本節では,コーチングとリーダーシップについてみてきました.スポーツの指導をする上で,コーチがチームの「リーダーとして存在していないとき」はありません.本節で紹介したリーダーシップの理論やリーダーの成長に関する知見を生かして,リーダーとしての在り方を問いかけながら,自身の成長を促していきましょう.コーチのリーダーとしての成長は,チームのさらなる成長や,一人ひとりの選手のリーダーとしての成長も促すことにつながっていくはずです.

[小菅　萌]

2-4　多様な思考法に基づくコーチング

コーチング活動には,さまざまな責任,役割があり,コーチはプレーヤーやチームの未来を創造する担い手でなければなりません.この責任,役割を果たすためには,自己をコントロールし,課題に対応していく必要があります.そこで,コーチはコーチング現場の状況について,「論理的思考」をはじめ,「分析的思考」「創造的思考」「批判的思考」など,多様な思考をもって観察,分析,解釈などを行い,判断し,表現していくことが重要となります.この節では,こうしたコーチの多様な思考について学んでいきます.多様な思考を身につけることは,コーチング活動の幅を広げ,プレーヤーへの説得力が増すとともに自身のコーチングへの自信も向上することにつながります.

(1) 論理的思考 (logical thinking)

論理的思考は,事実に基づいて論理的に系統を立て,ある事象を分解し,十分な根拠から(論理的に)整理・分析することで正しく合理的な回答を導き出す思考法です.つまり,「こうだから,こうである」といった因果関係を明らかにしていきます.論理的思考は事実を重要視するため,プレーヤーやチームが目的を達成するために,まずは現状の把握をする必要があります.ゴールを設定し,目標を達成するため,また問題を解決するためには,現状を明確化し,現状が目標達成や問題解決のためにどのくらいの差(ギャップ)があるのかを正確に見極めることが重要なのです.

論理的思考の手法には，ピラミッド構造（ロジックツリーやイシューツリー）や，MECE(Mutually Exclusive and Collectively)などがあります（図2-9）．ピラミッド構造はあるテーマに関し，関連する因子をピラミッド型につないで思考を展開していく方法で，MECEは因子をもれやダブりなく分類する方法です．論理的思考の展開には大きく2つの方法があります．一つは演繹法で，観察した事項を，一般的事項に照らし合わせて結論を導き出す方法です．「○○だから，△△である」という結論を展開して回答を導き出します．三段論法は代表的な演繹法の手法です．もう一つは帰納法で，観察されるいくつかの事象から類似点をまとめて結論を導きだす方法です．演繹法と帰納法は密接に関係しており，これらにより多くの発見や推測ができます．

　論理的思考では，正しくない情報が混入したり，論理の飛躍があると間違った結論に導かれる可能性があります．なぜそうなるのか，その根拠を正確に系統立てて把握することが大切です．また，正確な事実を情報として十分に得ることは大切なことですが，その情報を集めることに時間を費やしてしまい，即時の対応が困難になることがあります．そのようなときは，十分な情報を集めてから結論を導き出すのでなく，ある程度の情報から仮の答えを導き出すことが重要です．これを仮説思考と言います．仮説思考から得られた回答が不確かな情報から得られたものである可能性があることから，その回答が果たして正しいものなのか不安があるかもしれませんが，スポーツの現場では最低限の情報から解決策を打ち出さなければならない局面が少なくありません．ゲーム中，絶えず状況が変化する中でスピーディーに問題や課題に対応していくには，限られた情報から対応策を考えていかねばなりません．たとえ情報が不十分であったとしても答えを導き出さなければならないのです．さらに「ひらめき」や「気づき」といった直観的思考も問題解決には重要な思考です．直観的思考は一見，科学的ではないと思われますが，そうではありません．ここでいう直観はコーチの豊かな経験や体験，知識から得られる推論であり，根拠が全くないという訳ではないのです．仮説思考も直観的思考も，経験や知識から推論されたものでなければ信憑性に乏しくなります．つまり，仮説思考，直観的思考も，ある程度の根拠，事実に基づいた思考であり，そこから論理的思考へと発展していくものであると言えます．経験や知識が希薄であり，仮説が立てられない，また直観的に物事が考えられない状態では論理的な思考を行うことも困難となってしまいます．

　スポーツ現場では必ずしも正解があるとは限りませんし，得られた回答が正

2-4 多様な思考法に基づくコーチング

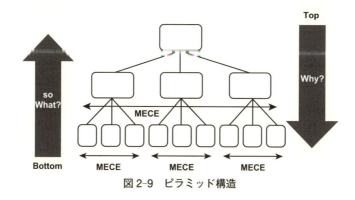

図 2-9 ピラミッド構造

しくないことや外れることもあるかもしれません．しかし，たとえ失敗したとしても限られた情報から仮説を立てることや，直観から結論を導き出すことは，さらなる経験を積むこととなり，論理的思考力や問題解決能力を高めてくれることでしょう．

（2）分析的思考（analytical thinking）

　分析的思考は，現在起こっている事象について，その状況や問題などを詳細かつ正確に理解・分解し，それを整理・分析することで対応策を考えていく思考です．分析的思考によって整理・分析を遂行するには，理解力，観察力，問題解決能力が必要となります．分析的思考は事象を細かく分解・分類して全体を構成する各要素を明らかにしていきますが，その分解された事項は階層的分類や体系的分類などの手法で整理されることとなります．整理され一つの塊となった集まりをクラスタと呼び，これらを分析することをクラスタ分析と言います．

　このように分析的思考は，複雑な事柄を一つ一つの要素や成分に分け，その構成などを明らかにしていくことから，状況や問題の全体を部分の集合体として捉えていきます．このことから，分析的思考に加え，より大きな全体の一部として捉えて考えるゲシュタルト的な思考法である包括的思考や概念的思考，多角的にとらえるシステム思考なども問題の原因を探究するには必要な思考法であるといえます．

　分析的思考は「より詳細に」「より正確に」といった前提で考察していきますが，誤情報に注意することはもちろん，持っている情報が少ない場合，持っている情報のみで対応策を考えてしまうことで正確な対応策を講じることがで

きなくなる可能性があります．したがって，分析的思考を実施するためには十分な情報収集が行われなければなりません．

(3) 創造的思考 (creative thinking)

創造的思考は，枠にとらわれず自由な発想を持ち柔軟な姿勢で解決策を探究していく思考です．正確さや事実を重要視するのではなく，自由で多元的，包括的に事実にとらわれることなくアイデアを出していきます．論理的思考は，事実に基づいて論理的に整理・分析していく考え方ですから，基本的には過去に通用してきた考え方や手法によって連続的に展開していきます．しかし，このような連続的な思考は枠（スキーマ）を形成し，思考に限界が生じてしまうことがあります．そこで，創造的思考のような，枠にとらわれず自由奔放にアイデアを出す非連続的な拡散的な思考が必要になります．論理的思考は，多くのデータ，事実を収集し問題解決に導く思考法であることから，合理的，効率的な集中的思考であり，収束的な思考です．拡散的思考と収束的思考の概念は，アメリカの心理学者，ギルフォード(Guilford, J.P.)が提唱したもので，問題発見・課題解決に導くための合理的な思考法です．また，拡散的思考は発散的思考ともいわれ，その手法としてはブレーンストーミングやクラスタリング（ウェビングやマインドマップ）などがあります（図2-10）．収束的思考は親和図法やKJ法（川喜田，1967，1970），クロス法などがあります．また，創造的思考は，仮説思考や直観的思考の概念を含んでおり，必ずしも正しくないことやイメージ，漏れや重複も許容されます．新しい発想は「事実にとらわれない」「論理的には割り切れない」という前提にとらわれない思考によって生み出されるのです．

つまり，創造的思考によってアイデアや情報が拡散され，それらを論理的思

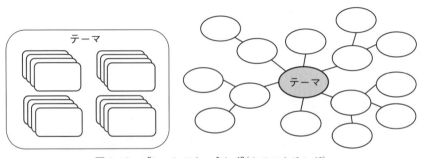

図2-10　ブレーンストーミング（クラスタリング）

考により収束することで，整理・分析がなされるというプロセスから回答が導き出されるのです．コーチングでは固定観念や既成概念に縛られたり，過去にとらわれステレオタイプ化することが少なくありません．スポーツの場面では，過去のデータからは解決できない困難な課題に直面し，行く手を壁に阻まれることがあるかもしれません．また，過去にはない新しい方向に解決策を見出し対処しなければならい状況があるかもしれません．何事にもとらわれない自由な発想によって拡散的に多くのアイデアを生み出し，常識や標準から外れた創造的思考による発想がその解決策の立案を後押ししてくれます．

(4) 批判的思考 (critical thinking)

さまざまなコーチングの場面において，論理的思考や創造的思考だけでは，主観的な思考に左右され，過去の経験や予測の延長線上にある連続的な発想になりがちです．そこで，「本当にその考えは正しいのか」「間違っていないか」「偏りはないか」と批判的に問いかける客観的な思考が必要となります．このような客観的な思考を批判的思考と言います．批判的思考をすることで見えていなかった問題や課題，解決策の発見を可能とし，思い込みを打破することができるのです．批判的というと「否定する」や「非難する」などというネガティブなイメージがありますが，そうではありません．獲得したさまざまな情報をそのまま鵜呑みにするのではなく，「その情報は本当に正しいのか」と疑問を持ち，熟慮することで正しい結論を導き出していくことをいいます．批判的思考は，論理的であり適切で合理的な判断のできる思考なのです（道田，2001）．楠見（2013）は，批判的思考のプロセスについて，①情報の明確化，②推論をするための土台の検討，③推論，④意思決定・問題解決の4つの段階を示し，最後に①から④を振り返りコントロールするのがメタ認知であると述べています．このプロセスは論理的思考のプロセスにも通じるところがありますが，批判的思考は，論理的思考に客観的な側面が付加されるような感じで，自己の思考を評価するようなものです．平山・楠見（2004）は批判的思考を支える態度の構造について，大学生を対象に調査した結果，論理的に考えようとする「論理的思考への自覚」，多くの情報を探求しようとする「探究心」，偏見や先入観にとらわれない「客観性」，証拠に基づいて考えようとする「証拠の重視」の4因子を抽出しています．

人は思い込みや勘違いをするものです．また，希望や憶測で判断したり，無意識にステレオタイプ的な思考をすることや見たくないものをフィルタリング

することがあります．このように物事を認知，知覚するときに先入観や偏見で判断してしまう思考のことを認知心理学や社会心理学では認知バイアスといいます．根拠や論理的な思考なく「○○は△△なはずだ」「○○は正しい」という思い込みは認知バイアスに支配されている状態です．また，認知バイアスの一種で，自分に都合の良い情報だけを集め，反証する情報を遮断してしまう思考を確証バイアスといいます．この認知バイアスは本人に自覚はなく，無意識の状態で生じる「思考の偏り」です．認知バイアスは正しい評価や判断を邪魔し，特に創造的思考を阻害します．こうした認知バイアスに支配されていないかを検証するためにも，客観的思考である批判的思考が有効に作用します．

批判的思考がないと，誤った理解，予測がなされる可能性があり，これらは誤った行動を引き起こすかもしれません．人はだれしも思考に特徴や癖，偏りが見られます．これらの特徴や癖は必ずしも悪いことではなく，むしろそれを生かしたコーチングが有効に働くことも多々あります．しかし，コーチは自分の考えが本当に正しいのかどうかということを自問自答し，競技者や他人の声に耳を傾けることも必要です．客観的な思考である批判的思考能力を身に付けることは自身のコーチング活動をさらに高めてくれることでしょう．

(5) 問題発見・課題解決

目標(ゴール)を設定し，まず行うことは現状を把握することです．目標と現状の差(ギャップ)を知らなければその対策を講じることは困難です．そこで，情報の収集を行い，問題を顕在化し，課題解決に必要な正しい情報を収集，整理する必要があります．そして，収集された情報は分析され，課題に対して解決策を具体化し，実行することになります．さらにその結果は評価されることで次の段階に進むことができます．この過程を支えているのが多様な思考です(図2-11)．

思考は連続的または非連続的に，さらには重複して発揮されることになります．現状を把握し目標との差(ギャップ)を知覚した後，創造的思考で拡散的にアイデアを出していきます．そこには直観的思考や仮説思考なども含まれます．そして，出されたアイデアは論理的思考によって収束されていきます．そして，収束された解決策に客観的な検証を加えるのが批判的思考です．

2008年，北京・オリンピックで陸上競技の男子4×100mリレーで日本陸上トラック史上初となる銅メダルを獲得しました．その後，2016年には世界リレー選手権で銅メダル，2017年リオデジャネイロ・オリンピックで銀メダ

2-4 多様な思考法に基づくコーチング

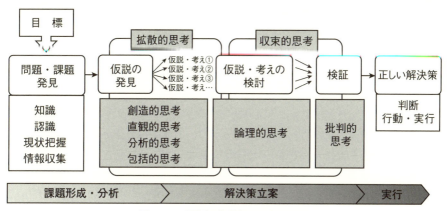

図2-11 問題解決過程と思考の作用

ル，翌2018年にはロンドン世界選手権では世界選手権初となる銅メダルを獲得と，日本の4×100mリレーチームは常に世界の上位に食い込む活躍を見せています．しかし，2008年のメダル獲得以前は日本のリレーチームは決勝には進出するもののあと少しのところでメダルを逃し続けてきました．2007年，大阪で開催された世界選手権で日本チームはメダルを獲得するチャンスでした．しかし結果は日本記録を更新したにもかかわらず5位に終わり，メダルを逃してしまいます．そこでコーチ陣はなぜメダルに届かなかったかということについて関連するあらゆる情報を収集し，徹底的に調査しました．そこで出た答えは「現状の戦力でもメダルに届く」という解答でした．しかし，それには課題がありました．バトンパスワークです．そこで，詳細な分析から日本のバトンパスワークに課題を発見し，選手に設定しました．日本はバトンパスに磨きをかけ，日本式のバトンパスを確立し，その課題を克服しました．そして2008年，ついにメダルを獲得したのです．しかし，その後2015年に中国に惨敗します．そこでバトンパスワークの再考をします．今まで自信を持っていたバトンパスワークは「本当に最も優れているのか」ということを再検証したのです．2016年に日本チームはさらに進化したバトンパスを開発します．そして，リオデジャネイロ・オリンピックでジャマイカ，アメリカに次ぐ世界第3位の記録を樹立するに至りました．個人の走力ではかなわない相手にリレーでは世界と戦える位置まで到達したのです．

日本のバトンパスワークはアンダーハンドパスという手法をとっています．このアンダーハンドパスは，2001年から採用しており，世界のバトンパス

ワークの主流ではありません．世界のバトンパスの主流はオーバーハンドパスや，プッシュパスで2000年までは日本もオーバーハンドパスを採用していました．これまで日本はたびたびオリンピックや世界選手権で決勝には進出していましたが決勝の常連国ではありませんでした．「本当にこのパスで良いのか」「決勝に残るにはもっと良いバトンパスの方法はないのか」と根本から見直し，試行錯誤したなかで採用されたのがアンダーハンドパスでした．これは既存のパスに対する批判的思考によるものです．日本チームはアンダーハンドパスという武器を手に入れることで世界の決勝進出チームの常連になることができました．そこからメダル獲得を目指したのですが，実際にメダルを獲得するには7年の歳月がかかりました．2007年大阪・世界選手権の5位を機にバトンパスは改良され，オリンピック初のメダル獲得，2016年にバージョンアップをしてさらに3つのメダルを獲得しました．これはまさにコーチ陣の創造的，分析的，論理的そして批判的思考といった多様化な思考によるものです．

　説得力のあるコーチングはコーチの主義主張が明確であり，一貫性を持つことが大切です．主張していることがいつも違うのであれば聞いている方は混乱することでしょう．また，何かを主張したくてもその根拠がなければ，「言いたいことは分かるけど」で終わってしまいます．論拠があり，論理の飛躍がないことも重要です．さらに思考は主観だけではなく客観的な思考が必要です．スポーツの場面では，前例がなく，時には予測や推測で物事を進めなければならないときもあると思います．しかし，予測や推測と事実や本質を明確に区別することで相手はそれが単なる憶測でないことを理解することでしょう．

　2001年1月，来日したサッカー元フランス代表監督のロジェ・ルメール氏は「学ぶことをやめたとき，教えることをやめなければならない」という言葉を残しています．コーチは，指導する競技者の疑問や質問に対して，明確に回答しなければなりません．そのためにコーチは学び続けることが必要です．学びから得られた知識は思考力のベースになります．学びはコーチの経験に知識を加え，思考力を向上させてくれるのです．しかし，競技者にすべての回答を示すのが良いのか，競技者自身に考えさせるのが良いのかは競技者の力量，技量，そして心的準備の段階によって選択していかねばなりません．コーチの知識すべてを常に競技者に出すのではなく，対象によって情報量を調整することも重要なコーチングスキルです．いくら論理的に話をしても競技者が理解していないのであれば意味がありません．初心者に多くの難しい情報を与えすぎることはかえってマイナスに働くこともあります．一般的には，熟練競技者ほど

コラム3　小学校の運動部活動

　筆者は秋田県大館市というところで小学生時代を過ごし，小学校4年生から夏は学校の軟式野球部，冬はスキー部（クロスカントリー部門）で活動していました．学校には他にもミニバスケットボール部や陸上部など複数の種目の部活動がありました．部活動には先輩後輩関係もあり，先生が顧問として熱心に指導してくれていました．のちに関東地方の大学に進学するまで，小学校にも部活動があるのが当たり前だと思っていましたが，どうやらそうではないようです．

　全国でどのくらいの地域の小学校に運動部活動があるか予想がつくでしょうか．2016年度に教育委員会等を対象に行った調査では，1741ある市区町村のうち232（13.3％）の地域ではほとんどの小学校に運動部活動（放課後に教員の指導によって行われるスポーツ活動）があり，169（9.7％）の地域では一部の小学校に存在していることがわかりました．青森県，千葉県，愛知県，熊本県のように多くの小学校に運動部活動がある特徴的な地域もありましたが，分布は全国的に広がっています webコラム3 ．

　しかし，小学校の運動部活動が「以前（2006年頃）はあったが，現在は無い」という地域も112（6.4％）あり，近年部活動が行われなくなった地域の存在も示されました．大館市でも，2014年度から小学校部活動の地域移行（スポーツ少年団化）を実行し，現在ではほとんどがスポーツ少年団として保護者等が中心になった運営に変わっています．そんな地元の変化を，少子化の影響や教員の負担を度外視して，少し寂しい気持ちで眺めています．

　中学校や高等学校に比べて，小学校では数年早く少子化の影響が顕在化します．そして，学校規模的にも中学校や高等学校よりも小さいため，ひとつの部活動に人数を集めることが容易ではありません．小学校において，部活動を廃止する背景にはこのような事情が影響していると考えられます．活動の盛んな熊本県や名古屋市でも小学校部活動を廃止し，地域に移行していく方針が示されています．

　小学校における部活動の地域移行の取り組みは，今後少子化や教員の働き方改革の影響で変革が迫られるであろう，中学校や高等学校における部活動の今後の在り方にも示唆を与えてくれるでしょう．部活動の地域移行によってどのようなプラスの変化やマイナスの変化が生じたのか，子どものスポーツ環境を学校から地域へと円滑に移行するためにどのような工夫がなされたのか，貴重な先行事例として注視していきたいところです．

［青柳健隆］

［文　献］
青柳健隆・鈴木郁弥・荒井弘和・岡浩一朗（2018）小学校における運動部活動の分布：市区町村別実施状況マップの作成．スポーツ産業学研究，28(3)：265-273.

競技者自身の思考や感覚を重要視しなければなりません．そのときはこの情報を与えることがその競技者にとってどのような影響があるのか，またどのように影響してほしいのかを批判的思考によって客観的に判断してみましょう．情報は何を与えるかも重要ですが，どう与えるかの方が重要なのです．ルメール氏の言葉通り，コーチは学び続けなければなりませんが，コーチすることは学ぶことでもあります．コーチングの正解は1つではありませんし正解がないこともあるかもしれません．日々学び続けることで思考力は向上していきます．

　以上のように，多様な思考を身につけることは，コーチングに説得力が増し，競技者の心身を動かすことができるようになるのです．もしも相手に自分の主張が伝わらないときは，「自分自身の伝え方が悪い」のかもしれません．

[苅部俊二]

2-5　運動部員の進路・キャリアデザイン

　本節では，高校生のスポーツを通じた進路形成について考察します．高校で競技に打ち込んできた選手たちは，次のステージとして，プロ，進学，就職とさまざまに進路が分化する時期です．指導者としては非常に重要な時期に指導にあたることになるため，スポーツを通じた進路形成の実態と基本的な考え方について理解を深める必要があります．以下では，ある高校野球強豪校からの大学進学に焦点を絞り，部員たちの進路形成とその際の進路指導について検討します．特に，スポーツ推薦入試による大学進学を中心に考察を進めます．

　甲子園を目指して練習に励む部員たちは，自分の進路や将来をどのように考えて高校生活を送り，また彼らを見守る指導者たちは進路指導をどのように考えているのでしょうか．高校球児とその指導者たちの進路をめぐる現場を対象とすることで，スポーツを通じた進路形成／指導に対する理解を深めることが本節の目的です．本節では，主に，栗山（2012，2017）を参照しながら考察を進めます．

（1）日本の高校と運動部活動

　日本の学校は，学習指導だけでなく，部活動を通したスポーツ・文化活動の提供，学校を卒業して職業世界に参入する生徒のための職業指導＝職安機能（苅谷，1997；菅山，2010）など，多くの機能を担ってきました．

　なかでも，運動部活動はスポーツ機会の提供だけでなく，競技者の育成も

担っているという側面があります．高卒でプロ入りする選手は文字通り「高校で育成された」選手といえるでしょう．例えば，欧州諸国ではスポーツクラブが競技者を育成していますが(Hememann and Schubert, 1999＝2010)，日本の場合は，学校の部活動がその中心的な役割を担っています．近年では，日本でも民間スポーツクラブの台頭による，競技者育成の場の変容(松尾，2015)も指摘されていますが，部活動が多くの競技者を輩出するという構造に大きな変化はありません．

運動部活動が競技者を輩出している状況は，強豪校の運動部が選手の進路指導を担うことも意味します．選手の進路形成も役割として期待されているということです．日本の運動部活動に関する以上のような特徴を念頭に置いて，強豪校運動部の進路形成をみていきましょう．

(2) 野球部員たちの将来展望

はじめに，事例となる高校野球部を紹介します．この高校は大洋高校(仮名)という伝統ある私立高校で，約2000人の生徒が学んでいます．野球部は全国的にも有名で，近年も甲子園に出場する強豪校です．部員は3学年で100人近い年もあります．大学に進学する部員は約7割で，そのうちの約7割がスポーツ推薦で大学に進学しています(詳細は **web 2-6**)．ここでは2002年〜2009年に大洋高校に入学した野球部員のデータを使って検討を進めます．

それでは，大洋高校野球部員は将来をどのように捉えているのでしょうか．まず確認すべきは，彼らのなかには，将来，プロ選手等の「職業スポーツ従事者」を目指す選手がいることです(栗山，2012)．しかし，周知の通り，職業としての野球選手になれるのはごく一握りの人々です．

プロ野球選手等の「憧れの対象だが，なるのが難しい職業」は，教育学では「ASUC職業」と呼ばれています(荒川，2009)．ASUC職業とは，人気があり(Attractive)，希少(Scarce)で，学歴不問(UnCredentialized)の職業群です．具体的には，グラフィックデザイナーやミュージシャン，プロ野球選手，プロサッカー選手等が含まれており，高校生に人気があるものの，職業人口に占める割合が低く，かつ学歴不問の職業です．ASUC職業がはらむ危険性は「いざその職業に就けず，他の職業に就こうとしたときに，何の学歴も資格もなく，職を得るのが難しくなってしまい」，その帰結としてフリーターやニートにならざるを得なくなることです．特に，プロスポーツ選手は希望倍率が65.73倍とASUC職業のなかでも最も高い職業です．

しかし，大洋高校では，ASUC職業とは状況が異なります．確かに，彼らは職業スポーツ従事者を目指しているのですが，それが叶わなかった場合を想定した将来像を描いているのです．
　選手の声を聞いてみましょう．

> **コウジ**：あ，あと自分，ミズノに勤めたいと思ってたんすよ．スポーツ用品メーカー．<u>社会人〔野球選手〕になれなかったらそれっすね，自分</u>．
> **コウジ**：ミズノ好きなんすよ．(中略)なんか自分たちの道具とか見てくれるミズノの人とかめっちゃいい人なんですよ．(中略)<u>なんか高校生と，大人になっても高校球児と触れられるのがいいなと思ったり</u>．
> **ユタカ**：〔プロや社会人が無理だったら〕自分のお父さんは，なんか，○○市体育館(中略)に勤めていて，なんか，<u>インストラクターとかスポーツ系の仕事</u>をやっているんで，そういうところに，<u>最低そういうところ(職業)に就ければいいかなと</u>．
>
> (栗山，2012より一部抜粋して記載)

　2人は，野球選手を目指しながらも，それが達成できない場合を考えて将来を構想しています．高校卒業後の進路に限らず将来の職業まで含めた長期的な展望をもって高校生活を送っており，スポーツ関連産業をセカンドベストとして考えているところに特徴があるといえます．他の部員からも似たような語りを確認できますが，特に部員たちは大学進学を考えています．大学で野球を続ければ，再度プロに挑戦できるため，コウジやユタカのように，他の職業に就く場合の選択肢も広がるからです．そこで次に，選手たちの大学進学を検討します．

(3) スポーツ推薦入試の実施状況

　ここで，日本の大学でのスポーツ推薦の実施状況を確認しておきましょう．
　表2-6は，日本の私立大学でのスポーツ推薦入試の実施状況です．表2-6(上段)は，入試難易度ごとに，実施学部数を，全体の学部数で割ったものです．入試難易度はSランクがもっとも高く，Cランクがもっとも低く設定しています(詳細は web 2-7)．難易度別にみた場合，Sランクでの実施率が最も高く(46.3%)，次いでBランク(42.7%)，Cランク(38.6%)，Aランク(32.4%)の順になっています．約20年前の調査では，スポーツ推薦は入試難

2-5 運動部員の進路・キャリアデザイン

表2-6　入試難易度別にみたスポーツ推薦実施学部数および割合（上段）と募集定員および割合（下段）（栗山，2017より抜粋）

実施学部	S	A	B	C	合計
スポーツ推薦実施学部数	44	89	94	300	527
全体の学部数	95	275	220	778	1,368
入試難易度ごとのスポーツ推薦実施	46.3%	32.4%	42.7%	38.6%	40.0%
募集定員	S	A	B	C	合計
スポーツ推薦の募集定員数（人）	634	1,390	1,472	3,201	6,697
全体の募集定員（人）	54,166	111,696	75,675	172,563	414,110
入試難易度ごとのスポーツ推薦の定員の割合	1.8%	1.2%	1.9%	1.9%	1.7%

易度の低い大学を中心に行われる入試方法だとされていました（中村，1997）．しかし，現在では，難易度の高い大学での実施率がもっとも高くなっています．表2-6の下段は，入試難易度別の募集定員を，全体の募集定員で割ったもので，1.2%（Aランク）〜1.9%（B，Cランク）がスポーツ推薦の募集定員であることがわかります．

ただし，割合ではなく実数に注目すると入試難易度の低い大学に多くの高校生が進学しています．スポーツ推薦で進学可能な大学は，入試難易度の低い大学に偏っているのです．

次に，入試難易度と推薦条件の関係を見てみましょう．表2-7は入試難易度別の推薦の最低基準を示しています．全体的に，Sランクを除いて，県大会上位（ベスト4〜16）を最低条件とする学部が多いことがわかります．「全国大会・ブロック大会出場」ではSランクが74.4%（29学部）と突出して多いのですが，Cランクでは8.1%（21学部）まで低下します．一方で，入試難易度が下がるほど，「競技実績に関する具体的な基準を要求しない」が多くなります（Cランクでは68学部で全体の26.1%）．

ここから，全国・ブロック大会出場レベルの選手を優先する，入試難易度の高い大学，都道府県大会上位層を中心に募集を行う中堅の大学（A・B），そして，都道府県大会上位層を含みながらも，競技に関する具体的な基準を要求しない入試難易度の低い大学の3つのパターンを見出すことができます．高校時代の競技実績が，進学できる大学の入試難易度と対応しているのです．

もう一つ重要な点は，スポーツ推薦で求められる基準を大会の種類ごとに分類できるということは，その基準が客観的に把握可能だということです．「競

表 2-7　入試難易度別にみた推薦基準 (N = 457)（栗山，2017 より抜粋）

入試難易度＼推薦基準	全国・ブロック大会出場以上	都道府県大会ベスト4	都道府県大会ベスト8	都道府県大会ベスト16	県大会出場（予選通過）	県大会出場（予選なし）	地区予選（都道府県大会への予選）上位	競技実績に関する具体的な基準を要求しない	客観的な基準のない条件	その他の推薦	合計
S	29 74.4%	2 5.1%	0 0.0%	0 0.0%	2 5.1%	0 0.0%	5 12.8%	1 2.6%	0 0.0%	0 0.0%	39 100.0%
A	16 23.1%	19 27.5%	21 30.4%	1 1.4%	2 2.9%	2 2.9%	4 5.8%	1 1.4%	3 4.3%	0 0.0%	69 100.0%
B	20 22.7%	5 5.7%	20 22.7%	5 5.7%	4 4.5%	5 5.7%	4 4.5%	12 13.6%	13 14.8%	0 0.0%	88 100.0%
C	21 8.1%	38 14.6%	40 15.3%	26 10.0%	6 2.3%	24 9.2%	6 2.3%	68 26.1%	17 6.5%	15 5.7%	261 100.0%
全体	86 18.8%	64 14.0%	81 17.7%	32 7.0%	14 3.1%	31 6.8%	19 4.2%	82 17.9%	33 7.2%	15 3.3%	457 100.0%

技力」は主観的で数値化困難な場合が多い指標ですが，「競技成績」であれば，受験生は自分が大学の求める基準を満たしているかどうかを把握できます．例えば，陸上競技や水泳等の競技では，タイムや距離という客観的に把握可能な「競技力」があります．しかし，陸上の100m走のタイムと，水泳の50mのタイムを比較しても意味がありません．さらに，陸上選手と野球選手の「競技力」は直接比較はできません．こうした状況では，「スポーツに秀でた人材を選抜する」というスポーツ推薦入試の実施は困難になります．そのため，「人間の能力や特徴の抽象化と比較可能な形での測定が行われる」（苅谷，2014）ことが，スポーツ推薦においても重要な意味を持っています．つまり，出願基準を客観的な状態にするために，高校時代の「競技成績」が比較可能な基準として機能していると考えられるのです．

（4）指導者は進路指導をどのように考えているのか？

　大洋高校野球部の進路指導は部長，監督，コーチの3人の指導者が分担しています．3人の指導者へのインタビューをもとに，進路指導の2つの特徴を検討します．

2-5 運動部員の進路・キャリアデザイン

　第1に，野球部内部で行われる進路指導です．部長の田中先生によると，「(スポーツ推薦について大学の指導者と)ある程度のところまで話をつけて，あとは担任の先生には「じゃあとは提出書類の方だけ揃えてください」さあ成績のね，あとは証明書とか，調査書とか」を準備してもらうのだといいます．「お互いの(野球という)現場同士の話し合いになってくるので，大学の監督さんと，そこに高校の指導者と」というように，部員たちの進路指導は，野球部の指導者が中心的に担っています．大洋高校野球部では，一般的な進路指導のように担任や進路指導の先生がほとんど登場しないのです．もちろん，出願に必要な書類の準備は大切な仕事です．しかし，大学の指導者との話し合いは野球部の指導者が行っていることから，大洋高校野球部の進路指導は，野球部内部で行われているといえます．

　第2に，大学の指導者との人脈です．このことについて，指導者たちは次のように語っています．

> **田中先生**：それぞれ，〔指導者は〕みんな大学を出てるんで，橋本〔監督〕も山本〔コーチ〕も．それなりの人脈をみんな持ってるんで．
> **橋本監督**：まあ，うちはその，視野が広いっていうのも「売り」なんですよ．(中略)いろんな大学さんとお付き合いしながら，〔進学先の〕選択肢いっぱいありますからね．
> **山本コーチ**：私は，AC大学なんかは，(中略)，一応，〔出身大学の〕監督さんもまだご健在なんで，まあ教え子枠じゃないですけど，まあ「大丈夫だよ，どんなやつでもいいから」とはいってくれるので，お願いすればっていう気持ちは〔ありますね〕．

(栗山，2017より抜粋して記載)

　「人脈」「お付き合い」「教え子枠」と表現されているものは同じ内容です．高校と大学の指導者間の関係による大学進学は，田中先生の言葉を借りれば，指導者の「人脈」を経由した進学だといえます．田中先生によれば，「人脈」として「多いのは，〔高校の指導者自身の〕大学の先輩後輩」「自分の母校」との関係です．つまり，大学の先輩後輩や師弟関係を軸とした人脈が進路決定において重要視されているのです．

(5) 選手から見た指導者の「人脈」

それでは，選手には指導者の人脈はどのように映っているのでしょうか．選手に進学先の決定理由を尋ねたところ，次のような答えが返ってきました．

トシキ：〔大学を決めた理由は〕それなりに強い大学なんで，まあ部長にも勧められて…先輩も大洋高校から行ってるんで，いろいろ情報も聞いたりして，野球やる環境が整ってるんで，そこでやってみたいなと思って．

筆　者：〔スポーツ推薦での進学が決まって〕もともとこの大学に行きたかったの？

ケンジ：いや，全然，自分，大学のこととかわかんなくて，いろんな先輩から「俺んとこ来いよ」って言われたんですけど，（中略）先輩も AC 大学には 4 人いるんで，なんか，薄々〔AC 大学に〕行くんじゃないかなーっていう気はしてました．

（中略）

筆　者：先輩がいると (いる大学には) 行きやすいの？

ケンジ：行きやすいですね．それは．やっぱり．ついていける先輩がいればやりやすいじゃないですか．

タカシ：1 コ上〔の〕キャッチャーやってた人とか，先輩が AA 大学行ってるんで，これから強くなるんじゃないかっていうのがあって．

（栗山，2017 より抜粋して記載）

スポーツ推薦による進学には，同じ高校野球部出身の先輩の存在が大きく影響しています．選手にとっては先輩がいることで安心感があり，また情報収集もできることから，自分に適した大学を選択できるのです．指導者の人脈は，選手には「先輩」として映っており，それは指導者間の人脈の足跡として見えているといえるでしょう．

(6) 指導者の「人脈」は進学先にどのように現れるのか？

スポーツ推薦での進学に果たす指導者の人脈の重要性は，部員たちの実際の進学先からも確認できます．詳細は web 2-8 に示しますが，2002 年～2009 年の間に大洋高校野球部に入部した部員のうち，スポーツ推薦入試で大学に進学したのは 106 名で，彼らが進学した大学数は 35 です．106 名が 35 の大学に進学しているということは，平均すると 3 名程度が同じ大学に進学しているこ

とになります．しかし，実際には13の大学に81名(76.4%)が進学していました．つまり，35大学のうち13大学(37.1%)のなかに，スポーツ推薦入試で進学する部員のお割近くが集中しているのです．例をあげると，スポーツ推薦での進学者が最多だった2004年度は，22名中16名が上位13大学のなかの9つの大学に進学しています．皆さんの高校時代を思い出してください．一般的な高校のクラスで22名の生徒がいれば，多少の重なりはあっても，もっと多くの進学先に分かれていたのではないでしょうか？しかしここでは，逆に特定の大学への集中が確認できるのです．スポーツ推薦による進学先の決定は，特定の大学との間で継続的に行われていることがわかります．

　また，もう一つの特徴としては，人脈を経由した進学は，入学難易度や野球の強さの面からも多様な進学先を準備していることがあげられます．橋本監督の，進学先の「選択肢いっぱいありますからね」という語りは，数量的なデータでみると，大学の数，入試難易度，そして野球の強さの組み合わせという意味での多様性として読み取ることができます．つまり，これらの組み合わせのなかから，選手個人にマッチした進学先を選ぶことのできる仕組みが，大洋高校野球部には備わっているということです．

　選手個人にマッチした進学先という点では，大洋高校野球部の指導者が，選手の進路について親身に相談に乗っている姿を筆者も目にしました．将来の職業や野球継続の意思を含めて，多くの点を視野に入れながら実際の進路指導は行われています．高校野球での結果だけでなく，卒業後のことも親身になって相談に乗り，進路を一緒に模索するという意味での進路指導も指導者たちは担っています．高校野球強豪校の指導者といえば，甲子園出場や優勝を目指して熱心に指導する姿が浮かびますが，自チームに集まってきた選手たちの進路決定も大切にしているのです．

　指導者が選手の進路決定のために多くの大学と関係を取り結ぶことで，選手たちは実際にスポーツ推薦で大学に進学しています．このことは，先に述べたASUC職業のはらむリスクを回避する役割も果たしていると考えられます．野球部内で完結する進学指導によって，野球の実績を生かしながらも，他の選択肢も同時に増やしていく，大洋高校野球部の進路形成や指導指導はそのような実践として解釈することができるのです．

　ただし，指導者の人脈を経由した進学は，必ずしも良いことばかりではありません．近年では，スポーツ推薦による進学の負の側面が，主に大学の出口＝就職活動で顕在化することが指摘されています(西島，2010；長谷川，2016)．

現在の日本では，中学校ではなく，高校3年生の一時点に進路分化が集中するからこそ，選手の将来を考えたきめ細やかな進路指導が求められているといえるのです．

（7）まとめ

本節では，高校野球強豪校を事例に，選手たちのスポーツ推薦入試による大学進学について検討しました．高校生の約半数が大学に進学する現代社会においては，部活動での実績を通じた大学進学もより身近な存在になりつつあるように思われます．ところが，最後に触れたように，スポーツ推薦での進学の負の側面も見逃すことのできない論点です．これは，進学者と大学のミスマッチを低減させることが重要な課題になってきていることを意味します．特に，スポーツ推薦の場合は部活動という課外活動を主な基準とした選抜であることから，大学での教育内容や将来の展望を踏まえた進路指導が求められています．そのため，指導者には，スポーツの技術指導に加えて，大学や労働市場の動向を踏まえた進路指導に関する知識を習得していることも大切なスキルとして求められていると言えるでしょう． ［栗山靖弘］

> **アクティブ・ラーニング2　対話のマナー**
>
> 　アクティブ・ラーニングでは対話が大事ですが，ただ話せばよいというものではありません．どのように対話を行うか？が大事です．2-2節で示したゆるやかな4つのルール(自由奔放・批判厳禁・便乗歓迎・質より量)に加えて，ここでは香取・大川(2009)などを参考に，対話のマナーの例を挙げます．その場に設定しておいた方がよさそうなマナーがあれば，参加者に示してみてください．
>
> 　1．本音で話す
> 　恥ずかしがったり，間違いを恐れて発言を控えたり，相手に気を遣って遠慮しすぎることは止めて，できるだけ率直に話しましょう．そして，相手の本音を出そうとするなら，まずは自分が本音で語ることが大事です．先に自己開示をして，期待される本音のレベルを示すのです．
>
> 　2．断定的な言い方は避ける
> 　「それは…です！」と断定するのではなく，あくまで自分の考えとして発言しましょう．断定されてしまうと，周りの人はあまり気分がよくないものです．できるだけ一人称で，「私は…と思います．○○さんはいかがですか？」と発言するのが望ましいでしょう．
>
> 　3．相手の話をありのままに聞く
> 　良い・悪いをすぐに決めず，判断を保留するようにしましょう．あなたがたとえ，相手と反対の意見を持っていたとしても，中立的な立場にいる気持ちで話を聞いたり，相手の立場になって聞いたりすることで，「この人はなぜ，こういう考えを持つようになったのだろう」「自分がこの意見を持っているのは，こういう考え方が背景にあるからだな」といった，新たな気づきが得られるかもしれません．
>
> 　4．主体性を大切にする
> 　お互いに無理強いはせず，発言したいと思ったときに発言してもらうようにします．一人ずつ発言して全員に必ず順番が回ってくるような形式は，あまり好ましくありません．先輩やレギュラーから先に発言するといった形式も好ましくないでしょう．
>
> 　5．沈黙や対立をおそれない
> 　その場で起きたありのままを受け入れましょう．誰も話さず沈黙が続くと，そのことに耐えられなくなって話し始める人もいますが，沈黙を避けようとする必要はありません．対話中の沈黙は，参加者が自問自答している時間だからです．見せかけの調和や帳尻合わせの調和も不要です．予定よりも対話の時間が延びて結論が出なくても，焦りは禁物です．無理矢理に先に進もうとせず，ひとつひとつのテーマについてじっくり対話してもらうことが大切です．
>
> 　　　　　　　　　　　　　　　　　　　　　　　　　　　　　　　　　[荒井弘和]

第3章 トレーニングのミニマム

3-1 スポーツトレーニングの基本的な考え方

今日,「トレーニング」という言葉は,人間のさまざまな能力の向上や健康の保持・増進などを目的とする活動を指す言葉として広く用いられていますが,依然として「トレーニング＝体力を高めること」という認識が根強く残っていることも否めません.また,スポーツにおける「競技力」は,古くから心技体の三位一体とされており,多数の要因が相互に影響を及ぼし合いながら一つのシステムとして構築されていることはいうまでもありません.

本節では,「スポーツトレーニング」が,競技力を高めることを目指して計画的に行われる思考と行動の全体を指すことを踏まえ,トレーニングの原理・原則およびトレーニング効果を最大化するための思考・行動サイクルなどについて概観しながら,その基本的な考え方について確認していきます.

(1) 競技力と競技パフォーマンス

スポーツトレーニング(以下,トレーニング)の直接の目的は,個々の選手やチームにとって最高の「競技パフォーマンス(勝敗,順位および記録などの競技成績を含む)」を達成することであり,そのための全体的・総合的な達成能力のことを「競技力」と呼びます(村木,1994).

競技力は,「スポーツの記録を出す能力であり,演技を遂行する能力であり,また攻撃し防御する能力」(猪飼,1968)であり,古くから心・技・体の「三位一体(三つの要素が互いに結びついていて,本質においては一つであること)」とされておりますが,トレーニング理論においては,図3-1に示されるような下位能力(構成要素)によって構造化されています(朝岡,2016).この構成要素のなかで,特に体力,技術力(戦術力)および心的(メンタル)能力については,その開発や向上を目的とするさまざまなトレーニング手段・方法が創造・発展してきていますが,個別の能力を高めることが直ちに競技力の向上につながるとは限らないことから,競技力の全体像や構成要素間の関連性(相補

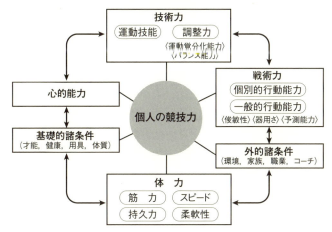

図3-1 個人の競技力の構造(エーレンツほか(1985)を朝岡(2016)が一部改変)

性)などを踏まえたトレーニングの実践が求められます.

(2) トレーニングの原理・原則

　トレーニングを実施するにあたっては,以下に示すトレーニングの原理・原則を考慮する必要があります(日本体育学会,2006).
　「原理」とは,「ものの拠って立つ根本法則(こうすれば,こうなる)」(広辞苑・第7版)と定義されますが,トレーニング原理としては,主に以下の3つがあげられます.
　① **過負荷の原理**：トレーニング効果(以下,効果)を得るためには,現在の能力レベル以上のトレーニング負荷(トレーニングを行うことによって心身に作用する刺激の総体.以下,負荷)を課さなければならないという原理
　② **特異性の原理**：トレーニングによる適応は,負荷をかけた内容や負荷のかけ方を反映したものになるという原理
　③ **可逆性の原理**：得られた効果は,トレーニングの中断や,過負荷が維持できなくなると,もとのレベルに戻ってしまう可能性があるという原理
　また,「原則」とは「人間の活動の根本的な規則やきまり(こうしなければならない)」(広辞苑・第7版)と定義されますが,トレーニング原則としては,主に以下の6つがあげられます.
　① **意識性・積極性の原則**：トレーニング計画の立案やプログラムの実施に

際しては，コーチだけでなく競技者も自らの意志(目的意識)を持って積極的に関与するほうがより効果的であるという原則

② **全面性の原則**：専門的トレーニングを開始する前には，競技力の構成要素を多面的・全面的にバランス良く向上させなければならないという原則．この原則は，専門性の獲得の基礎になることから，特にジュニアおよび初心者指導において重視される．

③ **専門性の原則**：高度な競技力を獲得するためには，競技種目に固有の体力，技術力(戦術力)および心的能力の獲得に向けてトレーニングを専門化しなければならないという原則

④ **個別性の原則**：負荷への反応には個人差があるため，目的，年齢，性別，体力水準や競技レベルなどの個人の特性に応じてトレーニング内容を変化させなければならないという原則

⑤ **漸進性の原則**：継続的な効果を得るためには，負荷や課題を徐々に増やしていかなければならないという原則

⑥ **反復性・周期性の原則**：一定の効果を得るためには，繰り返し，反復して行わなければならないという原則

　トレーニングは，意図的かつ目的的に身体に負荷を与えることにより，体力の向上や技術の習得・改善など，身体の構造的および機能的な適応を積極的に引き出すプロセスといえますが，目的とする効果を得るためには，すべてのトレーニング計画および実施において，上記の原理・原則を考慮することが必要になります．

(3) トレーニングの思考・行動サイクル

　高度な競技力を獲得するためには，トレーニングに関する思考および行為・行動を常に最適化し続けることが必要になります．以下では，図子(2014)が提案するトレーニング思考・行動サイクル(以下，トレーニングサイクル)に沿って，その最適化プロセスについて確認していきます(図3-2)．

a. 競技構造モデルの明確化

　トレーニングを合理的に計画し実施するためには，まずその競技種目において目指すべき競技力の全体像(設計図)となる競技構造モデル(以下，構造モデル)を明確にすることが不可欠です．

　例えば，陸上競技の100m走は，10秒程度の短時間で終了するシンプルな走種目ですが，走行中の疾走速度(以下，速度)の変化を手がかりとして，速度

3-1 スポーツトレーニングの基本的な考え方

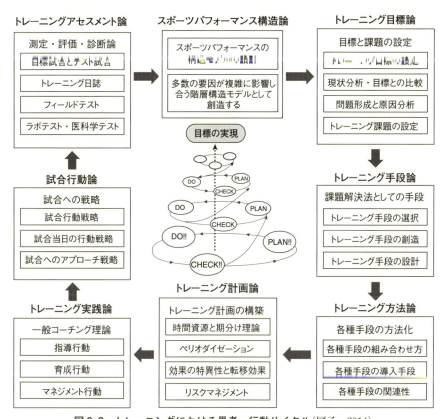

図3-2 トレーニングにおける思考・行動サイクル（図子，2014）

を素早く立ち上げる加速局面，最大速度局面，最大速度の維持と低下の防止に努める速度維持（低下）局面という3つの局面にわけることができます．この3つの局面においては，それぞれに異なる力（パワー）の発揮が求められ，結果的にレース中のストライドやピッチもダイナミックに変化するなど，各局面の技術的・体力的な要因も大きく異なります．

構造モデルを設計するためには，上記のような競技スポーツに関する専門的な知識（理論知）を踏まえつつ，スポーツ実践を通して得られた経験的な知識（実践知）を駆使しながら，その種目やポジションにおいて必要とされる能力を明らかにすることが必要になります．

b. トレーニング目標の設定

構造モデルが明らかにされたら，次は適切なトレーニング目標（以下，目標）を設定します．

まず，先に設計した構造モデルをもとに，試合（ゲーム）における競技パフォーマンスの分析結果や，公表されている一流競技者および優れたチームの各種データなども参考にしながら，目指すべき体力，技術力および心的能力のレベルを把握します．そして，①具体性，②客観性（測定・評価が可能），③実現可能性（50％程度が望ましい），④個別性（の原則），⑤発達段階（全面性および専門性の原則），⑥時間資源（期日の明確化）などに配慮しながら，具体的な目標を設定していきます（長谷川，2016；図子，2016）．

目標が設定されたら，自身や自チームの現状と目標との間のギャップ（問題）を生じさせている原因を分析し，その問題を解決するためのトレーニング課題（以下，課題）を設定し優先順位を付けて整理します．なお，ここでいう目標は，あくまでもトレーニングの対象となる体力，技術力および心的能力との関連で設定するものであり，競技パフォーマンス（競技成績）の目標とは区別する必要があります．

c. トレーニング手段の選択と方法化

課題が設定できたら，それらを効果的に解決するためのトレーニング手段（運動）を選択します．

トレーニング手段（以下，手段）は，①国内外の重要試合そのものの手段化，②ミニ試合やテスト試合など限定的な試合の手段化，③競技力の構造に直結した要素を取り出した手段（専門的な運動），④基礎運動技能や体力要素を高めるための手段（一般的な運動）に分類されます．これらの手段は，①から④に向かうほど競技力からの類縁性は低くなりますが，④は③，③は①と②の基礎的・部分的要素として構造化されています．

また，すべての手段は，その運動が部分的で強化的であれば体力トレーニング，全体的で習熟的であれば技術トレーニングに位置づけられるという二面性（相補性）をもっています．例えば，技術トレーニングによって全体的な動きが改善（習熟）すれば，身体の各部位（部分的）に適切な負荷がかかる強化的な体力トレーニングにもなり得るだけでなく，向上した体力がさらに動きを改善（習熟）する可能性を引き出すなど，競技力向上への連鎖的・相乗的な効果も期待できます．

さらに，体力と技術力は，競技力向上に不可欠なスポーツに内在する動きの

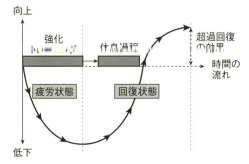

図3-3 体力の向上プロセス(超回復モデル)(図子, 2016)

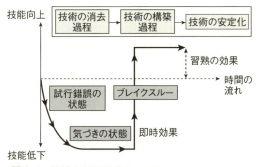

図3-4 技術力(技能)の向上プロセス(図子, 2016)

変容に大きく影響しますが，その向上プロセスには相違があることにも留意する必要があります．体力を高めるためのトレーニングでは，過負荷の原理や漸進性の原則に基づき，いわゆる筋力トレーニングや持久的トレーニングなどが用いられますが，このとき強化期と回復期を繰り返すプロセスによって身体各組織や器官に適応現象(超回復)が引き出されるなど，効果は遅延して表れます(図3-3)．一方，技術力を高めるためのトレーニングでは，個別性や特異性の原則に基づき，動きの感じやコツを体得するための模倣運動や繰り返し行うドリル系運動などが用いられますが，そのプロセスは試行錯誤による低迷期から一気に大きな変化(技術の獲得)が表れるなど，効果が即時的に現れ，安定化の方向へと導かれます(図3-4)．

上記のような体力と技術力の二面性(相補性)や向上プロセスの相違などに留意しながら，複数の手段の効果的な組み合わせ方や導入手順の設定などによる方法化が必要になります．

d. トレーニング計画

手段・方法が決定したら，実際にトレーニングの計画を立案します．

トレーニング計画（以下，計画）は，数年にわたる多年次計画（4年単位のオ

表 3-1　トレーニング計画

Tr. の期間	各 Tr. 期間の構造例	
多年次 （長期／短期）	初期発達 ― 高次発達 ― 安定・維持 ― 終末	
1年間／ 半年	準備期　―　試合期　―　移行期 （一般的＋専門的）	マクロサイクル
1ヵ月間 （3-6週間）	導入　―　通常　―　強化　―　回復 （第1週）（第2週）（第3週）（第4週）	メゾサイクル
1週間 （3-10日間）	活動局面 ― 発展局面 ― 積極的回復・休養 （月―火）　（水―不）　（金―土―日）	ミクロサイクル
1日 (1-4Tr.ユニット)	朝の Tr. ユニット―昼の Tr. ユニット―夜の Tr. ユニット	
1Tr.ユニット （Tr.セッション）	導入部　―　主要部　―　終結部 （ウォームアップ）（メインワーク）（クーリングダウン）	

※ Tr. はトレーニングの略

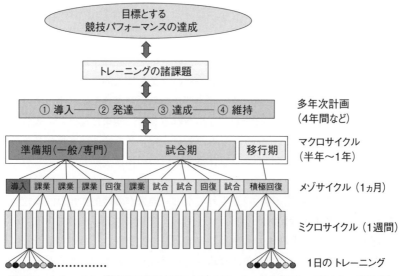

図 3-5　トレーニング計画の立案（ピリオダイゼーション）（村木，1994を一部改変）

リンピックサイクルなど)から,半年から1年単位の長期計画(マクロサイクル),1ヵ月単位の中期計画(メゾサイクル),1週間単位の短期計画(ミクロサイクル)のレベルまで,時間資源や試合スケジュールなどに配慮しながら長期から短期(マクロ→メゾ→ミクロ)へと段階的に行われます(表3-1,図3-5).このとき,選手やチームの競技力が「形成─維持─消失」というサイクルで周期的に発達する(向上と低下を繰り返す)ことを踏まえて,マクロサイクルのレベルでの目標達成に必要な下位のサイクル(メゾ,ミクロ)を構成・配列することを「ピリオダイゼーション(期分け)」と呼びます.

最も基本となるピリオダイゼーションのモデルは,試合に向けて競技力を「形成」するための「準備期」,高められた競技力を「維持」するための「試合期」,そして次のシーズンに向けて競技力を「消失(疲労を回復)」させるための「移行期」という3つのマクロサイクルで構成されます.

このようなピリオダイゼーションが必要な理由として,
① 負荷に変化を加えることにより,新たな刺激を与え,適応を引き出すことが可能になる.
② 周期的に負荷を軽減させる時期を設けることにより,オーバートレーニングなどの障害を予防する.
③ 一定期間にわたってトレーニング課題を少数の要素に絞り,そのトレーニングに集中して取り組むことにより,より大きな効果を得ることができる.

などが挙げられています(長谷川,2016).

図3-6は,準備期における体力および技術トレーニングの導入モデルを示し

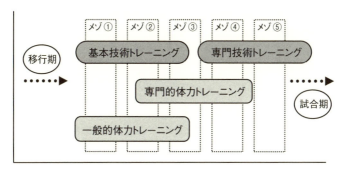

図3-6　準備期における体力および技術トレーニングの導入モデル例
　　　　(図子,2000を一部改変)

たものです(図子, 1999). この事例では, 5つのメゾサイクルからなる準備期の初期から一般的な体力や基本技術を高めるためのトレーニングを同時に開始し, 基本技術や専門的な体力がある程度セットアップされてきた段階で, 専門的な技術トレーニングを開始するというモデルになります. このとき, 各手段・方法の遅延効果や転移効果などを想定しながら, 最も効果的であると考えられる組み合わせ方や導入の順序などについての最適化が求められます.

このピリオダイゼーションをベースとして, 最終的に1日の具体的な計画を立案していきますが, その際には, 実施する運動(手段・方法)の種類や名称を示すことはもちろん, 以下の5つの変数を踏まえて負荷を設定する必要があります.

① 運動を実施する強度(重量, 高さ, 速度などの物理的強度と心拍数や発揮筋力などの生理的強度など…)
② 実施する運動の量(運動の持続時間, 移動距離, 反復回数, セット数など…)
③ 実施する運動の配列・順序
④ 休息時間：各運動やセット間の休息時間
⑤ 頻度：一定期間(通常1週間)内のトレーニング回数

e. 試合行動

計画に沿ってトレーニングを実施したら, その成果が反映されるもっとも重要な場となる試合(競技会)に挑みます.

競技者やコーチは, 競技レベルを問わず最重要試合において高いレベルの緊張を強いられますが, このような特別な状況下で最高の競技パフォーマンスを得るためには, 試合当日の行動や試合の進行に関する戦略および計画を立てることが必要です. また, 試合直前のコンディショニングやテーパリングの方法を含めた戦略や計画については, 超回復モデルだけでなくフィットネス−疲労モデル(ザチオルスキー・クレーマー, 2009)などの考え方も導入しながら, 重要度の低い試合をテスト試合として活用するなどの試行錯誤を通して最適なアプローチ方法を確立していくことが求められます.

f. トレーニングサイクルの分析・評価

最重要試合に至るまでのプロセスにおいては, トレーニングサイクルの各時点での意志決定および行動の妥当性の検証や, 目標および課題の達成状況の確認のための段階的かつ定期的な測定・評価が必要になります.

この分析・評価については, 計画立案とは逆の手順(ミクロ→メゾ→マクロ)

で行われますが，これらはトレーニングの強度や量の検証や科学的な測定結果の参照などの定量的な内容に集中しやすいので，トレーニング日誌の内容や主観的な運動観察の結果などの質的な評価も勘案した総合的な評価も必要になるでしょう．なお，これらの分析・評価が，トレーニングサイクル上の改善点の抽出はもとより，次のトレーニングサイクルに向けた構造モデルの見直しや目標および課題の再設定などにつながることはいうまでもありません．

（4）競技力を高めるためのトレーニング

冒頭でも述べたように，競技力は心・技・体の三位一体であり，技術力，体力または心的能力（メンタル）といった個別の構成要素の負荷をいくら高めても，それらが一体的に重なり合う部分，すなわち心・技・体の三位一体としての競技力に照準された専門的（相補的）なトレーニング（負荷）が実践されなければ，競技力を高めることは難しくなります（図3-7上図）．一方，各構成要素の関連性（相補性）が考慮されたトレーニングを実践することによって，今よりも負荷を高めることなく効果を最大限に引き出すことが可能になるとともに，個別の負荷を高めることによって更なる効果が期待できます（図3-7下図）．

「競技力に照準された専門的（相補的）なトレーニング」を実践するためには，トレーニングの強度や量といった「量的負荷」だけでなく，量的には表し

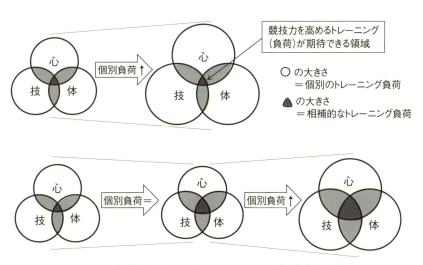

図3-7　競技力を高めるためのトレーニング負荷（概念図）
（森丘，2011を一部改変）

にくい技術的・心理的な「質的負荷」を効果的にかけるための工夫が必要になります(森丘, 2011；2017)．したがって，量的負荷の無数の組み合わせに盛り込むべき質的負荷をリアルに想定しながら，トレーニングの原理・原則や各構成要素の関連性(相補性)などを踏まえつつ，トレーニングサイクルを適切に循環させることによって，競技力を向上させ続けることが可能になるといえるでしょう．　　　　　　　　　　　　　　　　　　　　　　　　　　［森丘保典］

3-2　体力トレーニング

　本節では，体力トレーニング法を確立する際に有用な考え方について概説します．効率的かつ効果的な体力トレーニングを実施するためには，まず体力とは何かを考え，体力の諸要因について理解することが必要です．そして，体力トレーニングの基本原則を踏まえた上で，適切な手順にしたがってトレーニング処方をすることにより，目的とする能力の向上が図れるようになると考えられます．

(1) 体力トレーニングを実施する際に有用な体力のとらえ方

　一般的に体力トレーニングの主なねらいは，行動体力(以後，単に体力と呼ぶ)の向上・維持・低下の防止ですが，さまざまな呼び方のある体力の諸要因について理解しておくことが必要です．本節では，体力を「筋力」「無酸素性パワー」「無酸素性持久力」「有酸素性持久力」「調整力」「柔軟性」の6要因に分けて，これを体力学的なとらえ方とします．

a. 筋　力

　筋力は，大きな力を出す筋の能力として定義できます．英語では muscle strength, muscle force などが用いられています．筋力は筋収縮の種類によりアイソメトリック(等尺性，isometric)，コンセントリック(短縮性，concentric)，エキセントリック(伸張性，eccentric)の3種に大別されます．

　筋力の優劣を決める指標として，一般に，静的(static)に随意に発揮される最大筋力である静的最大筋力(随意的最大筋力，MVC: maximal voluntary contraction)や，動的(dynamic)に1回持ち上げることができる最大重量(1RM: 1 repetition maximum)である動的最大筋力が用いられます．

b. 無酸素性パワー

　無酸素性パワーは，一時的・集中的に大きな無酸素性エネルギー(ATP-CP

系エネルギー)を出す能力と定義できます．英語では anaerobic power が用いられていますが，体育・スポーツ界ではこの能力を示すさまざまな同義語(瞬発力(explosive power)，敏捷性(agility)，俊敏性(quickness)，パワー(power)，スピード(speed)，アジリティー(agility)，クイックネス(quickness))が用いられています．

無酸素性パワーの優劣を決める指標としては，本来，各種の全身運動や部分運動において一時的・集中的，爆発的に産生される無酸素性エネルギー(ATP-CP 系エネルギー)によって評価されるべきです．しかし現段階では，簡潔に精度よく ATP-CP 系エネルギーの産生量を測定評価する方法は開発されていません．このために，短時間(約 10 秒以内)の全身運動や部分運動におけるパフォーマンス(成績)を用いて評価しているのが現状です(50 m 走，垂直跳び，ハンドボール投げ，自転車ペダリング運動など)．

c. 無酸素性持久力

無酸素性持久力は，持続的に大きな無酸素性エネルギー(解糖系エネルギー)を出す能力，あるいは酸素を利用しないで全身運動や部分運動に必要なエネルギーを出し続ける能力として定義できます．英語では anaerobic endurance, anaerobic capacity が用いられていますが，anaerobic capacity は，b. 無酸素性パワーの anaerobic power に対するものです．なお実践の場では，無酸素性持久力の同義語としてハイパワーの持続能力，ハイスピードの持続能力，スピード持久力などが用いられています．

無酸素性持久力の優劣を決める指標としては，最大酸素借や最大酸素負債量(乳酸性酸素負債量(解糖系エネルギー)＋非乳酸性酸素負債量(ATP-CP 系エネルギー))があります．しかし，これらの指標は，いずれも測定に多大な労力を要するため，体重の 7.5％ の負荷を用いて 30 秒間の全力ペダリング時における仕事量(Wingate test)および運動終了後における最高血中乳酸濃度も無酸素性持久力の指標に用いられています．

d. 有酸素性持久力

有酸素性持久力は，持続的に大きな有酸素性エネルギー(酸化系エネルギー)を出す能力，あるいは酸素を利用しながら全身運動や部分運動に必要なエネルギーを出し続ける能力として定義できます．英語では aerobic endurance が用いられています．

なお，エネルギー系の体力である無酸素性パワー，無酸素性持久力，有酸素性持久力を，ハイパワー，ミドルパワー，ローパワーなどと呼んだりすること

も多いです．これらは同じことを別の呼び方をしている場合が多いので，それぞれの関連性も理解しておくことが必要です（表3-2）．

有酸素性持久力の優劣を決める指標としては，最大酸素摂取量（maximum oxygen uptake, $\dot{V}O_2max$），乳酸性作業閾値（Lactate Threshold: LT）が用いられています．

e. 調整力

調整力は，運動技術の学習能力として定義され，そこには新しい運動技術の学習能力，身につけた運動技術の場に即した変容能力，身につけた運動技術の修正能力などを含みます．英語ではcoordination abilityがよく用いられていますが，日本語でも「コーディネーション能力」がよく用いられています．なお，筋力，無酸素性パワー，無酸素性持久力，有酸素性持久力をエネルギー系の体力と呼ぶのに対して，調整力を神経系の体力またはサイバネティックス系の体力と呼ぶことがあります．

調整力の優劣を決める指標としては，平衡性，巧緻性，敏捷性が挙げられ，測定項目として，平衡性には「開眼・閉眼片足立ち」，敏捷性には「反復横とび」を用いていますが，巧緻性については客観的・量的に評価する測定項目については開発されていません．

f. 柔軟性

柔軟性は身体各部位の関節の可動性を示す能力として定義できます．英語ではflexibilityが用いられています．2つの骨をつなぐ関節は屈曲（曲げる），伸展（伸ばす），回旋（まわす），捻転（ねじる）などができますが，それらは身体各部位の関節の形状とその機能によって決まります．

柔軟性の優劣を決める指標としては，身体各部位の関節の可動性（可動域：range of motion, ROM）が用いられており，測定項目としては「長座体前屈」が一般的です．

上述のように体力は，「筋力」「無酸素性パワー」「無酸素性持久力」「有酸素性持久力」「調整力」「柔軟性」の6要因に分けてとらえることが一般的ですが，このとらえ方のみでは，各種スポーツの体力特性を明確にすることも，またそれを基にして体力トレーニングを実施することもできないと思われます．そこで，体力の6要因が発揮される場面を5つの視点で分析すると以下のようになります．

① 動き（運動様式）：どのような動きのなかで発揮される体力が必要かを考慮する

3-2 体力トレーニング

　各種の運動・スポーツは走，跳，投などの動きによって，あるいはいくつかの動きの組み合わせによって成り立っています．それぞれの運動・スポーツにはどのような動きが内在しているかを見極めておくことは，とくに調整力(技術)のトレーニングを考える際に重要になります．

② **運動時間／エネルギー供給機構：どれくらいの運動時間のなかで発揮される体力が必要か，どのエネルギー供給機構によって発揮される体力が必要かを考慮する**

　エネルギー供給機構(産生機構)にはATP-CP系，解糖系，酸化系があります(表3-2)．それぞれは運動時間(ほぼ全力を出し切る運動時間)と密接な関係があり，ATP-CP系は無酸素性パワー・筋力，解糖系は無酸素性持久力，酸化系は有酸素性持久力の直接のエネルギー源です．ATP-CP系，解糖系，酸化系エネルギーの貢献度は運動時間によってその組み合わせが少しずつ異なっていますが，これらの貢献度は同じ時間でも長距離走のような連続的な運動と球技のような間欠的な運動によっても異なっています．また，強度が決まっている運動をどれだけ続けることができるか，あるいは運動時間が決まっている運動をどれだけの強度で行うことができるかによってもATP-CP系，解糖系，酸化系の貢献度は異なります．これらのことは，各種スポーツの特性を運動に必要なエネルギーと関連づけて分析することが重要であることを示しています．

③ **体の部位：体のどの部位で発揮される体力が必要かを考慮する**

　各種の運動・スポーツは，上半身型のスポーツもあれば，下半身型のスポーツもあります．それぞれのスポーツにどの部位が関与しているかを見極めてお

表3-2　運動時間とエネルギー系体力との関係性

運動時間	エネルギー供給機構		
～約10秒	ATP-CP系	ハイパワー	超短距離型の持久力
約10秒～30秒	ATP-CP系＋解糖系	ハイパワーの持続能力	短距離型の持久力
約30秒～90秒	解糖系＋ATP-CP系＋酸化系		
約90秒～4分	解糖系＋酸化系	ミドルパワーの持続能力	中距離型の持久力
約4分～10分	酸化系＋解糖系		
約10分～90分	酸化系	ローパワーの持続能力	長距離型の持久力
約90分～	酸化系		超長距離型の持久力

くことは，とくに筋力や筋持久力のトレーニングを考える際に重要になります．

④ **力またはスピードの大きさ：どの程度の力またはスピードの大きさのなかで発揮される体力が必要かを考慮する**

各種の運動・スポーツをみると，大きなスピードが要求されるスピード型のものもあれば，大きな力が要求される力型のものもあります．これには，形態，筋線維組成，筋-腱複合体などの生得的なものの関与が大きいと言われています．

⑤ **筋収縮：どの筋収縮で発揮される体力が必要かを考慮する**

筋収縮にはアイソメトリック(等尺性)，コンセントリック(短縮性)，エキセントリック(伸張性)の3種類があります．各種のスポーツをみると，身体各部位の筋はさまざまな動きのなかでこの3種の筋収縮を使い分けながら力を発揮していますが，運動・スポーツを詳細にみると，どれか1つの筋収縮で発揮される力に大きく依存しながら行われていることが多くあります．例えば，スキージャンプの助走や弓道で弓を引き終えて矢を離すまでの間はアイソメトリック収縮で，水泳や自転車はコンセントリック収縮で，長距離走で坂を下っているとき，三段跳の着地時，柔道で投げられているときはエキセントリック収縮で主動筋は大きな力を発揮しています．このような事実を理解しておくこと，さらには各種の運動・スポーツにおけるさまざまな動きのなかで3種の筋収縮がどのように関与しているかを理解しておくことは，体力トレーニングを合目的的・合理的に進めていく際に役立つと考えられます．

上記の5つの視点に立ち，それぞれのスポーツを分析することによって，各種スポーツの特性をより詳細に理解することができます．例えば，陸上競技・100m走のスタートダッシュは，走型の，ATP-CP系のエネルギーに依存する，おもに下肢による，力型の，コンセントリック収縮による運動として特徴づけられます．このように各種スポーツを上記の5つの視点で分析することによって，より合目的的・合理的な体力トレーニング法を確立していくこと，とくに体力トレーニング手段を確立していくことが可能になります．

(2) 体力トレーニング手段

体力トレーニング手段を準備する際には，Who(誰の)，What(何を)，When(いつ)，Where(どこで)，How(どのような)の視点(4W1H)について考慮することが重要です．

Who：発育発達段階のどの段階の人の手段か，どのような状況にある人の手段か，などについて考慮する．
What：どの体力要因を高めようとする手段かを考慮する．
When：年間，1日，1回のトレーニング計画のいつか，心身の状況，トレーニング時間の有無，などについて考慮する．
Where：トレーニングを行う場所，施設・用器具の整備状況，などについて考慮する．
How：目標とする体力を合理的に高めるための手段として，どのような負荷のタイプ（刺激の種類），負荷方法（負荷のかけ方），負荷の強度と量，動き（運動様式）が適切か，などについて考慮する．

これらの視点を持って，対象に応じた体力トレーニング手段を多彩に準備していくことは，指導者や実践者にとって大切なことです．なかでも How は体力トレーニング手段を準備して行く際にきわめて重要です．

a. 負荷のタイプ（刺激の種類）と強度の指標

体力のすべての要因をまとめて高度に高めることができる手段（運動）はありません．これは体力を合理的に養成することができる負荷のタイプ（刺激の種類）が体力の各要因によって異なっているからです．ここでは，体力要因ごとの負荷のタイプおよび強度の指標を挙げていきます．

① **筋力トレーニング手段**：筋力は大きな力を出す筋の能力です．この能力を高めるための筋力トレーニング手段は，筋力に影響する要因に着目して，2つの負荷のタイプが考えられます．一つは最大筋力を高めようとするものであり，もう一つは筋肥大を図ろうとするものです．

最大筋力を高めようとする場合でも筋肥大を図ろうとする場合でも，「大きな力の発現」という形で負荷をかけるので，強度の指標としては「最大筋力に対する割合」を用いるのが適切です．具体的には，動的に発揮される最大筋力に対する割合（%1RM）と，静的に発揮される最大筋力（MVC）に対する割合（%MVC）の2つがあります．

② **無酸素性パワートレーニング手段**：無酸素性パワーは，一時的・集中的に大きな無酸素性エネルギーを出す能力，言い換えると一時的・集中的な ATP-CP 系エネルギーの産生能力です．このことは，無酸素性パワーを高めようとする場合には，ATP-CP 系エネルギーが多量に動員されるような約10秒以内のスピーディな運動，パワフルな運動が有効になることを示すものです．

無酸素性パワーを高める場合には,「最大あるいは最大に近い無酸素性パワーの発現」という形で負荷をかけるので,強度の指標としては「最大無酸素性パワーに対する割合」を用いるのが適切ですが,最大無酸素性パワーを測定評価するのは極めて困難であるために,実践の場では,「最大努力(全力)に対する80％で行う」と言うように,主観的な努力度・努力感である「最大努力に対する割合(％最大努力)」が多用されています.

③ **無酸素性持久力トレーニング手段**：無酸素性持久力は,持続的に大きな無酸素性エネルギーを出し続ける能力,すなわち解糖系エネルギーの産生能力です.このことは,無酸素性持久力を高めようとする場合には,解糖系エネルギーが多量に動員されるような約1～3分で著しく疲労する運動が有効であることを示すものです.

無酸素性持久力を高める場合には,「酸素負債／酸素借」という形で負荷をかけるので,強度の指標としては,最大酸素負債量や最大酸素借に対する割合(％最大酸素負債量,％最大酸素借)を用いるのが適切です.しかし実践の場では,酸素負債量や酸素借,解糖系エネルギー産生能力の指標である血中乳酸濃度などは容易に測定評価できないので,無酸素性パワーと同様に,主観的な努力度・努力感である「最大努力に対する割合(％最大努力)」が用いられています.

④ **有酸素性持久力トレーニング手段**：有酸素性持久力は,一過性にあるいは持続的に大きな有酸素性エネルギーを出す能力,すなわち酸化系エネルギーの産生能力です.このことは,有酸素性持久力を高めようとする場合には,酸化系エネルギーが動員されるような呼吸循環機能が活性化している運動(約5分以上の運動)が有効であることを示すものです.

有酸素性持久力を高める場合には,「酸素摂取(酸化系エネルギーの発現)」という形で負荷をかけるので,強度の指標として「最大酸素摂取量(最大有酸素性パワー)に対する割合(％$\dot{V}O_2max$)」を用いるのが適切です.しかし,実践現場では酸素摂取量を容易に測定評価できないので,事前に測定した最大心拍数や予測最大心拍数に対する割合(％HRmax)や自覚的運動強度(Rate of Perceived Exertion: RPE)が用いられています.

⑤ **調整力トレーニング手段**：調整力は,運動技術の学習能力であり,また調整力に影響する要因の一つは身につけている動きの量(種類)とその質であるため,調整力トレーニングは動きづくりということになります.動きづくりとはすなわち,技術トレーニングのことであり,実践の場において技術トレーニ

ングは，事前に合目的的・合理的な動きを確認し，さらには何に留意して一回一回の試技を行うのかを確認しながら行う場合が多いです．これらのことを考慮しると，調整力を高めようとする場合には，動きの着眼点・留意点に対する意識の集中が有効になることを示していると考えられます．

また，調整力を強度の指標としては「動きの着眼点・留意点に対する意識の集中度」を用いるのが適切だと考えられます．具体的には，さまざまな動きづくりの運動について，その動きの着眼点・留意点を事前に明らかにしておき，それに対して意識を集中するというものです．

⑥ **柔軟性トレーニング手段**：柔軟性は関節の可動性を示す能力です．関節は屈曲（曲げる），伸展（伸ばす），回旋（回す），捻転（捻る）ができるので，各種のストレッチ運動もこのような関節の動きと関連づけて行われています．これらのことを考慮して，柔軟性を高めようとする場合には，関節の屈曲，伸展，回旋，捻転が有効だと考えられます．

強度の指標としては「関節の最大可動性に対する割合」を用いるのが適切ですが，実践の場では，これらの運動の最大値を客観的に測定評価し，それに基づいて負荷の強度を決めることは少なく，怪我の予防に対する負荷の安全性を配慮した「痛みを感じない範囲内での最大値」が用いられています．

b. 負荷方法（負荷のかけ方）

体力の要因ごとに特徴的な負荷のタイプが存在することが明らかになれば，次にそれらをどのような負荷方法を用いて体に負荷するかが問題になります．負荷方法は，休息の取り方の相違，運動の組み合わせ方の相違，およびそれら両者の組み合わせによって，さらにはそれぞれにおいて用いる動き（運動様式），負荷の強度・量，休息時間・休息のしかた，などをさまざまに変えることによって，目標とする体力を合理的・効率的に高めることができるトレーニング手段を多彩に準備できようになります．

① **休息の取り方を変える場合**：セット間に長い休息を挟んで行う（レペティション法）による手段，休息を挟まないで行う（持続法）による手段，レペティション法と持続法の手段をさまざまに組み合わせて行う（混合法）による手段の3種に大別されます．またレペティション法による手段と持続法による手段は，さらに連続的（非間欠的）に行う手段（連続的手段）と間欠的に行う手段（間欠的手段）とに分けることができます．

上記の負荷方法は，どの体力要因を高めるのに有効でしょうか．例えば，有酸素性持久力トレーニングによく用いられているインターバル法による手段

(間欠的に行う手段)は，1952年ヘルシンキオリンピックにおいて5,000m，10,000m，マラソンの3種目で優勝した旧チェコスロバキアのザトペック選手のトレーニング法として広く知られたために，インターバル法と言えば有酸素性持久力を高めるための手段であるという考え方が一般的でした．しかし今では，有酸素性持久力のみでなく無酸素性持久力のトレーニングにも活用されています．筋力トレーニングにもショートインターバル法と呼ぶ手段があり，筋肥大をねらいとしたトレーニング法として知られています．

② **運動の組み合わせ方を変える場合**：セット法による手段(1つの運動を数セット行う)とサーキット法による手段(数種類の運動を順次行う)とに大別できます．それぞれの負荷方法は，どの体力要因を高めるのに有効でしょうか．例えば，サーキット法を例にすると，この方法は1950年代の初期にイギリスで体力を総合的に養成するために考案されたトレーニング法ですが，サーキット法と言えば有酸素性持久力を中心とした総合的な体力トレーニング手段であるという考え方が一般的でした．しかし今では，筋力トレーニングをはじめ無酸素性パワー，無酸素性持久力，有酸素性持久力などのトレーニングにも活用されています．なお，いわゆるサーキット法による手段は運動と運動との間に休息を取らないで連続的に行うのが一般的ですが，運動と運動との間に短い休息を取りながらよりスピーディにパワフルに，より正確な動きで行う手段もあります． 　　　　　　　　　　　　　　　　　　　　　　　　　　[鈴木康弘]

3-3 技術トレーニング

(1) スポーツにおける技術トレーニングの概要

スポーツのパフォーマンスと体力，技術の関係を端的にいえば，体力はエネルギーを発生する能力，技術はエネルギーをパフォーマンス発揮のために有効利用する能力です．いくら大量のエネルギーを発生できる体力があっても，それを有効に利用して課題を合理的に解決できる技術が身についていなければ，よいパフォーマンスは期待できません．スポーツのパフォーマンスを向上させるためには，体力と技術の両方を身につける必要があります．

技術を身につけるトレーニングでは，まず，目標とすべき技術が含まれる動作(技術が含まれる動作とは，どのような意味かは後に述べることとします)を明確にする必要があります．その上で，その動作ができるようになるまで繰り返し行います．数回繰り返しただけでできるようになることもあれば，数日

コラム 4　他種目に対するコーチング

　トレーニング科学の進歩と普及により，トレーニング方法も進歩してきました．各種目における経験則だけに頼らず，必要であれば他種目のトレーニングコンセプトおよびトレーニング方法を積極的に導入することも多く見られます．その結果，他種目が専門の指導者が招聘されることも増え，指導現場におけるダイバーシティ化が進んでいるといえます．

　自身の専門種目に対する指導と他種目に対する指導を比較すると，当然多くの違いが存在します．この違いに注意深く配慮しない場合，トレーニング効果を見出せずに「不要」のレッテルを貼られやすくなります．したがって他種目への指導の際は，「種目間の違いを明確に把握し，自身の専門種目と他種目の共通点を見つけ出す」ことが不可欠です．そのため，他種目に関する全般的な知識（具体的にはパフォーマンスを構成する動作や身体能力など）に対する深い理解が重要であり，これがトレーニング効果の創出を導きます．

　自身の種目と異なる他種目のパフォーマンスの構成要素を把握するには，バイオメカニクス的分析と選手の感覚の2つの側面からその種目における動作を理解する必要があります．筆者は元陸上競技選手であり，現在は陸上競技の指導者としても活動しています．そのためサッカーやラグビーを指導する際は，戦術を学び，さまざまなシーンでの動作やそれに必要な身体能力を分析します．またその際の動作感覚などについて選手と話し，客観性と主観性の2つの観点から必要となる構成要素を理解します．このプロセスは選手が抱く「他種目の指導者にわかるのか」という疑念を払拭し，トレーニングに対する信頼を高めます．そして種目間における共通点を見出す際の重要点は，自身の専門種目の基礎の見直しと他種目のパフォーマンス構成要素に対する汎用性を見つけ出すことです．

　例えばスプリントトレーニングを他種目で実施する場合，スプリントの基本動作を見直します．次に，それを構成する諸要素における優先順位を検証し，どの種目でも活用できる普遍的要素を確認します．そしてバイオメカニクス的分析や生理学を活用して他種目に対する汎用性を精査します．このプロセスはどの種目においても必要となる要素を明確化し，種目間の共通点を導き出すために重要です．

　これまで述べたように，他種目への指導においては，各種目の概念にとらわれない思考によって共通点を見出すことが重要です．また，新たな学びに積極的に取り組む姿勢を持つことが必須条件となります．

［杉本龍勇］

間，数週間と長い時間がかかることもありますし，長い時間をかけてもできるようにならないで終わることもあります．また，動作ができるようになっても期待通りにパフォーマンスが向上しないこともあります．体力トレーニングが，運動の強度と量をよく吟味して実施した上で適切に休息をとることにより，ある程度計画的に体力を向上させることができるのに対し，技術トレーニングは，意図したとおりの成果が得られない場合があるのです．

　目標とする技術を身につけるために，選手と指導者はどのような準備をし，どのようなことに気をつけて動作を繰り返せばよいのでしょうか．本節では，まず，目標とすべき技術を明らかにするための観点をいくつか紹介した上で，技術トレーニングの進め方について述べていくこととします．

（2）スポーツにおける技術の評価基準

　体力を向上させようとするときには，筋力やパワー，最大酸素摂取量などの力学的，生理学的指標を○○％増加させるといったように，具体的な指標の数値目標を掲げてトレーニングを始めます．一方で，技術を身につけたり向上させたりするときには，一流選手のフォームやプレーなど，理想とする動作を思い浮かべてそれを真似したい，できるようになりたいと考えることが一般的であり，技術のよしあしを表す具体的な指標を挙げる人はあまりいないと思います．この理由は2つあります．一つは，技術が一連の時間経過に沿った全身の動きの協調の中にあるため，ある局面のある部分だけを切り出して「これが技術である」と示しにくいこと，もう一つは，技術が状況や課題に依存するため，一般的な指標を決めにくいことです．どんな技術を身につけたいのかというトレーニング目標とトレーニングの効果を検証する基準がなければ，技術トレーニングを進めることができません．そこで以下では，技術トレーニングの目標設定と効果検証を行うための観点，すなわち，技術の評価基準をいくつか挙げることにします．

a. 経済性

　スポーツにおける技術は，発生したエネルギーを有効に利用できる身体の操作法ということができます．ウエイトリフティングや投てき種目であれば，全身で発生したエネルギーを，上肢を介して無駄なくバーベルや投てき物に伝えられること，長距離種目であれば，できるだけ少ないエネルギーで下肢を動かし続けて地面からの推進力を得ることが要求されます．このような，それぞれのスポーツにおける固有の課題を達成するためにエネルギーを有効に利用でき

る動作は「経済性が高い」ということができ，優れた技術の重要な特徴となります．スポーツ活動中にエネルギー発生量を測定して動作の経済性を直接評価することは非常に困難であるため，定期的な体力測定により主要な筋群の筋力やパワー，最大酸素摂取量などの体力指標を把握しておき，それらの推移とパフォーマンスとの関係を検討することで，動作の経済性を評価することができます．

b. 身体の基礎的な構造と機能の有効利用

筋には，筋長が長すぎても短すぎても力が出しにくい(Gordon et al., 1966)，筋収縮速度と発揮できる力は相反関係にある(Hill, 1938)などの性質があります．このことを実際の動作と関連づけて考えると，例えば，静止した状態から瞬発的に力を発揮して体重移動せねばならないときには，下肢関節をやや曲げて力の発揮しやすい角度で構えていた方がよいことがわかります．このような，力発揮に関する身体の基礎的な構造と機能を有効利用できているかどうかも優れた技術の評価基準となります．

c. 動作の自由度と発生エネルギーおよび正確性

身体運動は，部分と部分を連結した関節が回転することで生じます．運動に参加する関節の数を自由度と呼び，多くの関節運動を組み合せて行う動作は自由度が高く，限られた関節しか参加していない場合は自由度が低いということになります．自由度の高い動作は，参加する筋群と動作の範囲が増えるため大きなエネルギーを発生できる長所がありますが，動作のコントロールが複雑になるという短所もあります．多くのスポーツでは，全身を使った自由度の高い動作が要求されますが，正確性が重視されるような場合は自由度をある程度制限した方がよいということになります．例えばダーツのような正確性に特化したスポーツでは，下肢と体幹，肩の動作を極力制限し，肘と手首の動作だけを使った方がコントロールが安定します．このように，状況と課題に応じて動作の自由度を調整できているかが技術の評価基準のひとつとなります．

d. エネルギーの流れから見た身体各部の役割分担

表3-3は，身体各部の力発揮と可動範囲からみたエネルギーの発生と利用に関する能力のまとめです．エネルギーを発生するには，大きな力を発揮できる筋群と広い可動範囲の関節が必要です．下肢は力発揮に優れ可動範囲も大きいためエネルギーの発生に適しており，体幹は筋力は大きいものの可動範囲が小さいためエネルギーの蓄積に適しており，上肢は力発揮は小さいものの可動範囲が大きいためエネルギーの伝達と外部への働きかけに適しています(阿江・

表 3-3　身体各部の力学的仕事能と運動における役割(概念モデル)(阿江・藤井，2002)

身体部分	出しうる力	動作範囲	力学的仕事能	運動における役割
上肢	1	5	5	エネルギーを効果的に使う
体幹	5	3	15	エネルギーを蓄える，四肢の運動の土台になる
下肢	5	5	25	エネルギーを生み出す

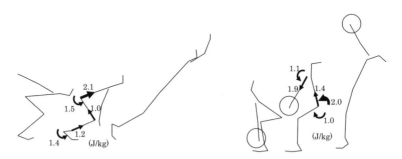

図3-8　立ち幅跳び(左)とメディシンボール投げ(右)におけるエネルギーの流れ
(窪, 2013). 曲線矢印は筋によるエネルギーの流れ，直線矢印は部分間の力によるエネルギーの伝達を表している. 跳，投ともに大きなエネルギーの発生源は下肢であり，跳では下肢から体幹へ，投では体幹から上肢へとエネルギーが伝達している.

藤井，2002，p13). これらのことから，大きなエネルギーの発生とその有効利用が求められる大部分のスポーツにおいては，下肢でエネルギーを発生して体幹に蓄積し，それを上肢が伝達およびコントロールして外界に働きかけるという役割分担をすることが望ましいといえます.

図3-8は，立ち幅跳びとメディシンボール投げにおけるエネルギーの流れを示したものです. 曲線の矢印は筋による部分へのエネルギーの流れ，直線の矢印は部分間に働く力による(筋を介さない)エネルギーの流れです. 立ち幅跳びをみると，エネルギーの主な発生源は股関節と足関節であり，筋が発生したエネルギーが部分間の力を介して体幹に伝達され蓄積していることがわかります. ボール投げをみると，主要なエネルギーの発生源は股関節で，そのエネルギーが体幹に蓄積され上肢へと伝達していることがわかります. このように，エネルギーの発生と伝達，利用に関する適性から各部位の役割を明らかにし，その役割に則っているかどうかを技術の評価基準とすることができます.

(3) 技術と動作の関係

冒頭で，技術トレーニングは，目標とする技術が含まれる動作を明確にすることから始まると述べましたが，技術が動作に含まれるとはどういうことでしょうか．前項で列挙した評価基準からわかるように，技術とは，動作の機能や性質に関するものであり，技術そのものは，はっきり目にみえるものではありません．しかし，技術が身についた人の動作には，それとわかる共通の特徴があるので，動作を通じて技術が身についているかどうかを推し量ることになるのです．ただし，我々が注目する動作は，時間的，空間的に連続している全身の動きの中から一部を取り出したものにすぎませんから，技術に関連する機能や性質のすべてを表しているとは限りません．これは，ある動作ができるようになっても，身につけたいと思っていた機能や性質が伴っていないことがあるということでもあります．この考え方は，後述の技術トレーニングの目標設定や効果検証において重要になりますので覚えておいてください．

(4) 技術トレーニングの進め方

a. トレーニング目標の設定

技術トレーニングを始めるにあたり，まずは目標とする動作を決める必要があります．その動作は，先に述べたように，身につけたい技術，自分に欠けている技術が含まれているものでなくてはいけません．そのような動作はどのようにみつけたらよいのでしょうか．

もっとも単純な方法は，自分よりも優れたパフォーマンスを発揮する人，できれば一流選手と呼ばれるような熟練者の動作を参考にすることです．熟練者には優れた技術が身についている可能性が高く，その動作には技術の一端が表れていると考えられるからです．ここで注意すべきことが2つあります．一つは，一流選手の動作には，誰にとっても参考になる優れた技術のほかに，その人が同レベルの選手との差別化を図るために身につけた個性的な技術も含まれているということです．個性的な技術とそれを含む動作は目を引くため真似をしたくなりがちですが，誰にとっても有用とは限らないので注意が必要です．未熟練者が身につけるべきは，多くの一流選手に共通する技術であると考えておいた方がよいでしょう．もう一つの注意事項は，熟練者と自分の動作の比較を通して，技術的な違いがどこにあるのかを考えることです．技術トレーニングの目標は，動作の改善を通じて技術を身につけることですから，動作が熟練者に近づいたとしても，技術が身についていなければ意味がありません．形だ

け似ていてもだめなのです．例えば，動作の違いが経済性の違いを表していると考えられるのであれば，動作が改善することによって経済性が向上しなくてはおかしいことになります．力を入れなくても速いボールを投げられるようになったとか，楽に走り続けられるようになったなどの経済性に関わる変化が伴わなければ技術が身についたとはいえません．前項で述べた，「ある動作ができるようになっても，身につけたいと思っていた機能や性質が伴っていないことがある」というのはこのようなことです．

目標とすべき動作のみつけ方をもう一つあげるとすれば，身体の構造的，機能的特性を考慮して合理的な動作をイメージするというやり方があります．技術の評価基準の項で述べたように，身体にはさまざまな構造的，機能的特性があります．力を発揮するのに適した姿勢やスピード，エネルギーを生み出すのに適した動作と正確性を高めるのに適した動作，エネルギーを生み出すのに適した部位とエネルギーの伝達や利用に適した部位などです．これらの特徴を満たすような動作を論理的に考え出していくのです．このような方法は，身体の構造や機能に関する予備知識が必要になりますが，一流選手の個性に惑わされる心配がなく，また，動作の機能や性質を向上させるという趣旨からスタートするため，誰かの動作を真似しただけで終わってしまうことを避けることができると考えられます．

b. 動作の反復とフィードバック

目標とする動作が明らかになったら，後はその動作に近づけようと意識して動作を行い，実際に近づいているかどうかを確認する，この作業の繰り返しです．この繰り返しのプロセスをいかに充実させられるかが技術トレーニングの成否をわけることになります．以下では，まず，動作に意識を集中するための方法について述べます．

① ねらいとする動作を動き全体から切り離す

ある特定の動作に意識を集中するためには，動き全体の時間的連続性と空間的連続性，そして環境との関係を切り離すことが重要です（グロッサー・ノイマイヤー，1995, pp.116-128）．

まず，動きの時間的連続性について考えましょう．動きには時間的な前後の流れがあります．走り幅跳びを例にすると，大まかに助走，踏切，空中，着地の順に局面が訪れ，前の局面の動作が後の局面の動作に影響を与えます．もし，踏切動作の改善を図ろうとしているのであれば，その前後の動作を省略することで踏切動作に意識を集中することができます．具体的には，助走を短く

する，空中動作，着地動作を行わない（砂場を走り抜ける）ことなどが考えられます．このように，前後の動作を省略することで，ねらいとする動作に集中することができます．

次に，動きの空間的連続性について考えます．多くのスポーツでは，全身の各部位を協調させて動かさなくてはなりません．例えば，水泳のクロールは，上肢で水をかくのと同時に下肢で水をキックして推進力を得ます．もし，上肢の動作の改善を図ろうとしているのであれば，下肢の動作を制限する（キックを行わない）ことで，上肢の動作に集中することができます．このように，周辺の部位の動作を制限することで，ねらいとする部位の動作に意識を集中することができます．

ここまでは，一人の人間の動きの中にある時間的，空間的連続性についてみてきました．最後は人間と環境との関係について考えます．スポーツにおいては，自分の動きを自分の好きなように決められることはほとんどありません．対戦型のスポーツであれば対戦相手の動きが，球技であればボールの飛んでくるタイミングや位置が自分の動きに影響を及ぼします．そのような自分でコントロールすることが困難な外的要因の影響を取り除くことで，自身の動作に集中することができます．野球のバッティングについて考えてみましょう．実際の試合では，ピッチャーの投げるボールが直球なのか変化球なのかわかりません．予測したり，ボールが投げられてから判断したりして対応することになります．そのような状況では，ボールの挙動に気を取られ，理想的な動作を行いにくくなります．そこで技術トレーニングにおいては，直球だけをチームメイトに投げてもらったり，ボールを静止させる台（ティー）を用いたりして環境を一定にし，動作に集中できるようにします．このように，環境に対する判断や対応を軽減することにより，動作に意識を集中することができます．

② **切り離した動作を統合する**

前項では，ねらいとする動作に意識を集中するために，動作を動き全体から切り離すことの重要性とその具体的な方法を述べました．これは，技術トレーニングの初期，まだ新しい動作に不慣れな段階においては非常に有効です．しかし，本来の競技場面に向けては，切り離した動作を再び全体として統合する必要があります．部分的な動作が改善しても，それが複雑な実践場面で応用できるまでに統合するのは簡単なことではありません．この統合作業は計画的に段階を踏んで行う必要があります（グロッサー・ノイマイヤー，1995，pp.132-142）．そのような計画を立てるための重要な2つの観点を以下に述べます．

コラム5　幼児から児童へのコーチング（ジャイアンツアカデミーの試み）

「ピッチャー振りかぶって第1球を投げました！」

お決まりの実況ですが，投球は短時間に両手両足をばらばらに動かす，何とも複雑な動作です．野球には投げる以外に打つ，捕るといった全く目的の異なる技能もあり，習得するにはかなりの反復練習が必要となります．そしてルールもわかりにくい．これらを小さな子どもがいきなり理解できるでしょうか．かつてはどこでも子どもが集まれば野球に興じ，毎日のようにテレビ中継を観て，知らない間に身についたものです．しかし，今は始めてみたい子どもには一から教える必要があります．そこで，ジャイアンツアカデミー[※]では年齢別の目標，習得の手順を整理し，指導プログラムを作成しました．「わかりやすく」「楽しく」がモットーです．

初心者の幼児はボールに触れてみることから始め，投げる，打つに関してまず全体のイメージを持たせます．ボールをリリースしたり，バットに当てたりする感覚が身につけば十分．初心者ほど試合を数多く行い，野球がどんなゲームであるかを理解させます．ただし，走者の判断は難しいので，守備側がボールを捕ったところで，一塁まで進めば1点，二塁で2点・・・ホームランなら4点と，単純に得点を決めるルールとします．野球の試合にも関わらず何十点も入るから，勝っても負けても満足です．小学生からは徐々に技術指導を取り入れ，6年生までに試合で必要な一通りのプレーの習得を目指します．

では複雑な技能をどのように指導するか．そのために全身の動きを分解し，投げる際の腕の使い方，打つ際の体重移動など，分習法と呼ばれる方法を用いて，部分ごとに練習します．その日の課題が腕の使い方であれば，全身を使って投げたときも，その部分以外は指摘しません．こうして目的を明確にするとコーチも指導しやすくなります．また，誰でも達成感を味わうことができるように，簡単な課題から始め，成功したら距離を伸ばす，スピードを上げるなど，レベルアップしていきます．最終的には成功と失敗が半分ぐらいになるように設定します．そして例えば，ゴロの捕球を練習したら，数名ずつのグループで一定時間に何回捕れるかといった競争，あるいは走者をアウトにできるかという試合形式を行ってみます．勝敗を競うことで集中力を高めることができ，単純なことでも子どもは成果に一喜一憂するので，より楽しい内容となります．

何回振ってもバットに当たらない日はあります．しかし，スムーズに振れていれば「ナイススイング！」で問題ありません．とにかくコーチは積極的にほめ，常に前向きな表現を心がけています．好きになれば毎日ボールに触れるだろう．それが上達への一番の近道なのです．

[石田和之]

※ジャイアンツアカデミー：読売巨人軍が運営する幼児から小学生を対象とした野球教室です．野球の普及，楽しさを伝えることを目的に設立され，会員は週1回指導を受けます．

一つは，技術トレーニングの配置の問題です．例として，テニスのサーブ，ストローク，ボレーの動作それぞれに改善すべき課題があり，一日の練習の中でこれらの技術トレーニングを配置することを想定します．このとき，必ず最初にサーブの練習，続いてストローク，最後にボレーの練習を行うようにトレーニングの順序を固定する方法をブロック法と呼び，順序を固定しない方法をランダム法と呼びます（シュミット，1994，pp.203-208）．この2つを比較したとき，トレーニング中のパフォーマンスが高いのはブロック法ですが，トレーニングをやめた後に高いパフォーマンスが維持されるのはランダム法であるといわれています．ブロック法では，先に行った動作を次に行う動作に活用することに慣れるため一時的に動作の習熟度が高くなる傾向にあり，動作の発現順序に法則性がないランダム法の方では，先に行った動作の助けを借りずに動作を身につけようとするため動作の定着の度合いが強くなると考えられています．

動作の統合に関するもう一つの観点は，トレーニングにおける課題の多様性の問題です（シュミット，1994，pp.209-217）．サッカーのキック動作の改善を考えたときに，ボールを蹴りだす方向と距離を一定にして繰り返し動作を行う一定練習よりも，方向と距離を多様に変化させて動作を行う多様練習の方が理想的なキック動作が身につきやすいといわれています．これは，多様な課題のひとつひとつに対応する多様な動作が身につくということではありません．それとはむしろ逆で，多様な課題に共通して解決できる動作が身につくと考えられています．

③ 動作の改善を促進する情報のフィードバック

これまで，動作を改善するための意識の集中のさせ方やトレーニングの計画法について述べてきましたが，いずれの場面においても，目標とする動作に対して自身の動作を近づけようとする試行錯誤が重要なことに変わりはありません．そうした場合，試行錯誤を通じて，動作はどのように変わったのか，目標に近づいたのかという情報のフィードバックが必要になります．ここでは，技術トレーニングにおける情報フィードバックのあり方について述べます．

毎回の動作の試行の後に得られる結果は，動作によって生み出された成果（KR: knowledge of result）と動作自体のできばえ（KP: knowledge of performance）の2つです（シュミット，1994，pp.234-237）．ランニングを例にすると，KRはタイムなどの記録に関するもの，KPは接地中の膝の角度などの動作に関するものです．

また，情報フィードバックは，別の観点からみると，外在的フィードバックと内在的フィードバックの二つにわけることができます（シュミット，1994, pp.233-234）．外在的フィードバックはKRとKPを含む客観的な情報，内在的フィードバックは動作中に選手自身が見たり聞いたりする情報，あるいは筋腱を介して感じ取る力動感などです．選手は，内在的フィードバックと外在的フィードバックを照らし合わせることで自分の感覚と動作の関係を検証することになります．動作が未熟な段階では，内在的フィードバックとKPの関係を頼りに「こういう感じでやったらこういう動作になった」という検証を行います．そして，ある程度動作が改善されて微調整の段階に入ると，内在的フィードバックとKRの関係を頼りに「こういう感じでやったらこういう記録が出た」という検証を行います．技術トレーニングの段階によって必要とされる情報が変わるということです．

技術トレーニングにおける指導者の第一の役割は，外在的フィードバックを適切な言葉，タイミングで与えることですが，選手が得ている内在的フィードバックにも共感できる能力が必要です．新しい動作の獲得に挑戦し始めたときやスランプに陥っているときは，選手の感覚はあいまいで内在的フィードバックが十分ではありません．そこで，選手の視覚，聴覚，筋感覚などを指導者が推し量って「今，こういう感じだったのではないか？」と声をかけ，選手の内在的フィードバックを確かなものにし，外在的フィードバックとのすり合わせを手助けできるようになることが重要です．

（5）おわりに

スポーツの楽しさの中心は，できないことができるようになったときの達成感です．その達成感を得るには技術トレーニングが不可欠です．技術トレーニングにおいては，試行錯誤を地道に繰り返す局面が必ず訪れますが，選手と指導者が協力してそれを楽しみ乗り越えていくことがスポーツの真の醍醐味といえるでしょう．本章で示した技術トレーニングにおける目標設定の方法と実際のトレーニングの進め方がその一助になれば幸いです． ［窪 康之］

3-4 メンタルトレーニング

アスリートがメンタルトレーニングを行うことで，競技のパフォーマンスを改善できることが明らかになっています（Brown and Fletcher, 2017）．本節で

3-4 メンタルトレーニング

は，メンタルトレーニングを学び，コーチングに活かすことを目指します．

スポーツメンタルトレーニングとは，「アスリートをはじめとするスポーツ活動に携わる者が，競技力向上ならびに実力発揮のために必要な心理的スキルを修得することを目的とした，スポーツ心理学の理論に基づく体系的で教育的な活動」(関矢，2016)です．メンタルトレーニングとは，2-1節で紹介した「コーピング」(ストレス状況に対する意図的な対処)に他なりません．そして，本を読んだり，講義を聞いたりしただけで，車の運転ができるようにならないのと一緒で，メンタルトレーニングのスキルは，練習や試合はもちろん，日常生活でも実際に使って身につけるものです．

最もよく知られているメンタルトレーニングのスキルの一つに，「呼吸法」(深呼吸)があります．他にも，メンタルトレーニングにはさまざまなスキルがありますが，本節では，コーチが学ぶ機会の少ない「セルフトーク」と「イメージ」を紹介します．

(1) メンタルトレーニングのスキル：セルフトーク

セルフトークとは，自分に対する語りかけのことです．この場合の語りかけは，声に出さない語りかけも含みます．無意識に，勝手に，頭の中に出てくるセルフトークは，2-1節で学んだ自動思考そのものです．

その一方で，意識的に，自動思考とは別の思考(代替思考)を口に出すこともセルフトークです．「冷静にならなきゃ，落ち着かなきゃ」という語りかけもセルフトークです．ここでは，自動思考としてのセルフトークではなく，自らに対して教示を与える方法，つまり，スキルとしてのセルフトークを考えてみましょう．スキルとしてのセルフトークとは，認知行動療法における自己教示訓練(マイケンバウム，1992)のことで，スポーツ以外の領域でも広く用いられている方法です．このセルフトークを上手に使えば，自分のことを自分でコントロールすることができるようになります(web 3-1)．

セルフトークは，2つの理由で用いられます(北村，2008)．1つは，課題となる動作のタイミングや正確さの手がかりとして「教示的な理由」で用いられる場合です．技術のレベルを高めるために用いる場合とも言えます．もう1つは，アスリートの覚醒状態や意欲のコントロールのために「動機づけの理由」で用いられる場合です．そして，どちらのセルフトークも，アスリートのパフォーマンス向上に役立つことが確認されています．以下では，セルフトークの具体的な使い方を紹介します．

a. 代替思考をセルフトークする

自動思考に置き換わる思考，つまり代替思考をセルフトークします．そのためには，普段から「代替思考を探す」「自動思考だけにとらわれないようにする」ことができるように練習しておく必要があります（2-1 節の(4)参照）．

ただし，とにかくポジティブな代替思考をセルフトークすればいいというわけではありません．地方大会を勝ち抜けないチームの補欠選手が「俺は世界一の選手だ！」とセルフトークしたとします．そのセルフトークを行って，自分の気持ちが奮い立つようであれば，そのセルフトークは機能したといえるでしょう．しかし，そのセルフトークを行って，世界一の選手になった「理想の自分」と「現状の自分」（地方大会を勝ち抜けないチームの補欠選手）とのギャップを感じてしまうこともあり得ます．そのセルフトークによって，気持ちが落ち込んだり，気持ちが伴わない振る舞いをして余計に緊張してしまったりしては本末転倒です．自分にとって，そのセルフトークがコーピングとして機能しているかを確認しておく必要があります．

ネガティブなセルフトークを絶対に行ってはいけない，ということもありません．ネガティブなセルフトークは，必ずしもパフォーマンスを阻害しないことがわかっています（Tod et al., 2011）．最悪の結果を予想して課題に対して不安な気持ちになるものの，その不安を動機づけとして目標達成につなげるという考えを「防衛的悲観主義」と呼びます（ノレム，2002；Norem and Cantor, 1986）．この防衛的悲観主義という考えに則れば，「もしかしたら失敗するかもしれない．だから，しっかり準備しよう」のように，ともするとネガティブと思えるようなセルフトークを行うことで，むしろ肩の力が抜けて，自らのパフォーマンスに集中できるアスリートもいるかもしれません．「失敗するんじゃないか」と思っているのに，「そんなこと考えちゃダメだ．ポジティブポジティブ…」と，その気持ちから目をそらして無理にポジティブになろうとしたり，「今日は調子が悪いから，失敗しても仕方ないや」と言い訳を考えたりすることは，むしろ好ましくないといえるでしょう．どのようなセルフトークでも，そのセルフトークがどのような機能を持っているかを検証してから用いることが重要です．

b. セルフトークで反すうを止める

「あぁ，またフォアボール出してしまった」「監督に怒られる…」「絶対，フォアボールだけはダメだって思ってたんだけどな」「俺はメンタルが弱いんだ」「何をやってもダメだ」「もういやだ」「こんな思いはしたくない」「ピッ

チャーをやめよう…」．競技場面では，繰り返し，過ぎてしまった失敗を考えてしまうことがあります．このように，物事を繰り返し考えることを「反すう」と呼びます．ここでは，2つの反すうパターンに対して用いるセルフトークを紹介しましょう．

1つは，①過去の出来事への後悔が反すうしている場合です（例：なんであんなプレーをしちゃったんだろう）．そう言っている自分に対してもう一人の自分をイメージし，「そうだね，なんであんなプレーをしちゃったんだろうね」とセルフトークします．そうすると，一人だけの世界に閉じこもった状態から抜け出して，ダメだダメだ…という反すうが止まります．

もう1つは，②自分を全否定してしまう考えが反すうしている場合です（例：俺ってほんとにダメなヤツだな…）．こういう自動思考が出てきてしまったら，その自動思考の後に「〜と考えた」「〜と思った」という言葉を入れ込みます（伊藤，2017）．こうすることで，自動思考を冷静に捕まえて，その自動思考を確認することができます．そして，評価も判断もしないフラットな状態で，自動思考をキャッチすることができます．評価も判断もしないので，その自動思考に苦しめられることもありません．そして，自分が考えていることは必ずしも事実ではないと理解しやすくなるでしょう．

（2）メンタルトレーニングのスキル・イメージ
a．イメージを用いたトレーニングとは

イメージを用いたトレーニング（イメージトレーニング）とは，「アスリートに目を閉じてある場面を想い浮かべてもらい，それを内的に体験することで，実際の競技場面において，より望ましい心理状態を準備したり，より高いパフォーマンスを発揮するための心理技法」（土屋，2016）です．イメージには，いくつかの要点があります．長谷川（2008）を参考に整理してみましょう．

① **イメージの目的**：イメージトレーニングの目的は，「運動技能の獲得・修正のため」，または「個人・チームの実力発揮のため」に大別できます．「運動技能の獲得・修正のため」に行うイメージトレーニングは，長期的に継続して行うことで，スポーツで使う技術を身につけ，その技術のレベルを向上させることができます．「個人・チームの実力発揮のため」に行うイメージトレーニングは，試合直前に行うことで，これから行うパフォーマンスに対する心身の準備として機能します．

② **イメージの視点**：これは，「外的なイメージ」，または「内的なイメージ」

に分けられます.「外的なイメージ」は,視覚的なイメージが主であり,自分がプレーしているのを外から見ているイメージを描きます.プレーのフォームをチェックする時は外的なイメージを用いることが有効です.「内的なイメージ」は,視覚・聴覚・筋運動感覚などの複合感覚的なイメージによって構成され,自分が実際にプレーしている時のイメージを描きます.プレー中の身体感覚をチェックする時は内的なイメージが効果的です.両方(外的・内的)のイメージとも大事です.描きやすい方から,イメージを描くトレーニングを開始すると良いでしょう(図3-9).

③ **イメージの質**:「鮮明性」(イメージをはっきり描けるか?)と,「コントロール可能性」(描いたイメージを自在に動かせるか?)という2つの次元があります.実際のプレーではなくイメージなのだから,自由自在に動かせるはずだという人もいるでしょう.しかし,イメージであっても,自由自在に動かせないアスリートはたくさんいます.このことからも,イメージを使うことは1つのスキルであり,トレーニングが必要なことがわかります.

ここまでイメージについて学んできましたが,良いイメージはどうやって描けばよいのでしょうか.一般的には,今までで最高に良かったプレーを思い出してイメージすることが推奨されています.しかし,経験の短いアスリートの中には,良かったプレーが思い当たらないという人もいます.最近は,トップアスリートのプレーを動画で気軽に見ることができるようになりました.そこで,トップアスリートや身近なチームメイトの良いプレーを見て,そのプレー

外的イメージ(見ているイメージ)
を描いた時に見えるイメージ

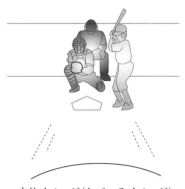
内的イメージ(しているイメージ)
を描いた時に見えるイメージ

図3-9 イメージの2つの視点

を自分が行っていると置き換えてイメージするのも良いでしょう．

イメージを描く前には，リラックスしてイメージを受動的・受容的に体験するための心構えを作ることが大切です．イメージが描いた後には，イメージをどのように体験したか，イメージ体験の振り返りも行いましょう（土屋，2016）．

b. イメージ的自動思考に対処する

自動思考とは言葉だけではありません．映像で自動思考が生じることを体験しているアスリートも少なくないでしょう．この自動思考として浮かぶイメージを「イメージ的自動思考」と呼びます（ベック，2015）．以下では，ベック（2015）に基づいて，イメージ的自動思考を説明します．

アスリートは，イメージが浮かんでいること自体に気づいていないこともあります．その場合，まずは，イメージが浮かんでいることに気づくところから始める必要があります．そして，2-1節の例でいうと，弘和くんに対してイメージを描いてもらう場合であれば，「弘和くん，ランナーが満塁になった時の様子をイメージしてみよう．準備はいいかな？…さぁ，ピッチャーは弘和くん，マウンドで投げ続けています．7回裏，2アウト満塁のピンチ．今，何が見えて，何を感じている？」と問いかけます．すると弘和くんは，「監督がこっちに向かって，怒りながら大声で叫んでいるのが見えます．頭の中は，ヤバイヤバイヤバイ…って，それしか考えられません．相手ベンチが盛り上がっているのが見えます．次のバッターが自信満々にバッターボックスに向かって歩いてきます．ショートのキャプテンが，落ち着いていこうと自分に声をかけてくれています．でも，心臓がドキドキして，汗が止まりませんね．フォアボール出したらどうしようって，繰り返し考えちゃってます」…こんな状況をイメージするかもしれません．これは①「イメージを追う」トレーニングです．まずは，課題となっている場面の展開をリアルにイメージします．

つぎに，②「イメージの中で対処する」トレーニングを行います．ストレス反応に対してコーピングを使うことで，課題にうまく対処できているイメージを描きます．神村・佐々木（1991）によると，イメージを描く際は，その場面に対する自分のストレス反応をイメージすることが重要です．自分のストレス反応のイメージを描くことによって，イメージを描く能力が高まります．弘和くんで言えば「心臓がドキドキして，汗が止まりませんね．フォアボール出したらどうしようって，繰り返し考えちゃってます」という反応をイメージします．ストレス反応をイメージした上で，その反応をコントロールするイメージ

を描けるようトレーニングしたり，その反応をコントロールするためにリラクセーションのスキルを学んだりしましょう．

③「イメージを変える」トレーニングもあります．これは，課題となる状況で，そもそもストレス反応が高まりすぎない状態をイメージすることです．最初から，②「イメージの中で対処する」や③「イメージを変える」ことができれば，それでかまいません．しかし，リアルなイメージを描こうとすればするほど，うまく対処するイメージを描くことや，イメージを変えることは難しいものです．まずは，①「イメージを追う」ことから始めることを勧めます．この①「イメージを追う」は，2-1節で紹介した「アセスメント」であるとも言えます．

c. イメージを使った自動思考への対処
① 動いているものに思考を乗せるワーク

伊藤(2017)やヘイズ・スミス(2008)などで紹介されているワークです．まず，澄み切った，ゆったりとした川の流れを想像します．大きな葉っぱが川に落ちて，そのまま水面を漂って流れて行きます．その流れてくる葉っぱに，あなたの自動思考を乗せましょう(図3-10)．

弘和くんの例でワークをやってみると…「俺はメンタルが弱いんだ」(葉っぱに乗せる)，「何をやってもダメだ」(葉っぱに乗せる)，「もういやだ」(葉っぱに乗せる)，「こんな思いはしたくない」(葉っぱに乗せる)，「ピッチャーをやめよう…」(葉っぱに乗せる)といった感じです．

自動思考を葉っぱに乗せて，その自動思考と距離を取ることがポイントです(武藤，2011)．川を流れる葉っぱのイメージでなくてもかまいません．伊藤(2017)では，回転寿司で回ってくる白いお皿(お寿司は乗っていないお皿をイメージします)，空を流れる雲，工場のベルトコンベアーなど，自動的に動いているものに自動思考を乗せるワークが紹介されています．

② ロボット掃除機のワーク

つぎに，ロボット掃除機を使ったワーク(伊藤，2017)をご紹介します(図3-10)．まず，自分の部屋にいるイメージをします．そして，自分の部屋の床に，あなたの自動思考をぶちまけてしまいましょう．それらをひととおり眺めたら，ロボット掃除機のスイッチを入れます．あとは，ロボット掃除機がすべてをゴミとして吸い込んでくれます．このワークは，動いているものに思考を乗せるワークでは対応できないほどに，自動思考や気分・感情が一気に押し寄せてきて，もう受け止められないという時にお勧めです．

思考を乗せるワーク「葉っぱに思考を乗せる」　ロボット掃除機のワーク「ロボット掃除機に思考を吸い込ませる」

図3-10　イメージを使った自動思考への対処

　緊張しているとき，混乱してしまったとき，怒りが収まらないとき，気持ちが落ち込んだとき…あらゆるストレス状況に対処するために，「セルフトーク」と「イメージ」を活用してみましょう．深町（2018）や深町ほか（2016）を参照すると，「セルフトーク」と「イメージ」をうまく実践するのに役立つ具体例やコツを学ぶことができます．本節で紹介できなかったメンタルトレーニングのスキルを学びたい場合は，『スポーツメンタルトレーニング教本』を参照してください．

　コーチであるあなた自身が，メンタルトレーニングを身につけて，アスリートにも伝えられるようになることが理想です．コーチ自らがメンタルトレーニングを理解し，そのスキルを身につけていれば，アスリートにもそのことをコーチングすることができるでしょう．

　メンタルトレーニングについては，専門家の力を借りることもできます．日本スポーツ心理学会が認定している「スポーツメンタルトレーニング指導士」という資格を持っている心理サポートの専門家が，さまざまなスポーツの現場で活躍しています．例えば，十分な知識と経験を持ち合わせていないコーチが，アスリートに対してトラウマになっている体験をイメージさせることは，強い不安や抑うつ状態を導くことになりかねないため危険です．その場合，スポーツメンタルトレーニング指導士に依頼して，イメージトレーニング実施の可否や実施の具体的な方法を相談したり，イメージトレーニングの実施そのものを依頼したりするとよいでしょう．

　日本スポーツ心理学会のホームページには，スポーツメンタルトレーニング指導士の有資格者一覧が掲載されています．スポーツメンタルトレーニング指導士は，あなたのチームのアスリートの課題を，アスリート自身だけでなく，あなたとも一緒に考えてくれるはずです．　　　　　　　　　　　［荒井弘和］

アクティブ・ラーニング3　グループ分けの工夫と対話の活性化

多くの場合，対話を行う際は小さなグループに分かれます．グループの大きさ，参加者，作り方を工夫すると，対話の質は向上します．ここでは，効果的なグループ作りの方法を紹介します．イメージしやすいスライドを web 3-2 に用意しています．

1. 分ける

まず，グループ分けの方法です．「ある要素ごとにグループを分ける」「ある要素ごとにグループを分けない」のどちらかを考えるのがシンプルです．部活動であれば，学年，ポジション，男女，競技レベル，といった要素があります．それらの要素ごとにグループを分ける，または，要素ごとにグループを分けず混在させる方法（学年であれば，1年生・2年生・3年生がそれぞれひとりずつグループに含まれている）があります．分け方によって，それぞれ期待できる効果が異なります．

ランダムにグループを分ける方法もあります．筆者は，個別包装された飴にグループ番号を油性ペンで書いておき，その飴をくじのようにして引いてもらい，飴に記されている番号の椅子に座ってもらう（その椅子に座ると自動的にグループが決まる）という分け方をよく使います．アイスブレイク的な機能もあり，場も盛り上がります．

2. 組み直す

グループを組み直しながら，対話を複数回くり返す方法もあります．1回目の対話が終わったら，ひとりを残して他の全員が別のグループに移動します．その際，同じグループから移動してきた人が，ひとつのグループに複数含まれないようにします．先ほど同じグループだった人はいないので，新たな雰囲気で対話が展開されます．これは「ワールド・カフェ」と呼ばれる方法の一部を切り取った方法です．

3. 限定する

対話を行う人を限定し，その人たちを対話を見る人が取り囲みます．筆者はドッジボールにならって，対話を行う人たちを「内野」，対話を見ている人たちを「外野」と呼んでいます．「内野と外野は一度発言したら交代する」などのルールを設けて交代しながら，対話を行います．対話できる人の人数を限ることによって，あまり対話に積極的ではない人にも，発言を促しやすくなります．これは「サモアンサークル」と呼ばれる方法の一部を切り取った方法です．

4. 選んでもらう

大きなテーマを示したうえで，各グループで対話する個別のテーマは，参加者自身から募る方法もあります．参加者に出してもらった個別のテーマをホワイトボードに貼り出して一覧できるようにし，どのテーマについて対話をしたいか，各参加者に選んでもらいます．そして自分が選んだグループに移動して，対話を行ってもらいます．各グループが対話を行った成果を発表しあえば，自分が参加していないグループでどのような対話が展開されたか知ることができます．これは「オープン・スペース・テクノロジー」と呼ばれる方法の一部を切り取った方法です．　　　　　　［荒井弘和］

第4章 アスリートの健康

4-1 食事と栄養，サプリメント

　昨今，競技者にとって食事やサプリメントを用いた栄養摂取の大切さが認識されるようになりました．スポーツ栄養という文言も当たり前のように目にします．しかしながら，スポーツ栄養はまだ学問として熟成しているわけではなく，さらに，巷ではさまざまな食事方法が話題になったり，各メーカーが自社のサプリメントを中心に競技者の食事モデルを提示するなど，情報過多な状況となり判断と選択に迷ってしまうこともあります．

　この節では，競技者の食事や栄養摂取の知識について学び，コーチングのスキルの1つとして身につけましょう．競技者の食事や栄養摂取を管理するのではなく，食事や栄養摂取に関しても競技者の自立を目指したコーチングを目標とします．

（1）食と栄養摂取の捉え方

　まず，競技者に対し，「食と栄養摂取」を考える際に，自分の体を中心として考えることを指導します．何故なら，食べるために生きている（競技をしている）のではなく，生きるために（競技をするために）食べているからです．競技者であれば，最高のパフォーマンスに向けて日々の練習を継続するには，どのような体の状態が望ましく，それを実現するには，何をどう食べるべきかといった考え方が大切です．その判断材料として，人の体の基本的な仕組みを理解することが必要です．

　一例として，筆者が競技者に対しレクチャーや献立作成，調理などフィールドワークを行う際に，常に考えている基本的なことを紹介します．

① 人の体は絶え間なく代謝をしている細胞で構成されている

　近年，人の細胞の数は，30歳，身長172センチ，体重70キロの場合，細胞数は37兆2000億個と推定されると言われています．細胞は，構成する組織や役目によって入れ替わりの速度が異なることもわかっています．

② 人の活動は「動く・食べる・寝る」の3要素の繰り返し

3要素それぞれの質が高いことが，より良いパフォーマンスを創出します．簡単な例を示すと，走りながらでは食べにくいですし，寝ようとする時に食べ始めることはありません．「食」ではなく「体」を中心に考える理由はここにもあります．より良い活動(動く・寝る)を「食」が妨げてはいけません．「食」はより良い活動が行われる環境を整える行為であるべきです．競技者の場合はトレーニング内容(動き方)によって，体が受ける刺激が異なるため必要とされる栄養素に違いが生じます．

③ 食べるだけでは栄養摂取は完了しない

人は食べたものでできている，と言われています．しかし，その過程を具体的にイメージできるでしょうか？食べ物を飲み込むだけでは，人の体に変化は起こりません．当たり前のことですが，それらが消化によって，小さな単位まで分解されることで吸収が可能となり，その吸収された栄養素が人の体の一部を構成する材料となります web 4-1．

④ 競技者の栄養摂取は食事とエルゴジェニックエイドを組み合わせる web 4-2

⑤ 食べることは良いことばかりではない

食事による栄養摂取はとても大切なことです．しかし，負荷にもなるということを理解する必要があります．なぜなら，食べたら，食べたものを消化吸収するための体力と時間を使うからです．1日24時間という限られた時間の中で，ハードなトレーニングを行う競技者にとって，貴重な時間と体力を考慮した食事でなければ意味がありません．

これらの基本を踏まえ，競技者の食事の仕方や栄養素，サプリメントなどについて解説を進めていきます．

(2) 食事について

ここでは，食事とは一般的な3回の食事のこととします．まず，食事は複数回必要です．競技者の場合は，必要とするエネルギーや栄養素が多くなるため，3食＋補食が必要になるでしょう．なぜ複数回の食事が必要なのかは，前項で記した，細胞は常に代謝しているという点から理解できると思います．体作りのために栄養を欲するタイミングが1回であれば，そのタイミングを目指した栄養摂取だけで良いかもしれません．しかし，体のどこかで常に材料を必要としています．また，栄養素はそれぞれ消化される時間や体内に貯蔵される

量や時間が異なるからです．
　欠食は栄養素の供給が停止することにつながります．

（2）体作りと各栄養素の関係
a．体を構成する材料
　たんぱく質というと筋肉をイメージしやすいのですが，私たちの体は，ほぼ，たんぱく質で形作られています．骨も血球も皮膚もです．また，たんぱく質はアミノ酸で構成されていますが，人の体を構成しているのは20種類のアミノ酸です．ただし，必要な20種類のうち，体内で合成できるアミノ酸は11種類のみです．そのため，残りの9種類を含むたんぱく質食品を食べることで，体作りに必要な20種類を揃えているのです．これが，私たちがたんぱく質を食べなければならない理由です．

b．エネルギーの素となる材料
　最も効率良くエネルギー源として使われる栄養素は炭水化物です．その理由は，炭水化物は消化により，単糖類のブドウ糖となりエネルギーを産生する回路に入りやすいことが挙げられます．ちなみに，グリコーゲンとは，ブドウ糖＋ブドウ糖で構成された二糖類のことで，肝臓や筋肉中に存在する貯蔵型のエネルギー源です．

c．体を調整する材料
　ビタミン類とミネラル類は種類も多く理解しにくいものかもしれません．しかし，体作りの中で非常に大きな役割を担っている栄養素です．ビタミン類・ミネラル類は大まかに分けると，でき上がった体を調子よく動かす役目と，食べたものが効率よく体の材料になる役目を持っています．目の働きを例にとると，視神経でビタミンB群が働くことにより，焦点が調節され，近くても遠くても見ることができたり，ビタミンAを材料とする物質が目に入る光の量を調整し，明るくても暗くても見ることができます．また，ビタミン類・ミネラル類は食べたたんぱく質や炭水化物が体の材料となるまでの過程を手助けするのです．極端な表現をするとたんぱく質も炭水化物もビタミン類やミネラル類がなければ利用されずに余ってしまうのです．他にも，体の各組織がどのような材料で作られどのような仕組みで動くのか，主たる栄養素との関係を学んでおくとことが大切です．

（3）各栄養素の摂取方法と食べ方

各栄養素の食べ方を紹介する前に「栄養素はチームで働く」ことをイメージしてください．栄養素は，どれであっても単体で働くことはありません．例えば，たんぱく質が体内で利用されるには，ビタミンB2, B6, 葉酸，パントテン酸などが必要ですし，カルシウムの要求量もたんぱく質摂取量に比例して増加します．ビタミンB2の代謝にはB1が必要で，カルシウムはマグネシウムとコンビとなり，約2：1の比率で吸収が良くなるとも言われています．

a. たんぱく質

図4-1に表したように，アレルギーがなければ，毎食，動物性たんぱく質と植物性たんぱく質を組み合わせて食べることです．理由は食品によって含まれるアミノ酸の種類と数が異なるからです．中でも動物性と植物性は構成するアミノ酸の特徴に差があるため，組み合わせることにより体内で20種類のアミノ酸を整えやすくなります．補食の場合はそれに限りません．どちらか食べやすいもので良いでしょう．避けるべきは，〇〇ばかり食べる，ということです．例えば，低脂肪高たんぱく質だからといって，鶏胸肉ばかりを食べていたら（鶏胸肉は優秀な食材ですが）鶏胸肉用に構成されたアミノ酸だけを摂取することになってしまうからです．

また，たんぱく質は消化吸収をするために，時間と体力のどちらも必要になります．そのため，食べてから次の行動（動く・寝る）までの時間が短い時や疲労度が高い時には工夫が必要です．たんぱく質食品には脂質が含まれます．そのため，消化の負担になる脂質量にも注意を払うべきです．工夫としては下記のようなものがあります．

- 揚げ物を避ける（焼いたり蒸したもの，茹でたものに移行する）
- 脂身や鶏の皮を避ける
- 厚切り肉は避ける（厚切り→薄切り→ひき肉　と消化しやすいものに移行する）
- たんぱく質が消化しやすくなる下調理をする（たんぱく質消化酵素などの利用・塩麹やヨーグルト，果物や野菜のすりおろしに漬け込む）
- 植物性たんぱく質の利用（脂質が少ない）
- 牛乳や豆乳，ヨーグルト，温泉卵などの利用（消化の負担が少ない）

b. 炭水化物

炭水化物は主食（ご飯や麺類，パンなど）として，また補食としても摂取しやすい栄養素です．運動による消費エネルギーが多い競技者にとって欠かせない

1．食品の組み合わせ

メニュー例：ホイル焼き(肉・魚介)，卵，牛乳 ＋ 納豆

2．摂取タイミング

図4-1　たんぱく質の上手な摂り方(出典)Office LAC-U

だけではなく，十分な量を摂取することが重要ですが，摂取方法を間違えると，燃焼しきれず，不必要に体脂肪の蓄積を招いてしまいます．食品ごとに含まれる炭水化物以外の栄養素に違いがあることがわかります web 4-3 ．炭水化物食品の精製度が高くなるほど，含まれる栄養素の数や量が低くなっていきます．このような食品を「エンプティーフード(カロリーはあるが中身が空という意味)」と表することもあり，炭水化物が効率よくエネルギー源として蓄えられないことや燃焼できないことを示します．エネルギー燃焼のスイッチを入れるにはミトコンドリア内にマグネシウムが，燃焼には前述の通りビタミンB群が必要だからです．もちろん，食べ過ぎはいけませんが，炭水化物を食べることが体脂肪を増やすのではなく，食べた炭水化物を使いきれないことが体脂肪を増加させる大きな原因であることを理解してください．具体的には，精製度の低い炭水化物食品を上手に利用することが効率のよい燃焼につながります．

- 精白糖(白い砂糖)の取りすぎに注意をし，粗製糖と呼ばれる黒糖やきび砂糖，蜂蜜などの利用に切り替える
- 発芽玄米や，五分つきや七分つきの米を精白米に組み合わせる
- 炭水化物量の多い野菜(かぼちゃや人参)，芋類，大豆以外の豆類を利用する
- 果物を利用する

筆者は競技者達に，シリアルを利用した補食を進めることがあります．それは玄米フレークやオールブランといった精製度の低いものと果物やヨーグルト

の組み合わせです．主食で玄米類を食べることは難しくても，シリアルを利用すれば簡単です．

c．ビタミン類・ミネラル類

ビタミン類は13種類，ミネラル類は16種類を摂取することが必須と言われています．そして，それらの構成比率が重要になります．栄養素はチームで働くからです．しかし，どの食べ物にどのビタミンが何mg入っているか，など簡単にはわかりません．さらに季節や収穫してから食べるまでの期間でも含有量は左右されやすい栄養素です．そうしたさまざまな問題を解決し，チームワークを高める食べ方が図4-2に表したものです．

栄養素のチームワークを考える時に，植物がヒントを与えてくれます．動物と異なり動くことのできない植物はその場で種子から発芽し成長をし，再び種子を作ります．ということはその植物は栄養素のチームワークが取れている，と考えられるからです．旬のものや色を揃えることも大切ですが，ぜひ，野菜の部位(実・葉・茎・根)を揃える＝植物の形にする食べ方を覚えてください．一言で野菜といっても，トマト，きゅうり，ほうれん草，キャベツ，アスパラガス，人参，大根などさまざまです．そしてトマトを食べた，といっても，食べたのはトマトの実の部分だけ(他の部分は食用には適しません．人はその植物の美味しいところだけを食べているのです)ですから，他の部分の野菜を組み合わせるのです．

また，部分によって働きに特徴があります．実と皮の部分は日照や気温，湿度の変化から種子を守り，葉の部分は光合成によってエネルギー代謝をし，茎

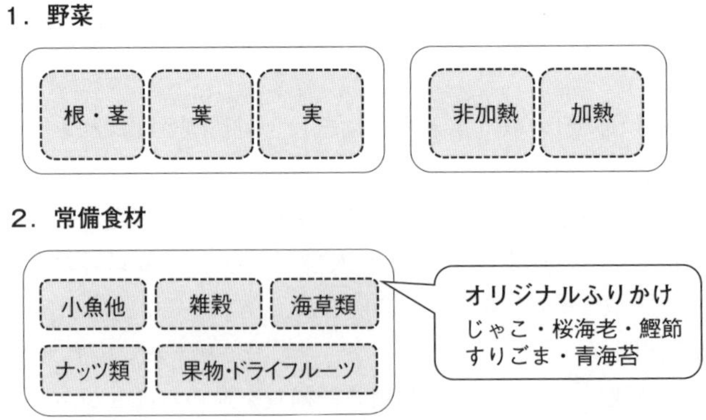

1．野菜

| 根・茎 | 葉 | 実 | | 非加熱 | 加熱 |

2．常備食材

| 小魚他 | 雑穀 | 海草類 |
| ナッツ類 | 果物・ドライフルーツ |

オリジナルふりかけ
じゃこ・桜海老・鰹節
すりごま・青海苔

図4-2 ビタミン・ミネラルの上手な摂り方 (出典) Office LAC-U

や根の部分は栄養素を蓄え供給し，植物の生育を支えます．その働きに従うように，含まれる栄養素にも特徴があるのです．

野菜だけではなく，きのこ類（活発な分裂を行う菌類），海藻類（ミネラルが豊富な海水の中で生育）も積極的に食べることが，ビタミン・ミネラル類摂取を成功させるポイントです．そして，摂取量も意識することが大切です．競技者はたんぱく質食品や炭水化物食品を一般人より多く摂取する傾向があるので，その量に比例して，野菜の摂取量も増やさなければ栄養素のチームワークが崩れてしまいます．

これを解決するには，野菜＝サラダといった考えだけではなく，おかずや汁物の中に野菜やきのこ，海藻類を積極的に使用していくことです．特に味噌汁やスープを具沢山なものにすると簡単に摂取量を増やすことができます．

（4）状況による食べ方のアレンジ

競技者の食事にとって，さらに大切なことは日々のトレーニングに沿った栄養摂取をすることです．ただ，栄養価の高い食事を継続するのではなく，今日の体に必要なものを摂取し，よりトレーニング効果を上げる必要があるからです．

a. 筋肉トレーニングに対応する食べ方

筋肉に刺激が多いトレーニングを行った後は，筋の修復と発達（同化作用）を促したいので，たんぱく質摂取量を増やします．大切なことは，翌朝の食事でもたんぱく質を意識的に多めに食べることです．なぜなら，負荷の高い刺激を受けた筋肉は，その後24時間は回復傾向にあるからです．朝食の質が悪かったり，欠食してしまうと，外から修復のための材料を揃えることができず，やむなく体内の材料を使ってしまう「異化作用」を引き起こす可能性が高いからです．

補食も牛乳やヨーグルト，チーズ，卵などを選びます．その他の注意点としては2点あります．1点目はたんぱく質食品だけを食べるのではなく，必ず炭水化物食品も一緒に食べることです．たんぱく質を消化吸収し体作りをするにはエネルギーが必要だからです．これが足りないと，ここでも異化作用が起きやすくなります．2点目は食後から就寝までの時間が短い時は極力脂質の低いたんぱく質食品を選ぶことです．修復と発達に向けた働きが高くなる睡眠の質を下げないためです．

b. 心肺能力や筋持久トレーニングに対応する食べ方

エネルギーの消費量が多くなるので，事前の食事から炭水化物食品を多く摂取します．1種類の炭水化物食品ではなく，多種類にすることで，エネルギーとして利用されるまでの時間帯に変化が生じ，持続的にエネルギーを燃焼することが期待できます．これはグリセミック指数という仕様を参考にするとわかりやすいです．

トレーニングの時間帯にもよりますが，食事から4時間程度経過してトレーニングをする場合，もしくは食事の量が少なかった場合は，補食を利用してトレーニング前にも炭水化物源を補給します．バナナや小さめのおにぎり，エネルギー系のゼリーなどが適しています．これらのトレーニングでは有酸素運動の割合が高くなるので，細胞に酸素の供給が円滑に行くように血液量を維持する水分の補給も大切になります．着替えやウォーミングアップの時点から意識的に補給することが大切です．

c. スピードやアジリティトレーニングに対応する食べ方

これらのトレーニング時には，正確で素早い筋肉の動きが求められます．また，反応の動きが多くなるので，筋や腱，関節に強い負荷がかかることも想定できます．

トレーニング中の筋痙攣や，負荷による怪我を予防するためには，前日からカルシウムやマグネシウムをはじめとしたミネラル類やビタミンCなどを摂取しておく必要があります．乳製品や大豆製品，小魚や種実類をいつもの食事に追加したり，ひじきや切り干し大根といった乾物類も良いでしょう．トレーニング前の食事のタイミングには柑橘類やキウイなどの果物も忘れないことです．競技者の食事について頻繁に啓蒙される内容に，甘い飲料やスナック菓子，菓子パン，インスタント食品を控えようというものがありますが，特に，これらはトレーニングの前後は控えるべきです．なぜなら，これらの食材がエンプティーフードなだけではなく，砂糖や油脂の過多により，トレーニング時に必要なカルシウムやマグネシウム，ビタミンB群を消費してしまう傾向があり，筋痙攣を引き起こす要因になるからです．

（5）サプリメントについて

a. サプリメントの位置づけと基本的な選び方

ここでは食材以外の栄養摂取に利用する食品をサプリメントとします．（サプリメントは薬品ではなく食品に分類されます）．サプリメントの語源は「補

4-1 食事と栄養，サプリメント

完する」です．

　本来食事で摂取すべき栄養素が，何らかの理由で十分ではない時に「補完＝補う」ためのツールが粉状や粒状，液状などの形態をしているサプリメントなので，これらは食材ではないけれど3回の食事の仲間と考えてください．

　果物のアレルギーがあって食べられない，もっと栄養摂取が必要なことは理解しているが減量中や怪我で運動ができないなどの理由でこれ以上食事の量を増やせない，食事をする十分な時間がない，などの場合にその時の食事で摂取できなかった栄養素を補完し，食事の質を上げるために利用する，これが本来のサプリメントの利用法です．

　昨今では，ドーピング違反の原因がサプリメントだった事例が続いたこともあり，摂取を完全に禁止する指導もあるようです．もちろん，食事の改善をせずにサプリメントに頼ったり，ドーピング禁止物質を含む危険性がある，もしくは含まれていない証明の無いものを利用するなどは絶対に避けるべきです．しかし，競技者としての体作りを考えた場合，完全禁止は難しいのかもしれません．ですから，選択基準にも慎重になります．もしも使用する場合は，ドクターやスポーツファーマシストへの相談や，その製品が製造メーカーではなく，しっかりとした第三者機関によってドーピング禁止薬物が含まれていない証明を取得していること，原材料の開示があること，日本国内の工場で製造されていること，といった条件を満たすものから選ぶことが大切です．

b．エルゴジェニックエイドについて

　耳慣れない言葉かもしれませんが，運動量増加を助ける＝運動能力に影響する可能性がある，と定義づけられるものをエルゴジェニックエイドと言います．サプリメントだけではなく，競技特性に合ったウエアやシューズ，トレーニング用具なども，これに当たります．

　例えば，日常生活に適したお気に入りの洋服（制服や普段着）をたくさん持っていても，競技をする時は動きやすいウエアに着替えます．さらには，スパイクといっても，種目によってスパイクの形は異なります．どんな形がその競技力を向上させるのか科学的に研究された結果です．

　栄養素摂取による運動能力の変化が，学会誌等に科学的なデータとともに発表されています．トレーニング直後の栄養摂取と運動中の栄養補給はこれに当たります．また，国立スポーツ科学センター（JISS）がまとめた分類も合わせて参考にしてください．

c. サプリメントの選び方と摂取タイミング

　サプリメントは食品の仲間ですが，やはり危険性や負担なく摂取することが必須です．

　最初に選ぶサプリメントはマルチタイプと称されるビタミン・ミネラル類が入ったものが良いと思います．その理由は何度もお伝えしているように，栄養素はチームワークで働くからです．特定のビタミンやミネラルを単体で摂取するよりも，体内で活用されることが期待できます．しかし，食品であるが故に，残念なことですが，マルチタイプと表記するには，〇〇種類以上の栄養素が含有される，等の法的規制がありません．そのため，購入時にそのサプリメントに含まれる栄養素の種類を確認してください．それぞれの栄養素の含有量の高さよりも，栄養素の種類が多く入っているものを選ぶべきです．栄養素の量は摂取する粒などを増減することで調整ができます．

　食事とマルチビタミン・ミネラルサプリメントの摂取を継続しても体調面で問題解決ができない場合は自分にとって必要と思われる栄養素をサプリメントで追加していく方法が良いと思います．

　プロテインパウダーに関しても，選び方があります．補食として利用する（プロテインだけを飲む）ことを想定するならば，たんぱく質比率が高い（純度が高いとされる）ものよりも，摂取したたんぱく質が体内で効率よく利用されるために必要なエネルギー源（炭水化物）やビタミン・ミネラル類も含まれているものが良いと思います．割合としては約50〜60％がたんぱく質のものです．また，自分の食生活の傾向によって，食事から摂取しにくいもの，植物性たんぱく質（大豆プロテイン）か動物性プロテイン（ホエイや乳たんぱく）を選ぶと良いでしょう．競技者の場合は筋肉の材料になりやすいアミノ酸（BCAA・分岐鎖アミノ酸）の要求量が高くなります．どちらも準備し，トレーニングや食事内容によって使い分けることが理想です．

　摂取タイミングについては，サプリメント摂取の目的は食事による栄養摂取の補完なので，食事のタイミングが良いと思います．そして，容器に書いてある摂取量はあくまでも目安なので，その時の食事で不足が考えられるものを摂取し，十分であれば摂取しなくても良いという考え方を基本としてください．あくまでも，食や栄養摂取の判断は自分の体の状態を基準にして考えることが重要です．

〔石川三知〕

4-2 アスリートの休養・睡眠

(1) はじめに

　アスリートにとって休養，特に睡眠に関してはトップアスリートや成長期にあるアスリートはもちろんすべてのアスリート，そして一般の方々にとっても，ヒトとして日常生活を快適に送るために大変重要です．それは単に疲労からの回復ということだけでなく，休養の質が上がることで運動・休養・栄養のバランスをよりよくすることになりアスリートのパフォーマンスや競技力が向上していくことを考えると，コーチの知識として欠かすことのできない内容がこのトピックにも含まれていると考えられます．本節では休養，特に睡眠を中心に述べるとともに，効果的に休養を促すために一般的に用いられている温度環境の変化(寒冷療法やドライサウナ入浴)の活用，さらに近年リカバリーツールとして注目され報告も増えているコンプレッションウェアについても取り上げることとします．

(2) アスリートの睡眠の現状

　「疲労」とは，ある作業を続けていると疲れを感じるとともに，作業量と作業効率が低下する状態であり，何ら医療の手立てを用いることなく回復可能な身体諸機能の低下した現象であると定義できます(石河ら，1989)．疲労は身体疲労と精神疲労に大別できますが，一般的に疲労というのはこの2つが混在している状態と考えることができます．休養は疲労回復因子ですが，なかでも睡眠(夜間睡眠)が疲労回復において最も重要なのは一般的によく知られています．アスリートにとっても睡眠は，身体的，心理的なリカバリーにおいて重要な役割を果たすと考えられています(Leeder et al., 2012)．では日本のアスリートの睡眠の現状はどうなのでしょうか．国立スポーツ科学センターを利用した20歳以上のトップアスリート(日本オリンピック委員会正式加盟団体のナショナルチーム選手および強化指定選手)26種目310名を対象に睡眠習慣に関して行った研究では，睡眠時間の平均は約7時間であり，日本人の夜間睡眠時間の平均(20代男性：7時間18分，20代女性：7時間24分)と比べると，同じくらいか若干短いことがわかりました．また睡眠の質を評価するためにピッツバーグ質問紙調査(以下PSQI：得点が5.5点以上で睡眠の質・量に問題ありと判定する)とエプワース眠気尺度(ESS：得点が11点以上で日中に過度の眠気ありと判定する)という2つの質問紙を指標に用いています．この2つの質問

紙調査ともにカットオフ値以下で「睡眠に問題がなく，昼間に強い眠気もない」と考えられたのは310名中163名(53%)であり，残りの147名(47%)は睡眠の質あるいは昼間の眠気の面で課題があったとしています(星川ほか，2015).

　日本の大学アスリートを対象とした研究では，男性アスリートの総睡眠時間が6時間43分(全就床時間が7時間9分)，女性アスリートの総睡眠時間が6時間6分(全就床時間時間が6時間32分)であったという報告があります(小田，2010).この報告では男女間でみると男性アスリートよりも有意に女性アスリートのほうが睡眠時間は短いという結果でした.またPSQI 5.5点以上のアスリートは全体の44%に該当していました.別の日本の大学生アスリートを対象にした研究では，総睡眠時間が6時間以下の男性アスリートの割合が47.1%，女性アスリートの割合が52.0%であり，女性アスリートのほうが睡眠時間が短いことを報告しています(小田，2011).つまり日本のトップアスリート，大学生アスリートともに睡眠時間が足りていないということが言えます.

　睡眠とパフォーマンスの関係を調査している報告では，ドイツで行われたさまざまな競技のトップアスリート632人を対象にした研究において，大事な試合の前日の睡眠に関して問題を生じていたと回答しているアスリートが65.8%いました.またこの研究ではチームスポーツよりも個人スポーツのアスリートのほうが睡眠の問題を抱えている割合が多かったという結果でした.さらに睡眠の問題により翌日のパフォーマンスが低下していたと回答したアスリートが12.9%にみられていました(Erlacher et al., 2011).研究からもアスリートにとって睡眠の問題はパフォーマンスに直結することがわかります.

(3) 睡眠を改善するためには—睡眠時間を長くする

　アスリートの睡眠について考える場合には，まず全体の睡眠時間を長くすることが重要です.そしてもう一つは睡眠の質を改善するようにすることです.睡眠時間の延長とアスリートのパフォーマンスに関するものとして，スタンフォード大学のバスケットボール選手を対象にしたものがあります.11名の男子バスケットボール選手を対象に，シーズン中の5〜7週間，毎日10時間睡眠をとる(寝床にいる)ように指示し，睡眠時間等の睡眠に関する指標は活動量計でモニターしました.その結果，実際の睡眠時間は調査前の6.7時間から調査後には8.5時間に延長しました.身体運動に関する指標では，スプリント走タイムが調査前の 16.2 ± 0.61 sec から，調査後 15.5 ± 0.54 sec に有意に短縮

し($P < 0.001$)．同様にフリースローの成功率が介入後 9% 上昇($P < 0.001$)，スリーポイントシュートの成功率も 9.2% 上昇($P < 0.001$)しました．また精神面の評価指標である気分プロフィール検査(Profile of Mood Stats)では活性(vigor)と疲労(fatigue)の項目が有意に改善($P < 0.001$)していました．つまり睡眠時間を延長したことにより，選手たちは身体的なパフォーマンスだけでなく，精神的にも改善したことが明らかになりました(Mah, 2011)．

アスリートに必要な床内時間(実際に寝床にいる時間)については，研究者によって意見が分かれているものの 8 時間以上や 8〜10 時間などを推奨しているものが多いです．国立スポーツ科学センター内で配布している資料では，各自の床内時間が十分か否かを確認する方法として，休日に自身が十分に眠ったうえでアラームや目覚まし時計なしで起きられる時間を調べ，平日の床内時間と比較する方法を紹介しています(星川, 2017)．

(4) 睡眠を改善するためには―睡眠の質を改善する

次は睡眠の質を改善させることについてみていきます．睡眠の質の向上に関しては，睡眠開始から 90 分の時間帯の睡眠の質を高めることを推奨している研究者がいます(西野, 2017)．その前に睡眠の構造についてみてみます．まず睡眠はノンレム睡眠とレム睡眠の 2 種類あります．ノンレム睡眠はさらに浅いノンレム睡眠(ステージ 1，ステージ 2)と深いノンレム睡眠(ステージ 3・4 または徐波睡眠)に分けられます．一般的に睡眠は浅いノンレム睡眠であるステージ 1 から始まり，ステージ 2，深いノンレム睡眠である徐波睡眠，再び浅いノンレム睡眠，レム睡眠を繰り返す形で推移していきます(図 4-3)．ここで最も注目すべき睡眠のステージが徐波睡眠のステージです．この徐波睡眠のときに成長ホルモンが分泌されることがこれまでの研究でわかっています．つま

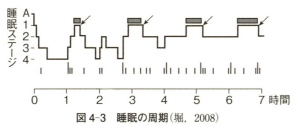

図 4-3　睡眠の周期(堀, 2008)
A は覚醒，1〜4 はノンレム睡眠，黒帯はレム睡眠．
矢印はノンレム睡眠とそれに続くレム睡眠の終了を示す．

り徐波睡眠を増やし成長ホルモンの分泌が増えれば疲労からの回復（リカバリー）効果を期待できます．徐波睡眠は，睡眠開始から最初のレム睡眠が終了するまでの第一周期（90～120分程度）で最も多く出現することがわかっています．さらに徐波睡眠のステージは第二，第三周期と明け方に近づくにつれて減少することが観察されています．つまり一晩全体の徐波睡眠を多くするには，第一周期全体の徐波睡眠を多くすることが重要になります（西野，2017；星川，2017）．

（5）仮眠について

夜間睡眠が足りない場合には，日中の仮眠も効果的な手段となることが明らかにされています．実際に日本のトップアスリートの8割に仮眠習慣あり，頻度はそれぞれ「毎日」19%，「時々」40%，「たまに」22%，また仮眠の長さは「30分～1時間」48%，「1時間～1時間半」25%，「30分以内」12%という回答が多い結果でした．また仮眠開始時間は「12時～14時の間」が67%と，昼食後に仮眠を取っているアスリートが多いことが明らかになっています（星野ほか，2015）．

望ましい仮眠の長さについての報告をみると30分以内として挙げる研究者が多いようです．理由として，30分以上仮眠をすると徐波睡眠が出現してしまい，目覚めたときに睡眠慣性が生じることが挙げられています（Robson-Ansley et al., 2009）．睡眠慣性とは，睡眠から起きたばかりの時はあまり脳が活動しておらず十分に覚醒していない状態を指します．この状態から認知機能を始めとした脳の機能が元通りに回復するのに2時間かかるという報告もあります（内田，2016）．また若年成人の場合には20～30分の仮眠でも徐波睡眠が観察されたという報告もあり，昼寝の時間としては20分以内を推奨しているものもみられます．このように徐波睡眠に至る前に目覚める短時間の睡眠をPower napと呼びます．このPower napの前後で評価した研究では，Power nap後に2mと20mのスプリントタイムが有意に短縮したという報告もあります（Waterhouse et al., 2007）．つまり仮眠はうまく使えばパフォーマンスを改善する可能性もあります．

（6）温度環境の変化について—寒冷療法について

スポーツ活動において骨格筋（以下，筋）のコンディション改善を目的として，運動後に筋を冷却する方法（寒冷療法，アイシング，クライオセラピー，

クーリング)が広く用いられています．以下，寒冷療法の筋損傷軽減効果についての先行研究から概説します．

伸張性筋収縮を強調した運動後に筋への寒冷療法を施した群は，血中クレアチンキナーゼ値の上昇が有意に抑えられたことが報告されています(Vaile et al., 2008)．また高強度の間欠的無酸素運動後に寒冷療法を実施した群は，血中のクレアチニンキナーゼ値の上昇や白血球数の増加が有意に抑えられたことが報告されています(Pournot et al., 2011)．寒冷療法を運動後に用いることにより筋の損傷に炎症所見が抑えられていることがわかります．Yanagisawa et al. (2003)はMRIを用いて運動後の筋への寒冷療法がこの炎症性浮腫の形成を軽減することを実証しており，寒冷療法の筋損傷軽減効果の一端を示唆しています．

また運動後の筋機能に関する報告として，Eston et al. (1999)は伸張性筋収縮後の筋への寒冷療法が関節可動域の減少を軽減する効果を持つことを示しました．さらにジュニアサッカー選手を対象とした試合後の寒冷療法が翌日以降の運動パフォーマンス維持に効果を発揮するのかを検討した研究では，結果として試合後の寒冷療法(水温10℃10分間)が中立温での水浴(水温35℃10分間)に比べて，炎症反応(クレアチニンキナーゼ値，ミオグロビン値，C反応性タンパク値，遅発性筋痛)の抑制効果が高かっただけでなく，筋機能の低下に関しても優れた軽減効果を発揮したことを報告しています．

近年ではこのような局所的な寒冷療法の効果に加えて，全身寒冷療法(Whole body cryotherapy)として，チャンバーに入り－110℃～－190℃の冷却ガスで全身を2～5分冷却する方法を用いる例が増えてきているようです(図

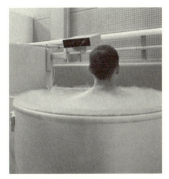

図4-4　**全身寒冷療法装置**(国立スポーツ科学センター年報2013，p44より)

4-4).日本代表選手団にも 2014 年の仁川アジア大会から用いられています.エクササイズ後に用いている全身寒冷療法の研究は多くないですが,Rose et al.(2017)のシステマティックレビューによると 16 件の論文が採択されており,全身寒冷療法の後,筋痛が 80%減少し,コントロールに用いたエクササイズの変数が 71%改善したとしています.全身寒冷療法は全身の炎症を減少させ,筋細胞の損傷を示すマーカーを低下させることができたとしています.

(7) 温度環境の変化について―温熱療法について

ここでは温熱療法の中でもドライサウナ(乾燥式サウナ)入浴について述べることにします.ドライサウナ入浴では皮膚温よりも高い環境温によって,体温調節の経路やメカニズムのすべてが刺激されます.熱は輻射と対流を通して伝わることで身体をリカバリーさせることができるとしています.一般的にドライサウナ入浴の最適温度は 80〜90℃の間であり,湿度は 15〜30%の間とされています.入っている時間は 5〜20 分とさまざまですが,10 分に制限すべきであるとする研究者もいます.ドライサウナ入浴後,多くの場合,シャワーを用いた冷水浴(5〜15℃)あるいは単に室温(23〜24℃)への暴露が行われ,ドライサウナ入浴と冷水浴のセットを 3 回程度繰り返し行われるようです.Putkonen and Elomaa(1976)の 18 歳のアスリートたちを対象にした研究では,90℃のサウナへの暴露を 10 分間,3 回行った実験において,夜間に記録した脳波がサウナ暴露群でより深い眠りが観察された(対照群よりも 72%高った)ことを報告しています(長谷川ほか,2014).

ドライサウナに入っている間,環境温の増加とともに体温が増加します.この体温の増加は,炎症やホルモン,免疫系の変化だけでなく,心血管系や肺,神経筋レベルでの生理的変化を誘発します.循環器系の活動の変化は主に発汗と末梢の血管拡張,末梢への血流の流れに関連した結果起こります.

極度の高温でも適切に使用されれば,健常者や循環器系が正常に機能している患者にとっても安全であることが示されています(Tei et al., 1995).身体を暖めることは,筋痛の治療や怪我に対するリハビリテーションなどアスリートのリカバリーにも有効であることが示唆されています(長谷川ほか,2014).

(8) コンプレッションウェアについて

身体に適度な着圧が課されるように特殊設計されたスポーツウェアの総称をコンプレッションウェアといいます.ここでは疲労からの早期回復を狙いとし

図 4-5　コンプレッションウェアの例
(写真では上半身に半そでのコンプレッションウェアを着用している)

て「運動中」「運動後」におけるコンプレッションウェア着用効果を検討した研究を紹介します(図 4-5).

「運動中」のコンプレッションウェア着用の効果を検討した研究では,早田ほか(2006)は段階的弾性タイツ(足首から大腿部にかけて段階的な着圧が減少するように設計されたタイツ)の着用により安静時での下肢からの静脈還流量が増加したことを報告しています.また光川ほか(2009)は歩行時において活動筋の血流量が増加したことが認められています.ただこの歩行運動を用いた光川ら(2009)の研究では,段階的弾性タイツの着用による主観的運動強度や筋活動の変化は認められませんでした.

一方,「運動後」のコンプレッションウェア着用の効果を検討した研究では,長時間の着用が筋機能(筋力,筋パワーなど)の回復促進や筋損傷の軽減に及ぼす影響が検討されています.男女を対象に,全身の筋群に対する 8 種類の筋力トレーニング後の回復中にコンプレッションウェア(上半身,下半身)を着用してもらいました.その結果,筋パワーはコンプレッションウェア着用条件が,非着用条件に比較して有意に高値を示しました.またコンプレッションウェア着用条件では,運動 24 時間後における遅発性筋痛や血中クレアチンキナーゼ濃度の増加(筋損傷の間接指標)が大幅に軽減されました(Kraemer et al., 2010).また Jakeman et al. (2010)による台高 60 cm からの 100 回(10 回×10 セット)のドロップジャンプを用いた研究では,運動直後から 12 時間にわたるコンプレッションウェアの着用により,反動つき垂直跳び跳躍高の回復が速やかに生じ,運動翌日以降における遅発性筋痛も大幅に軽減されていました.

コンプレッションウェアの着用自体も,アスリートの疲労からの早期回復という「休養」という面から考えてみる価値はありそうです.　　　〔泉　重樹〕

コラム6　熱中症対策
(起こったあとに何をすべきでしょうか)

　気象庁のホームページによると2018年に東京では猛暑日が12日，真夏日が68日ありました．日本の暑い夏は，スポーツ選手だけでなく関わるスタッフや観客にとっても熱中症対策が必須です．日本スポーツ協会のホームページでは「スポーツ活動中の熱中症予防ガイドブック」を発行・公開して熱中症への対策を呼び掛けています．非常に参考になる資料ですので，是非参照いただきたいと思います．

　筆者はアスレティックトレーナーです．スポーツ現場で事故や怪我等が起こった際に速やかに対応できるよう日頃から準備をするのが重要な仕事です．熱中症への対策も同様です．そこで本コラムでは米国アスレティックトレーナー協会(以下NATA)が推奨している熱中症が起こってしまった場合の推奨される対策(NATA Position Statement)について紹介します．

　熱中症とは熱に中(あた)るという意味で，暑熱環境によって生じるさまざまな病態の総称です(表参照)．熱失神から熱射病まで進行性の連続した病態ととらえるべきとされ，各病態での対応の重要性が説かれています．なかでも最も重症なのが熱射病です．熱射病は体温調整機構が破綻した結果，異常な高体温と循環不全に陥り，中枢神経系を含めた全身の多臓器障害をきたし生命に関わります(日本スポーツ協会, 2014)．ですので熱射病が疑われたら，体を冷やしながら集中治療のできる病院へ一刻も早く運ぶ必要があります．その際いかに早く体温を下げて意識を回復させるかが予後を左右するため，現場での処置が重要です．

病態	原因	症状
熱失神	体温が上がり皮膚血管の拡張により血圧が低下し，脳への血流が悪くなることから起こる	めまい，立ちくらみ，顔面蒼白など
熱けいれん	大量に汗をかいたときに，水分だけを補給すると，血液の塩分濃度が低下することから起こる	手足がつる(こむら返り)，筋肉のけいれんなど
熱疲労	体温が上昇し，水分，塩分の補給が追いつかないことにより起こる	全身の倦怠感，集中力の低下，頭痛，吐き気，過呼吸など
熱射病	体温が40℃以上に上昇し，中枢神経に異常をきたすことで起こる	意識障害，けいれん，手足の運動障害など．高体温，多臓器障害など生命の危険も起こりうる

NATA Position Statement(2015)では「熱射病になってしまってから30分以内に，深部体温を38.9℃以下に下げる」と明確に目標となる体温までを示しています．熱射病とは深部体温40.5℃以上の状態です．つまり38.9℃まで下げるということは，1.6℃は最低でも体温を下げなくてはなりません．30分で1.6℃体温を下げるためには「1分間で0.05℃」以上の深部体温を下げることができない冷却方法は，熱射病の処置としては不適切となります．

　ではどうすれば最も早く深部体温を冷却できるのでしょうか？NATA Position Statementでのレビューによると，最も冷却できたのは，氷で冷やした水風呂(2℃)に全身で浸かるというもので，0.35℃/min冷却できました．日本で推奨されている首やわきの下，鼠径部を氷嚢で冷やす方法では0.02～0.03℃/minの冷却効果しかなく，効果としては全く不十分でした．他の方法なども検討した結果，NATA Position Statementでは「全身(首まで)を1.7℃～15℃の水風呂に浸からせ，常にその水をかき混ぜることで，最も効果的な冷却を行うことができ，1分で約0.2℃の深部体温減少を引き起こすことができるだろう」と述べられています．

　スポーツ現場では熱中症が起こらないよう対策を立てるのは重要です．しかしながら起こってしまった場合に備えて準備しておくことも同じく重要です．夏のスポーツ現場では子ども用プールのようなビニールプールを用意しておき，そこに氷を入れて飲み物を冷やしておき，いざというときにはそのプールを身体冷却用に用いるなどの準備も一案だと思います．

〔泉　重樹〕

[文　献]

気象庁 (2019) 2018年　猛暑日，真夏日等の日数の一覧．https://weather.time-j.net/Summer/SummerDayList/2018#a40(2019年3月9日参照)．

日本スポーツ協会 (2019) 熱中症予防のための運動指針．https://www.japan-sports.or.jp/medicine/heatstroke/tabid523.html(2019年3月9日参照)．

日本スポーツ協会編 (2014) 公認アスレティックトレーナー専門科目テキスト8　救急処置．日本スポーツ協会．

National Athletic Trainers' Association Position Statement(2015): Exertional heat illnesses. Journal of Athletic Training, 50(9): 986-1000.

4-3 アンチ・ドーピング

ドーピングとは，競技力を高めるために薬物を使用したり，その使用を隠蔽したりすることです．ドーピングは，

① 競技者の健康を害する
② フェアプレーの精神に反する
③ 反社会的行為である

という理由からルールで禁止されています．「ずる」くて，「危険」な行為を容認することは，スポーツの健全な発展を妨げるからです．

近年，オリンピックなど世界的なスポーツイベントにおいて，ドーピング問題がメディア等にとりあげられることが少なくありません．ドーピングは，スポーツの価値を損なうことであり，競技レベルに関わらずスポーツに関わるすべての人がアンチ・ドーピング活動に取り組む必要があります．

ところで，わが国におけるアンチ・ドーピング規則違反の特徴として，①世界と比較すると違反例が少ない，②その少ない違反例の内訳として「うっかりドーピング」が多い，③安易なサプリメント利用に起因する違反例が散見される，と言えます．このため，適切な情報提供と教育啓発を徹底させる必要があると考えられます．

本節では，コーチとして理解しておくべきアンチ・ドーピングに関する基本的な情報を解説します．アスリートやコーチ自身のスポーツマンシップやフェアプレー精神を遵守するため，あるいは，そもそもスポーツに参加するための前提条件として，そのルールを理解し守る必要があります．ときには，そのルールを理解していないことで，アスリートにとって不利益を被ることがあります．アンチ・ドーピングに関するルールを理解することで，過度なストレスを感じることなく日々のトレーニングや競技会に臨んでください．

(1) アスリートの責務と権利

スポーツに関わるすべての人は，よりよいスポーツの環境を構築するため，あるいは，スポーツそのものの価値を守ため，アンチ・ドーピング活動に取り組む必要があります．このため，アスリートには競技会の場面ではもちろん，日々の生活においても課せられた責務があり，常に自覚ある行動が求められます．そこで，アンチ・ドーピングに関する全世界・全スポーツ共通の規範として制定された世界アンチ・ドーピング規程において定義されている，10のア

ンチ・ドーピング規則違反について紹介します．

1. 採取した尿や血液に禁止物質が存在すること

意図的であるかないか，自らに落ち度があるかないかなどに関わらず，アスリートの体内に禁止物質やその代謝物，マーカーが存在した場合には規則違反となります．したがって，アスリートは常に身体へ摂り入れるものに責任を持たなくてはなりません．

2. 禁止物質・禁止方法の使用または使用を企てること

たとえ，禁止物質が採取された検体(尿や血液)から検出されなくても，禁止物質・禁止方法の使用を企てたことが証明されると，規則違反となります．

3. ドーピング検査を拒否または避けること

アスリートは，自らがクリーンであることを証明するために，いつでも・どこでも検体採取に応じる責任があります．ドーピング検査を拒否・回避することは規則違反となります．

4. ドーピング・コントロールを妨害または妨害しようとすること

ドーピング・コントロールとは，ドーピング検査の一連の流れのことを指します．その一連の流れの中で，検体(尿や血液)の改ざんを目的とした妨害，不正な改変を意図した行為は，すべて規則違反となります．また，妨害を意図していなくても，ドーピング検査員などに対する攻撃的・侮辱的行為があると，競技団体の罰則・懲戒処分の対象となります．

5. 居場所情報関連の義務を果たさないこと

アスリートの中には，いつでも・どこでも検査に応じる，居場所情報提出・更新義務が課せられた検査対象登録者リストに含まれる制度が存在します．このアスリートが，12ヵ月間の間に3回累積して居場所情報の提出や更新の義務を果たさなかった場合，または検査未了があった場合は，規則違反となります．

6. 正当な理由なく禁止物質・禁止方法を持っていること

TUE(後述)や，治療のためなどの正当な理由を証明できない場合，禁止物質・禁止方法を保有することは規則違反となります．アスリートはもちろん，サポートスタッフが禁止物質・禁止方法を正当な理由なく保有することは規則違反となります．また，たとえアンチ・ドーピング規則違反に問われなくても，禁止物質・禁止方法をアスリートやサポートスタッフが購入，保有，使用している場合は，競技団体の罰則・懲戒処分の対象となることがあります．

7. 禁止物質・禁止方法を不正に取引し，入手しようとすること

禁止物質・禁止方法を不正に取引したり取引を試みることは，規則違反となります．

8. アスリートに対して禁止物質・禁止方法を使用または使用を企てること

アスリートに対して，禁止物質・禁止方法を使用，または使用を企てることは，規則違反となります．コーチ，トレーナーや家族など，アスリートの周辺にいるサポートスタッフが使用を企てた場合も，同様に規則違反となります．

9. アンチ・ドーピング規則違反を手伝い，促し，共謀し，関与すること

サポートスタッフなどが，アスリートに対して禁止物質・禁止方法の使用を支援したり，企んだり，企みを助けることは規則違反となります．また，禁止物質・禁止方法の使用をそそのかしたり，隠すことなど，意図的な違反行為への関与も規則違反となります．

10. アンチ・ドーピング規則違反に関与していた人とスポーツの場で関係をもつこと

特定の対象者(アンチ・ドーピング規則違反とよって資格停止期間中の人，アンチ・ドーピング規則違反とされる行為に対して刑事上・職務上の手続きにおいて有罪判決を受けた人)を自身のコーチやトレーナーにするなどして，スポーツの場で関わりを持つことは，規則違反となります．

ところで，誰もがスポーツに平等に参加する権利を有しており，この権利を守るため，禁止物質・禁止方法はしないことがスポーツに参加する際の前提条件となります．一方で，どんなアスリートにも適切な医療を受ける権利があり，病気や怪我の治療を目的として禁止物質・禁止方法を使用する場合には，特例としてその使用が認められます(TUE：治療使用特例)．

ただし，使用が認められるためには，TUEを取得するための条件を満たすことが必要です(表4-2)．TUEの申請は禁止物質・禁止方法に対して行い，付与された物質・方法のみの使用が認められます．TUEが認められなかった場合に，その禁止物質・禁止方法の使用を続けることは規則違反となります．

アスリートにはこのTUEを行使することができる権利があります．アスリートは，その権利を理解し自らの行動に活かすことで自らを守ることができます．

(2) 禁止物質・禁止方法とは

前述の通り，アスリートから採取された尿や血液中に禁止物質が存在する場合，意図的であるか否かに関わらずアンチ・ドーピング規則違反となってしまうことがあります．そこで，ここでは禁止物質・禁止方法に関する情報を整理することとします．

禁止物質や禁止方法は，スポーツ界の統一規則として世界アンチ・ドーピング機構(WADA)が定めた禁止表国際基準(禁止表)に記載されています(表4-3)．なお，この禁止表は少なくとも1年に1回(毎年1月1日)更新されます．禁止表の変更点は，日本アンチ・ドーピング機構(JADA)のホームページ(http://www.playtruejapan.org/)に掲載されます．

この禁止表では，大会中に実施する「競技会検査」および不定期に実施する「競技会外検査」の対象となる禁止物質を2つに分類しており，「競技会検査」

表4-2 TUEを取得するための条件

1 使用しないと健康に重要な影響が出る
2 他に代えられる治療方法がない
3 健康を取り戻す以上に競技力を向上させない
4 ドーピングの副作用に対する治療ではない

※これらすべての条件を満たす必要があります

表4-3 WADA禁止表国際基準(2019年)

常に禁止される物質と方法 (競技会(時)および競技会外)	競技会(時)に禁止される物質
〈禁止物質〉 　S0. 無承認物質 　S1. 蛋白同化薬 　S2. ペプチドホルモン，成長因子，関連物質および模倣物質 　S3. ベータ2作用薬 　S4. ホルモン調整薬および代謝調節薬 　S5. 利尿薬および隠蔽薬 〈禁止方法〉 　M1. 血液および血液成分の操作 　M2. 化学的および物理的操作 　M3. 遺伝子および細胞ドーピング	〈禁止物質〉 　S6. 興奮薬 　S7. 麻薬 　S8. カンナビノイド 　S9. 糖質コルチコイド 〈特定競技において禁止される物質〉 　P1. ベータ遮断薬

ではすべての禁止物質・禁止方法が対象となります．特に，アスリートが医薬品やサプリメント等を使用する場合は，禁止表に記載された禁止物質が含まれていないことを確認する必要があります．その際，禁止表にはすべての物質名が詳細に記載されているわけではありませんので，禁止物質の確認は必ず専門家に相談する必要があります．また，これら禁止物質に関する主な留意点を例示します．

a. ぜんそく治療薬

禁止物質「ベータ2作用薬」のうち，ぜんそくおよび運動誘発生発作の予防と治療を目的とする「サルブタモール」，「ホルモテロール」および「サルメテロール」の推奨治療法による吸入使用はそもそも禁止されていません．また，炎症を抑える作用のある禁止物質「糖質コルチコイド」の吸入使用は禁止されていません．

b. 総合感冒薬（かぜ薬）

多くの総合感冒薬には禁止物質「興奮薬」が含まれています．なお，この興奮薬は競技会検査でのみ禁止されているため，試合の前だけは特に注意する必要があります．咳止めの効能のために禁止物質「メチルエフェドリン（S6. 興奮薬）」を含有する総合感冒薬（かぜ薬）が多く流通しており，日本国内では，この違反事例が継続的に発生しています．医薬品を購入する際は，自身がアスリートである（ドーピング検査を受ける可能性がある）ことを伝え禁止物質が含まれていない薬を処方してもらうよう心がけてください．

c. 炎症・アレルギー治療薬，耳鼻科疾患治療薬，皮膚科疾患治療薬など

禁止物質「糖質コルチコイド」の全身使用（経口使用，静脈内使用，筋肉内使用または経直腸使用）は競技会検査で禁止されています．一方，局所使用（関節内，腱周囲，吸入など）については禁止されていません．競技会前に全身使用する際は TUE 申請が必要となります．

d. インフルエンザワクチン・治療薬

インフルエンザワクチン並びにインフルエンザ治療薬については禁止物質が含まれていません．インフルエンザを予防するため，あるいは治療のために医療機関で適切に使用する分には問題ありません（表4-4）．

e. ジェネリック医薬品

ジェネリック医薬品（後発医薬品）は，先発医薬品と同等の有効成分を含有していますので，基本的には使用可能です．もちろん，ジェネリック医薬品は先発医薬品とまったく同じではありません．例えば先発医薬品とは異なる添加剤

表 4-4　インフルエンザワクチン・治療薬の使用

インフルエンザワクチン(新型含む)
〈使用可能薬例〉
・インフルエンザ HA ワクチン
インフルエンザ治療薬
〈使用可能薬例〉
・イナビル
・ゾフルーザ
・タミフル

が使用されていることがありますが，これにより禁止されることはありません．

(3) 数字で見るアンチ・ドーピング

　図 4-6，4-7 は，WADA により公表された世界のドーピング検査に関する実績です．図 4-6 は国別の検査実績について，検査機関ごとの報告を集計したものです．検体数については外国籍の選手を対象とする検査実績も含まれます．また，検査機関において禁止物質が検出された割合であるため（TUE の情報が考慮されていないため），あくまで参考値として概観する必要があります．ここでは，主要各国と比較して日本の検査検体数は決して多くはないのですが，違反が疑われる分析報告の割合が低いことに注目ください．そして，図 4-7 は，検査機関において検出された禁止物質の内訳です．S1. 蛋白同化薬の割合がもっとも高いことが特徴的です．

　日本におけるこの 8 年間の検査実績について，図 4-8，図 4-9 にまとめました．日本のデータについては，アンチ・ドーピング規則違反となった実績（陽性率）が確認できています．その陽性率について，多少の増減は見られるものの，概ね 0.1% 前後を推移しているように，極めて低い割合であると言えます．さらに，検出された禁止物質の内訳について，S6. 興奮薬が最も多いという特徴が見られます．これは総合感冒薬等の摂取によるいわゆるうっかりドーピングの典型例と言えます．また近年，海外製サプリメントの摂取によるものと考えられる S1. 蛋白同化薬の検出事例が多数発生しています．

(4) 日常生活における注意点

　アスリートは日頃から医薬品等を適正に使用するために，以下のことを心が

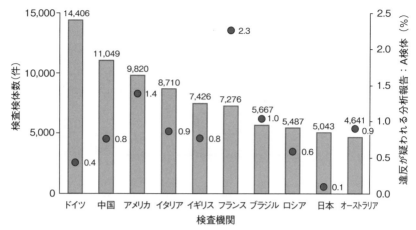

図4-6 世界の検査実績:国別の検査検体数と違反が疑われる分析報告
(2017年WADAレポート)

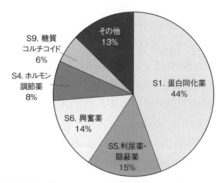

図4-7 世界の検査実績:検出された禁止物質の内訳(2017年WADAレポート)

ける必要があります.

a. 医師,薬剤師に確認する(病院,薬局にて)

処方薬(医師の処方が必要な薬)はもちろん市販薬(処方せんなしで買える薬)にも禁止物質が含まれていることがあります.薬を処方される場合には,必ず自身がアスリートである(ドーピング検査を受ける可能性がある)ことを医師や薬剤師に伝え,禁止物質が含まれていない薬を処方してもらう必要があります.もしも,アスリートがその説明をしなかったことにより禁止物質が含まれる医薬品が処方され,アスリートが摂取してしまった場合は,アスリートがその責任を負うこととなります.

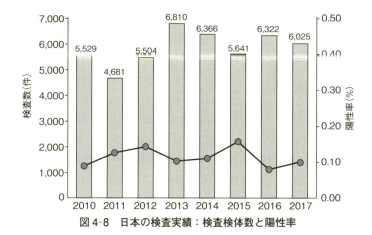

図4-8 日本の検査実績：検査検体数と陽性率

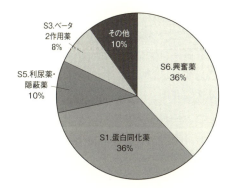

図4-9 日本の検査実績：検出された禁止物質の内訳（2010〜2017年）

b. スポーツドクター，スポーツファーマシストに相談する

日本におけるアンチ・ドーピングに関する資格制度として，日本スポーツ協会公認スポーツドクターやJADA認定スポーツファーマシストがあります．病院や薬局を選択する際は，こうした専門家が所属していることを前提に選択すると良いでしょう．

c. アンチ・ドーピングホットラインを活用する

日本薬剤師会アンチ・ドーピング相談窓口では，アスリートや指導者，医療関係者等からのドーピング禁止物質，禁止方法に関する問い合わせを受け付けています（http://nichiyaku.or.jp/activities/anti-doping/news.html）．また，各都道府県薬剤師会においても同様なホットラインを解説していますので，こ

うしたサービスを積極的に活用するべきと考えます．ただし，健康食品やサプリメントに関する問い合わせについては回答できない場合があります．

d. サプリメントの使用について

サプリメントは，製品ラベルにすべての成分(原材料)を表示することが義務づけられていないため，含有成分(原材料)をすべて確認することができません．特に海外製品は，ラベルに表示されていない禁止物質が(意図的あるいは事故的に)含まれていることが少なくないため，そのリスクを認識する必要があります．一方で，選手関係者にとっては，サプリメントの安全性に関して高い関心をもつことと思われます．日本国内ではこれまで，「JADAサプリメント分析認証プログラム」が展開されていましたが，同プログラムは2019年3月をもって終了しています(なお，2019年3月末までに認証を取得した製品については最長で2020年3月31日まで同プログラムが認められます)．そして現在は，新たな取り組みとして，「スポーツにおけるサプリメントの製品情報公開の枠組みに関するガイドライン」が公開されています web 4-4 ．これは従来のサプリメント認証制度ではなく，リスク低減のためのガイドラインと位置づけられています．いずれにしても，サプリメントの安全性については慎重に確認(情報収集)する必要があります．

(5) まとめ

スポーツは「自発的な運動の楽しみを基調とする人類共通の"文化"であると考えられています．スポーツに関わるものはその"文化"を守り，継承することによって，その恩恵を享受することができるといっても過言ではありません．ドーピングはこの"文化"そのものを脅かすことであり，スポーツに関わるものは皆，アンチ・ドーピング活動に取り組む必要があると考えます．［青野　博］

4-3 アンチ・ドーピング

アクティブ・ラーニング4　対話を描く

　対話を描くことの効果について考えてみましょう．文字だけでなく，図表や矢印などをよく使うため，「書く」ではなく「描く」としているのがポイントです．描くことによって，「言葉だけが飛び交う空中戦を，視覚的に共有できる地上戦に変える」（堀・加藤，2009）ことができます．

　対話を描くには，2つの方法があります．1つは，対話している参加者が自分たちで描く方法です．これは，グループが囲んでいるテーブルに模造紙を置いたり，ホワイトボードを囲んだりして，そこに自分の発言や他の参加者の発言を描きます．太字の水性ペンなどを使って描くのがお勧めです．

　もう一つは，対話を描き留める役割の人（グラフィッカーと呼ばれます）が描く方法です．グラフィッカーが模造紙やホワイトボードに対話を描き留めて整理しながら，参加者の対話を促します．現場では，ファシリテーターがグラフィッカーを兼ねる場合も多いようです．このように，対話（議論）の内容を文字や図形を使ってわかりやすく表現する方法をファシリテーション・グラフィックと呼びます（堀・加藤，2006）．

　堀・加藤（2006）は，ファシリテーション・グラフィックのメリットとして，以下の2つを挙げています．

1. 話し合いのプロセスを共有する

　話し合いに夢中になると，参加者はどのように対話が進んできたかわからなくなることがあります．すると，参加者が論点を見失って，話がかみ合わなくなってしまいます．しかし，対話が描かれていると，参加者は対話の全体像を見渡すことが可能になります．対話の論点も一目でわかり，対話が本題から外れにくくなります．

　対話が描かれていれば，各自がメモをする必要性もなくなり，対話に集中できます．対話が終わった後，描かれた記録を写真で撮って共有すれば，臨場感あふれる議事録としても活用できます．

2. 対等な参加を促進する

　発言が描かれると，発言した参加者は「自分の意見が他の参加者に伝わった」と安心できます．逆にいえば，グラフィッカーは発言を描き留めることで，「あなたの意見を受け止めましたよ」というメッセージを発言者に送ることができます．グラフィッカーが勝手な解釈をしていないか発言者に確認しながら描くことで，発言内容も明確になります．

　発言された内容を発言者から切り離す機能もあります．発言を文字に落とすと，人の匂いが消えます．参加者は「〇〇さんの意見」ではなく，客観的なひとつの意見として，その意見を認識することができるようになります．

［荒井弘和］

第5章　現場のマネジメント

5-1　発育発達に合わせたコーチング

　本節ではグッドコーチとして知っておくべき発育発達の基本的な知識とコーチングのアイデアを紹介します．

　まずは，発育発達の基本的な知識をつかむことで，各年代における選手に対する理解を深めましょう．宮下（1980）は発育発達について「変える（教育可能性）」「変わる（発達可能性）」があり，子どもの"発達可能性"を評価することによってこそ，"教育可能性"も見いだされると述べています．競技について熟慮されたコーチング（教育可能性）も選手の発育発達（発達可能性）について配慮されていなければコーチングの効果は薄く，スポーツ障害やバーンアウトを引き起こす原因にもなりかねません．

　また，基本的な知識をつかんでもコーチングに反映されなければ宝の持ち腐れです．web 5-1 で紹介するコーチングのアイデアとともに，小学生・中学生・高校生のコーチングポイントと留意点をコーチング現場で活用し，実践にあたってください．

（1）コーチングにおける発育発達の捉え方

　本節における発育発達は，出生から青年期までの期間の加齢変化として扱います．なお，「発育」と「発達」の関係は表裏一体であるものの，ここでは形態の変化を「発育」，機能の変化を「発達」と表現し，身体面と心理面について紹介していきます．まず，身体面について「2つの発育曲線」と「体力トレーニング開始の最適年齢に関するモデル」について紹介します．心理面については「認知の発達」と「社会性（社会的視点・友人関係理解）の発達」についての理論を紹介します．ここで示す内容はあくまでも，スポーツ指導のうえで知っておいてほしい発育発達の基本的な理論や概念で，グッドコーチとしてどの水準まで理解しておくべきかについての指針にしてください．発育発達には

個人差や性差がありますので，実際の指導現場で起こる状況において，柔軟に活用してください．

（2）身体面の発育発達

身体面の発育発達に関して，身体測定や体力測定の結果を以下の内容に照らし合わせて，選手を理解しましょう．

a. スキャモンの発育曲線

スキャモンの発育曲線(図5-1)は，身体諸器官の発育パターンを示した曲線です．身長や体重，内臓諸器官等の計測値から出生時を0％，20歳を100％として「一般型」「神経型」「リンパ型」「生殖型」に分類し，それぞれの発育の特徴をグラフ化したものです(Scammon, 1930)．

「一般型」は，身長や体重，臓器の重量などを基に作成され，出生後〜幼児期の急激な発育期・幼児期〜児童期の緩やかな一定の発育期・児童期〜青年期(思春期)の急激な発育期・青年期以降の緩やかな発育期の4つの相が示されています．「神経型」は，脳やそれに属する器官の重量，頭囲などを基に作成され，出生後〜児童期の急激な発育期・児童期〜青年期の緩やかな発育期の2つ

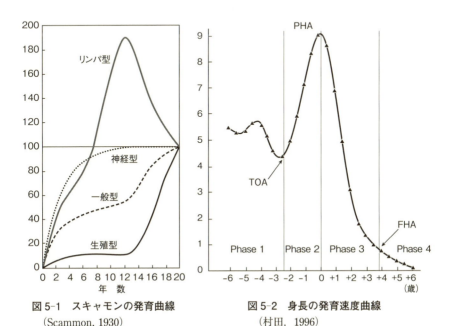

図5-1 スキャモンの発育曲線
(Scammon, 1930)

図5-2 身長の発育速度曲線
(村田, 1996)

の相が示されています．「生殖型」は生殖器系の器官の重量を基に作成され，出生後〜児童期前期の大きな変化を起こさない潜伏期，児童期後期〜青年期の急激な発育期の2つの相が示されています．「リンパ型」はリンパ組織からなる器官で，胸腺や腸間膜リンパ節重量などを基に作成され，生後〜児童期後期（または青年期前期）の100%を超える急激な発育期，それ以降の時期の2つの相が示されています．

本曲線はあくまでも形態の発育を示したもので，機能の発達（教育可能性：トレーナビリティ）を保証したものではなく，個人差・性差も考慮されていません．しかし，出生時から成人への発育に応じた発達を考えるうえでわかりやすい理論で，発表されてから80年以上経った現在でもスポーツ指導の資料として参考にされています．

b. 身長の発育速度曲線

身長の発育速度曲線（図5-2）は単位時間当たりの身長発育速度を示しています．身長の発育速度が「急激に身長が増加し始める年齢 take off age: TOA」「身長最大発育量年齢 peak height age: PHA」「年間発育量が1cm未満になる最終身長年齢 final height age: FHA」の3つのポイントで4つのPhaseに分けて示されています（村田，1996）．TOAまでをPhase1，TOAからPHAまでをPhase2，PHAからFHAまでをPhase3，FHA以降をPhase4とします．表5-1からそれぞれ性差があることが確認でき，注意が必要ですが，青年期のスポーツ選手の発育段階を確認する方法として有用です．

c. 体力トレーニング開始年齢についての理論

次に国内で提案されている体力トレーニング開始の最適年齢に関するモデルを紹介します（宮下，1980；浅見，1985）．図5-3は横軸に年齢を，縦軸に年間発達量をとっています．図5-4は具体的な年齢の情報を捨象しており，縦軸にトレーニング量（トレーニングの在り方）をとっています．大澤（2015）は筋力の最適トレーニング時期に関して男子は10.6〜14.9歳，女子は7.6〜13.5歳としており，持久力の最適トレーニング時期に関して男子は10歳，女子は9歳か

表5-1 首都圏日本人小児のデータ（村田，1996）

性別	Take off age	PHA	FHA
男	10.38 ± 1.20	12.89 ± 0.88	16.91 ± 0.77
女	8.34 ± 1.15	11.04 ± 1.12	15.46 ± 1.05

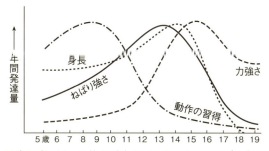

図 5-3　発育発達に沿った体力づくりに関する宮下のモデル(宮下, 1980)

図 5-4　発育発達に沿った体力づくりに関するモデル(浅見, 1985)

らでもよいとしています．各体力トレーニング開始年齢には検討が必要であるものの，各体力トレーニングを開始する順序としてこれらのモデルは参考になります．

(3) 心理面の発達

心理面の発達の全体像を測定によって把握することは難しいですが，選手をよく観察し，コミュニケーションをとりながら，以下の内容に照らし合わせて，選手を理解しましょう．

a. ピアジェの認知発達理論—思考力の発達

認知の発達について，ピアジェの認知発達理論(表 5-2)を紹介します．ピアジェは認知(思考)の発達を「感覚運動期(0～2歳)」「前操作期(2～7歳)」「具体的操作期(7～11歳)」，「形式的操作期(11歳以降)」の4つの段階を経ていくとしました(森口, 2012)．選手の理解力を踏まえた教示やフィードバックをするために重要となります．

b. セルマンの社会的視点と友情に関する理解の発達—社会性の発達

社会性の発達について，セルマンの社会的視点の発達と友人関係理解の段階(表 5-3)を紹介します(藤村, 2011)．また，友人関係のあり方も児童期中期か

表 5-2 ピアジェの認知発達の段階(森口，2012 の表を参考)

感覚運動期(出生～2歳)	自らの活動を通して自己と物とを区別する．
前操作期(2～7歳)	目の前では起こっていないことを頭の中で表象を用いて行うことができない．言葉を使ってイメージや単語によって物を表象することを学習する．
具体的操作期(7～11歳)	具体的で目に見えるような事物については，論理的に思考できるようになるが，現実にないものについて，論理的な思考などを行うことはできない．
形式的操作期(11歳以上)	仮想の問題や事実に反する事態や想定などについても論理的な思考ができるようになる．仮説演繹的思考(いくつかの出来事から仮説を導き，それを他のことに当てはめて推論すること)ができるようになる．

表 5-3 社会的視点の発達と友人関係理解の段階(藤村，2011 の表を参考)

社会的視点の発達		友人関係理解の段階	
水準0(3～7歳) 自己中心的または未分化な視点	自分の視点と他者の視点を区別できない．	段階0 一次的・物理的な遊び仲間	近くに住んでいて遊ぶ人を友達と考える．
水準1(4～9歳) 主観的または分化した視点	自分の視点と他者の視点の違いを理解する．	段階1 一方的な援助	自分のしたいことを助けてくれる人，好き嫌いを知っている人を友達と考える．
水準2(6～12歳) 自己内省的または相補的視点	自分の考え・感情の内省，他者の考え・感情を評価することができる．(他者の第二者的な視点)	段階2 順調な時の協同	自分や他者の好き嫌いを調整できるが，葛藤場面では難しく相補的な関係は限定的である．
水準3(9～15歳) 第三者的または相互的視点	同時に複数の人の視点を関連付けることができる．自他の相互性に気づく．(第三者的な視点)	段階3 親密で相互に共有された関係	友情によって親密性や相互援助が発達，個人的な問題も共有する．一方，過度な排他性・独占欲が強まる．
水準4(12歳～成人) 社会的または詳細な視点	複数の視点を，同時に多次元でより深いレベルで相互に関連付けることができる．(社会的視点・法的道徳的視点)	段階4 自律的で相互依存的な友人関係	相互依存による心理的な援助や心強さを得る"依存感情"とパートナーが他の人々とつながることを許容する"独立感情"を各パートナーが統合することで友情は発展し続ける．

5-1 発育発達に合わせたコーチング

10歳	12歳	14歳	16歳	18歳	20歳
ゴールデンエイジ (いい習慣に最も有用な時期)		ポスト・ゴールデンエイジ (心身ともに不安定)		身長の成長が終わり、再び安定を取り戻す (新たなクライマックス)	
個を光らせる	ポジションの適性を考え出す		大人のサッカーの入り口		トータルなことが求められる
個が集まりチームになる（創造性・アイデア）			組織の中で個を光らせる（協力・責任）		
JFA公認指導者ライセンス（対象年齢）					
C級（小学生）		B級（中学生・高校生）		A級（大学生・社会人）	

図 5-5　育成年代の全体像（日本サッカー協会"育成年代の全体像"を引用改変）

ら後期にかけて仲間同士の承認に価値を置くギャンググループ，青年期前期には集団の維持に価値を置き排他性や独占欲が強くなるチャムグループ，青年期後期には互いの異質性や個性を尊重し合えるピアグループと発達していきます（保坂・岡村，1986）．これらのことは，選手を理解するうえで，コーチが知っておくべき内容です．

(4) 選手育成の取り組み例　―日本サッカー協会の場合

　身体面，心理面に加え，競技面（技術面）における発育発達を踏まえた育成モデルの例を紹介します．

　図 5-5 は，（公財）日本サッカー協会が考える育成の全体像です．各年代の特徴と指導目的が系統的に示されています．指導者ライセンスも指導対象年齢ごとに区分されています．

　ここまでに紹介した身体面と心理面の発育発達についての理論やモデルから選手を理解し，競技面（技術面）における育成モデルを持って，コーチングに取り組みましょう．各年代におけるコーチングのポイントを実際のエクササイズに落とし込んだ具体的指導例を web 5-1 に示していますので，参考にしてください．コーチの悩みが減り，選手の笑顔が増えることを願っています．

［清水智弘］

コラム7　問いかけて伸ばすジュニア期のスポーツ指導

　目の前の子どもが，練習中，何回も同じ失敗をしていたらその時あなたはその子どもにどのような声かけをしますか？多くの指導者は，どうすれば成功できるかを教えるでしょう．筆者は成功する方法を教えるのではなく，どうして失敗をしたのかを問いかけるようにしています(池上，2017)．

　ジュニア期における指導は，指導者と選手の関係が，まるで先生と生徒の関係と同じようになっています．指示・命令という指導方法です．そうなると選手たちはどうしても受け身になってしまいます．指導者もまた，自分の経験を選手に「教え込む」ことが良い選手を育てる「近道」だと信じて指導をしています．しかしこれでは，指導者以上の選手は育たないことがわかってきました．

　筆者はこれまで，サッカー指導を通じて50万人の子どもたちを見てきました．そして選手が自立する方法として，選手に「問いかける」という手法を考えました．これは，選手と指導者がフラットな関係であることが前提です．先生と生徒などという関係ではなく，同じ人間として共にその競技に向かう共同者という考え方です．このような関係が確立された中で，選手に問いかけていくと，選手自身がどうなりたいか，何を目指すのかを考え答えを出していくようになりました．指導者は考えるための情報を提供するだけで良いのです．指示・命令ではなく，目標を選手と共に見つけることで，選手はどうすればそれに手が届くのか，どのような努力が必要であるかが創造できるようになるのです．共に考えることは外発的動機づけですが，そこにいる指導者は自分を良くしてくれ，信頼がおけるので，選手は自ら目標を見つけることになるのです．その結果，目標に向かうモチベーションは，内発的になっていくのです．

　ジュニア期の選手が内発的な動機により自分を高めていくことは大変難しいことです．だからこそ指導者が選手に寄り添い，問いかけながらその選手の自立を促すことが大切なのです．私たち指導者に望まれることは，目先の勝ち負けにこだわるのではなく，選手の自立と，良い大人になり，幸せな人生を送れるように援助することなのです．競技はただ単に，選手をそのように育てるための道具に過ぎないのです．

〔池上　正〕

[参考文献]
池上正(2017)「伸ばしたいなら離れなさい―サッカーで考える子どもに育てる11の魔法」小学館．

5-2 女性アスリートのコーチング

(1) はじめに

　リオデジャネイロオリンピックにおいて日本選手団は過去最多 41 個のメダルを獲得しましたが，そのうち 18 個は女子が獲得したものでした．金メダル数では男子を上回る 7 個でした．女性スポーツの歴史は男性に比べて歴史が浅いにも関わらず，近年の国際競技力向上には目を見張るものがあります．一方で，女性アスリートを取り巻く環境は依然として脆弱な面が多々あり，充実しているとは言い難い状況にあります．

　コーチングの方法論は他の節で論じられていますが，女性アスリートのコーチングもコーチングという観点から考えれば大きな違いはありません．指導者は，選手の素質を見抜き，才能を開花させますが，そのような見抜く力，いわゆる目利きは，重要な能力と言えます．しかしながら，どんなに経験があっても予断を持ちすぎることは危険です．本節で気が付いてもらいたいことは，女性アスリートを「女子は‥」という予断を持たずにコーチングをしてほしいということ，また，逆に女子特有の発育発達に伴う身体への影響についての正しい知識を有してほしいということです．女性アスリートを取り巻く環境は圧倒的な男性社会であり，男性指導者がほとんどです．女子を指導するのが女性指導者である必要はありませんが，異性を指導する場合には，発育発達，生理機能，身体特性などには性差が存在し，指導者が選手を感覚的に理解することは難しいことを前提として持つことが大事だと思われます．

　小学生の頃には男女の別なくスポーツ少年団などで楽しくスポーツをしていた女子が中学校，高校と年代が上がるに従って減少していくのはなぜでしょうか．理由は一つではないでしょうが，発達段階で性差が際立ってくる時期は，自分自身の成長や変化に戸惑いを覚える時期でもあります．こういった時期に指導者の悪気はなくても対応を誤った結果，スポーツから離れてしまうケースも少なくありません．スポーツにおいてすべての選手の夢が叶うとは限りませんが，夢を追いかけたプロセスが選手にとって楽しく，充実したかけがえのない時間であって欲しいです．本節がその助けになれば幸いです．

(2) 女性アスリートの身体について

a. スポーツと月経

　女性アスリートのコーチングにおいて念頭におかなければならないことが月

経です．日本人が初経（初めての月経）を迎える平均年齢は，一般女性が12.3歳，トップアスリートが12.9歳．15歳以上18歳未満で初経がきたものを遅発月経，18歳になっても初経がきていないものを原発無月経といいます．正常な月経周期は25〜38日で期間は3〜7日．女性アスリートのコンディションに影響を与える主な問題は月経困難症（いわゆる月経痛）と月経前症候群(Premenstrual Syndrome: PMS)，コンディションの変化です．国立スポーツ科学センター（以下JISSとします）でトップアスリートを対象に行った調査では月経困難症があると回答したのが25.6％であり，月経痛があって鎮痛剤を服用していると回答したのが37％でした．月経前症候群とは，月経前3〜10日の黄体期の間に起こるさまざまな症状であり，下腹部膨満感や腰痛，頭痛といった身体的症状とイライラ，憂うつなどの精神的症状もあります．先述したJISSの調査では，70.3％のアスリートに月経前症候群がみられました．コンディショニングの変化としては，月経前，月経中は体重が増え，月経終了後に体重が落ちやすいというアスリートが多くみられます．柔道やレスリングなど体重調整が必要な競技のトップアスリートは，低用量ピルを用いて大会に月経があたらないように時期をずらす場合もあります．

　月経は個人差が大きいので指導や対処も難しく，とくに男性指導者の場合には知識はあっても感覚的には理解できないので指導の際に戸惑うこともあるでしょう．JISSの行ったトップアスリートを指導するコーチへの調査では，67％が女性特有の問題について選手から相談を受けたことがあると回答し，相談を受けた際に相談できる人がいると回答したのは35％でした．また，選手の月経周期を把握していますか，という問いには43％が把握しているとし，どのような方法で把握しているかは，68％が選手に直接聞いていたとされています．指導における注意点としては，まずは選手自身が自らの月経について理解することを促すために，基礎体温や体重，体調や気分の変化などを記録させておくことが望まれます．記録があれば，身体の変化についても気づきやすく，なんらかの問題が生じて専門医の診断を受けるときにも助けになります．自らの身体について把握し，管理することは，選手として重要であることを指導したいです．相談できる人もなく，症状が悪化して選手生命を脅かすようなことがないように，月経を含む女性特有の問題について相談できるように日頃から養護教諭と連携をとっておくことや，婦人科を探しておくことも有効です．

婦人科受診のためのチェックリスト

チェック項目	チェック欄
① 月経痛がひどく寝込む．練習や学校を休むことがある	
② 月経痛で痛み止めを飲んでも効かない．痛み止めの量が増えている．	
③ 月経痛が以前よりもひどくなっている．	
④ 月経中以外でもお腹や腰の痛みがある．	
⑤ 月経前にイライラや気分が落ち込み，憂うつになる．	
⑥ 月経前にむくみや体重増加などコンディションに影響がある．	
⑦ 15歳になっても月経がきていない．	
⑧ 月経が毎月きちんときていない．感覚が不規則．	
⑨ 3ヶ月以上，月経がきていない．	

＊当てはまる項目がある場合には，婦人科受診を勧めます

b. 女性アスリートの三主徴

　アメリカスポーツ医学会では，「女性アスリートの三主徴 web 5-2」として，利用可能エネルギー不足，視床下部性無月経，骨粗しょう症の3つを定義しています．この三主徴については近年，日本でも取り上げられるようになってきていますが国際的には1990年代ごろから警鐘が鳴らされています．女性アスリートをコーチングする際には知識として学んでおくべき事項です．

　三主徴の起点となる「利用可能エネルギー不足」は，「運動によるエネルギー消費量に見合ったエネルギー摂取が確保されていない状態」です．この状態が長く続くと脳の下垂体からの黄体ホルモン（LH）の周期的な分泌が抑えられ，排卵がなくなります．排卵がなくなると月経が不順になり，この段階でエネルギー不足が改善されなければ無月経となります．無月経となるとエストロゲンの低下によって骨密度が低くなります．低骨量や骨粗しょう症は，閉経後の女性に見られる疾患と思われていますが，骨密度の低い10～20代の女性アスリートも珍しくはありません．その結果，疲労骨折を起こすことがあります．

　指導者がエネルギー不足を疑うアスリートのサインとしては，集中力がなく凡ミスが多い，目に力がない，疲労回復が遅い，感染症に罹りやすいなどがあります．貧血もサインの一つです．トレーニングをしっかりしていても記録が伸びない，結果が出ない場合には，身体的な原因が潜んでいるかもしれないこ

とを頭に入れておきましょう．エネルギー不足を起こさないためには適切な食事が重要になります．競技によって体重をコントロールすることが求められる場合でも，必要なエネルギーを上手に摂取できる方法はあります．正しい知識を持たずに自己流で食事制限をすることは危険なので，指導者が研修などに参加して伝達講習をするなども良い方法です．

　重要なことは，三主徴の起きるメカニズムを指導者が理解した上で，指導を行うこと，対処や対策を講じることです．女子の身体は，初経を迎える前から胸（乳房）が膨らみ，皮下脂肪が増えて丸みを帯びた身体に変化をしてきます．成長期の身体の変化は競技に大きな影響を与えます．背が急に伸びたり，体重が増せば体型，重心が変わり，動きにズレが生じたりします．体重が増してパフォーマンスが落ちれば，アスリートは「これまでと同じように頑張っているのになぜ．体重が増えたからかもしれない．ダイエットしよう」というような安易な考えに至る可能性もあります．ここに指導者が追い打ちをかけるように「○○，最近丸くなったな．練習が足りないんじゃないか」などと指導したら選手はどのように感じるでしょうか．この時期は身体同様に心も不安定な時期にあるため，指導者の不用意な一言からドロップアウトに繋がるケースもあります．このような時期にこそ，指導者は選手に寄り添い，少し先の目標を示し，変化を受け入れるように指導していくことが大切になります．

（3）女性アスリートのコーチングポイント
a. コーチングの性差

　コーチングに男女の別は多くないと思われます．しかし，日本の長い歴史や文化の中にある女性へのバイアスやイメージがあり，私たちは無意識に支配され，「女子だから」という指導をしてしまっているケースがあります．

　例えば，女子は依存心が強いというのが定説です．本当にそうでしょうか．生まれ育った環境や性格によるものはあっても女子という括りでそう決めつけるのは間違っています．別の見方をすれば，従順な選手は指導者にとって扱いやすいために，選手が依存心の強いことをよしとしたり，自立させないような指導をしてはいないでしょうか．世界で活躍する選手は，常に選手自身の判断や決断ができる，即ち自立しています．テニスの試合を見れば一目瞭然です．コーチがコートに入ることを許されず，観客席から指示を出したり，声をかけたりすることも許されていません．これはスポーツに教育的な価値があると言われる一因でしょうが，競技が始まれば終わるまで自分一人で戦う環境に

置かれて，否が応でも自立を求められます．また，日本の文化には女性はか弱き者，守るべき存在という観念が強くあり，それ故に指導において「女子は・・・」というような忖度がつい過剰になりがちです．しかしながら，このような考え方は選手を育てることとは逆行していると言えます．実はこのような女性へのバイアスはスポーツのみならず一般社会にも現存しています．女子を指導する者は，自分はバイアスをかけているかもしれないという前提のもとに女子としてではなく，個のアスリートとして，人間として成長していけるような指導を目指してください．

それでは女性アスリートのコーチングで注意するべき点はどこでしょうか．初心者もしくは競技歴が浅い女子を指導する場合には，男子に比べて運動の経験値が低く，そのことが運動能力にも影響している可能性を考慮してください．例えば，体力テストのソフトボール投げは，キャッチボール経験の少ない女子は数値が出にくい傾向がみられます．また，男子に比べて筋力が弱いことから，男子であれば比較的簡単に習得できる基礎技術であっても女子は時間を要することもあります．一方で，経験値や筋力に頼らず，言わば素の状態から技術を習得するために時間はかかったとしても，指導者の理想に忠実な技術を習得できる利点もあります．男子から女子の指導に変わった者は，少しイライラするかもしれませんが，時間をかけて身につけた技術は確実なものとなるので忍耐強い指導を心がけてください．

「女子は男子ほどに単純ではない」と言ったらお叱りを受けるかもしれませんが，女子は気持ちを胸にしまって隠す傾向があります．例としては，ライバルや嫌いな人とでも表面上は親しくできたり，指導者に不満や文句があっても表面上は良好な関係を装うこともできます．女子選手へのパワハラやセクハラ事案で，指導者は一様に訴えられたことに驚き，自分と選手には信頼関係があったのにと口を揃えます．男性に女性の心の奥底を見抜くことは難しいかもしれません．自立という観点から考えれば，指導者の知らない一面があることは成長の証とも捉えることができます．重要なことは指導者が「自分は選手のすべてを把握している」という安易な考えに至らず，互いに見えない部分や理解できない部分を持ちながらも良好な関係を築いていこうと努力することでしょう．

女性は自分への評価が厳しく，他者からの視線や評価に敏感です．アメリカの発達心理学者スーザン・ピンカーの著には「求人に応募したり自分がやると手をあげたりするとき，女性は100パーセント確信がなければいけないと思

う．一方，男性は 50 パーセントの確信があれば，あとはハッタリでやれると思うのです」とあります．つまり，何かに取り組むときの姿勢や結果への評価も男女によって違いがあるということです．結果が出ないことで自分を追い込んでオーバートレーニング症候群やエネルギー不足を招く可能性もあります．

また，評価は大会等の成績と同時に指導者からの評価も重要です．自分が指導者から期待されているのか，期待に応えているのか，評価されているのか，といったことに女子選手は敏感であるようです．自分を客観的に評価することは難しいので，近くにいる選手と比較して，「あの子の方がうまくやっている．あの子の方が私よりもコーチの期待に応えて，評価されている」と考え，自分には価値がないと自尊感情を喪失してしまうこともあります．指導者は，すべての選手を平等に扱ったり，評価することは困難ですが，選手を成績だけではなく，プロセスも評価していることが伝わるような声かけや指導を心がけたい．

b. コミュニケーション

コーチングにおいてコミュニケーションが重要であることは多くの指導者が指摘しています．特に女子選手を指導する場合には，その良し悪しが信頼関係に繋がり，競技力向上にも影響を与えると思われます．

学校運動部活動の場合には，指導者＝先生という関係もあるために，必要以上に上下関係が生まれやすい環境にあります．この場合には，選手の方から気軽に質問をしたり，話しかけたりすることが難しい前提を持つべきです．さらに，日本のスポーツ現場では指導者からの指導や指示に対しては「はい」と答える習慣が形成されているので，たとえ指導者の言葉や意味が理解できなかった場合においても質問することや聞き返すことなく「はい」と言うことが多いようです．この前提に立てば，指導者は日常的に選手からのアクションがなくても，選手の様子に気を配り，変わった様子や問題がないかのチェックをすることが大切です．指導者が一方的に話をするのではなく，選手側から話をさせることも良いでしょう．また，対面や大勢の前では話ができないこともあるので練習日誌などを作り，体調のこと，指導への質問，抱えている課題などを書く欄を設けておき，指導者が目を通し，コメントを書くというコミュニケーションの方法もあります．

女子は基本的には話すことが男子に比べて好きです．指導者が聞き上手であれば，友好的なコミュニケーションが構築できるはずです．厳しい指導が必要な場合もあるでしょうが，言葉の選び方には気をつけたいものです．指導者が

コラム 8　LGBT とコーチング

　指導者が選手一人ひとりを尊重し，人権に配慮した環境づくりに注意を払うのは，「選手の自分らしさを守る」ためです．では LGBT(※)当事者である選手にとって「自分らしくいられる環境」とは，どのようなものでしょうか？
　日本スポーツ協会に登録している指導者約 1 万人を対象にした調査(來田，2018)では，ここ 10 年ほどで LGBT に関する一般的な知識を理解している指導者は増えていました．しかし，コーチングにとって深刻な問題も明らかになりました．そのひとつは，多くの指導者が「自分の指導する選手には LGBT の人はいない」と考えていたことです．LGBT 当事者の割合は 7～8％，つまり 13 人に 1 人だという調査結果(中西，2017)もあることから，「いない」のではなく「気づくことができていない」可能性のほうが高いといえるのではないでしょうか．自分の身近なところで，LGBT 当事者である選手が本当の自分を押し隠したままスポーツを続けているかもしれないのです．
　もうひとつの問題は，LGBT という言葉の意味は理解していても，「オリンピック大会では，一定の条件を満たした場合，性別を変更した選手が出場できる」「同性愛者の国際的なスポーツ大会がある」など，スポーツと関わる知識を持っている指導者が 20％前後であったことです．こうした知識不足も「LGBT の問題は，スポーツとは無関係」という思い込みから生じてしまっているのかもしれません．
　スポーツでは，性別に競うことが多いため，人間の性別は男／女のどちらか一方に決まっている，という考えにしばられてしまいがちです．さらに，性別に関する固定的な捉えは，異性を恋愛対象とするのがあたりまえだ，と思い込みやすいとされています(飯田ほか，2018)．
　身体の性別と心の性別が違う状態にあるトランスジェンダーの選手は，日々，自分自身が引き裂かれるような経験をしているかもしれません．自分と同じ性別の人に恋をしている選手は，同性愛者をからかうヤジに身が縮む思いをしたり，「自分は普通ではない」と悩んでいるかもしれません．このような思いを抱えながら，パフォーマンスを向上させたり，心からスポーツを楽しむことができるでしょうか…．
　LGBT 当事者の選手たちが「自分らしくいられる環境」を整えるためには，ルールやガイドラインの整備などの組織的な対策は不可欠です(JSSGS, 2016)．一方で，組織的な対応を活かすためにも，LGBT の問題を他人事としてとらえない感性や十分な知識を持った指導者と出会えることが，何よりも大切です．日頃から差別や排除のない練習環境づくりに配慮し，選手と信頼関係を築くことで，LGBT 当事者が相談しやすい雰囲気が生まれます．LGB(同性愛・両性愛)の当事者とトランスジェンダー当事者が抱える困難は異なることを知識として持っていることで，当事者の心を傷つけない配慮ができる可能性が高まります．相談を受けた場合には，一人で抱え込ま

ず，選手のプライバシーを守りながら組織の責任者や専門家とチームで対応することが望ましいと考えられます．また，医療機関に行くことを強制したり，医療機関の証明を求めるなどの行為を避けるとともに，チームメイト等によるアウティング(当事者が望まない形での暴露)にも細心の注意が必要です． ［來田享子］

※ LGBT は，Lesbian, Gay, Bisexual, Transgender の略称．日本では「性同一性障害者の性別の取扱いの特例に関する法律(2003 年制定，2018 年改正)」が施行されたり，地方自治体が同性のカップルを結婚に相当するパートナー関係として認める制度を設けるようになっている．「性的マイノリティ」として総称されることもある．

［文 献］
來田享子編著 (2018) 平成 29 年度日本体育協会スポーツ医・科学研究報告 II スポーツ指導に必要な LGBT の人々への配慮に関する調査研究―第 1 報―．公益財団法人日本体育協会
中西絵里 (2017) LGBT の現状と課題―性的指向又は性自認に関する差別とその解消への動き，立法と調査，394：3-17.
飯田貴子・熊安貴美江・來田享子編著 (2018) よくわかるスポーツとジェンダー．ミネルヴァ書店
日本スポーツとジェンダー学会編 (2016) データでみるスポーツとジェンダー．八千代出版

　何気なく発した一言が選手を必要以上に傷つけ，その傷が長い時間わだかまりとなって残ってしまうことがあるからです．指導者も興奮したり，怒りを覚えることもあるのは仕方がないですが，そういった感情の時に失敗をしやすいことも心に留めて置きましょう．そのような状態の時には多くを語らずに，時間を置いて冷静になってから改めて指導をするなどが良いと思われます．感情に任せて怒りをぶつけることは，選手のみならず指導者自身も自責の念を持つことがあります．

　コーチングにおいてコミュニケーションの重要性は選手とだけではありません．スタッフや学校であれば選手のクラス担任，保護者などとのコミュニケーションも大切にしましょう．上述したように日本の指導者と選手の関係性においては，選手が積極的に指導者に話をしたり，悩みを打ち明けたりすることはレアなため，選手を取り巻く周囲とのコミュニケーション，ネットワークを構築しておくことが望ましいです．

　c. ハラスメント(モラルとマナー)
　女性アスリートへのセクシャルハラスメントが未だに散見されることは非常に残念です．スポーツ現場の場合には，確信犯は少なく，多くは認識の甘さや無意識的に行っているように思われます．しかしながら，ハラスメントという

言葉が社会的に定着してから長い時間が経過していることを考えれば，スポーツ指導者は学習効果が低いと言われても仕方がありません．「私は大丈夫」や「わかっている」ではなく，改めてハラスメントが起きやすい状況や背景を理解し，十分に注意をする必要があります．

コーチングには情熱が重要ですが，熱心な指導者ほどセクハラに限らず，暴力やパワーハラスメントのリスクがあります．「勝たせるために」「信頼関係があるから‥」というエクスキューズがあったとしても許されないことがあります．厳しい指導も時には必要ですが，選手とのコミュニケーションを密にし，信頼関係を深めることも大事です．では，モラルやマナーに反するラインはどこにあるのでしょうか．ラインが明確でないので困るという質問を受けることもあります．そんな時に筆者はこのように答えるようにしています．男性指導者が女子選手を指導する場合には，自分の娘が父親以外の男性からされた行為でも許容できること．また，暴言などについては，第三者が聞いたとしても「これは厳しい指導で不快に思う程度ではない」というレベル．心配な指導者は1週間自分の指導風景をビデオに写して第三者にチェックしてもらうこともいいでしょう．ハラスメントが起きやすいのは閉鎖的な環境なので，保護者

セクシャルハラスメント的行為のチェックリスト

チェック項目	チェック欄
① 他に人がいない部屋に一人だけ呼び出す	
② 専門的な資格はないが選手のテーピング，マッサージを行う	
③ 親近感もでるので女子は名前で呼ぶ	
④ 体型や容姿に関することをたびたび言う	
⑤ 挨拶や励ましのために体に触る	
⑥ 性的な経過について質問する	
⑦ 女子更衣室に入る	
⑧ 遠征や合宿などで同じ部屋に泊まる	

〈スポーツ機関の相談窓口〉
　① (公財)日本スポーツ協会　スポーツにおける暴力等相談窓口
　　 https://www.japan-sports.or.jp/about/tabid983.html
　② (社団)日本スポーツ法支援・研究センター　スポーツ相談室
　　 http://jsl-src.org/?page_id=31

やOBなど外部の人間が出入りするような風通しの良さも意識してほしいです．指導者が肝に銘じなければいけないことは，一般社会でのルールやマナーはスポーツでも同じだということです．指導者や選手，保護者も含めた了解の下であっても許されないことを強く認識しておきましょう．指導者は，選手にとっては選手起用も含めて絶対的な権力を持つ人間であり，不快な言動，行為を強要されたとしても「No」と言えない状況下にあることを常に念頭に置き，自らを戒めてください．

前頁にセクシャルハラスメント的行為のチェックリストを示します．時々に，自分の行動が一つでもこういった項目にあたっていないかをチェックしてみましょう．「こんなことが‥」と思う項目もあるかもしれません．また，各機関には相談窓口も設置されているので，選手にはあらかじめ，そういった情報を提供しておくことが望ましいでしょう．

(4) まとめ

スポーツの中で「女性」に特化して議論がなされるようになったことは以前に比べて大きな進歩だと思われます．指導者もそうですが，女性アスリート自身が自分の心や身体に対して正しい知識を有していない現状があります．競技を行うアスリートは，努力を惜しまずトレーニングに励みますが，誤った理解のために努力が台無しになってしまう可能性もあります．近年は，女性アスリートを対象とした調査・研究も増えていますので，指導者は最新の研究などにも目を通したり，積極的に研修などにも参加して情報を収集することもお勧めします．

[山口　香]

5-3　障害のある人のコーチング

筆者は，障害のある子どもや成人の方を中心に，広義のスポーツ指導を実践してきました．少しでも上手にコーチングできるように，機会があるごとに，学校体育や，地域で障害のある人や子どもに指導されている現場を観察し，話を聞く機会をもちました．

そこで共通していたグッドコーチの特性は，①「障害」についての捉え方が，特にネガティブな面に偏っていなかったこと，②「アダプテッド」についての知識や技術をもっていたこと，③「インクルーシブ」のあり方を模索していたことでした．そこで，ここではこの3つの点に絞り，紹介していきます．

(1) 障害について
a. 障害をひとくくりに捉えない

障害とは何か．実は障害の定義は意外に難しいのです．なぜならば，日本語では「障害」は，この単語ひとつで説明しますが，英語圏では，その意味合いや状態に応じて，「障害」の表記を使いわけています．例えば，Disability や Disorder，Disturbance，Impairment，Handicap などです．つまり，複雑な，もしくは多面的な意味合いがあるにも関わらず「ひとつの言葉」で説明しようとする時点で，この言葉がなかなか理解され難いことがわかると思います．実際，日本の「障害」に関する法律の代表である障害者基本法のなかには，「障害者とは，身体障害，知的障害，精神障害（発達障害を含む）その他の心身の機能の障害がある者であって，障害及び社会的障壁（事物，制度，慣行，観念等）により継続的に日常生活又は社会生活に相当な制限を受ける状態にある者をいう」と書いてあるだけであって，障害そのものについての説明がほとんどありません．

そのなか，WHO によって採択された個人の生活機能の状態から説明した障害定義（国際生活機能分類：International Classification of Functioning, Disability and Health：ICF モデル）が，もっともスタンダードとされています（障害者福祉研究会，2002）．すなわち図5-6 にあるように，障害は，「心身機能・構造」そのものであったり，「活動」上に制限があったり，また「社会参加」において制約のある状態をさしています．

そのうち，「心身機能・構造」の例は，右片足の太ももから切断した状態（右下肢大腿切断）であるとか，両眼の視力が合わせても0.01以下であり，視野が極端に狭い状態（弱視）にあるとか，解剖学的には異常はないが，主に社会性に関する脳全体のシステム上に何らかのトラブルがある状態とかをさしています．

また「活動」上の制限とは，例えば，右下肢大腿切断のため，健常と言われる人たちと同様に歩いたり，走ったりできない状態，または弱視のために，通常の文字で書かれてある教科書やプリント，黒板やホワイトボードに書かれた板書を読むことができない状態，そして主に社会性に関する脳機能上の問題があるために，集団スポーツ場面や体育指導場面で，他者とうまくやりとりすることができない状態のことをさしています．

そして「社会参加」上の制約とは，例えば，右下肢大腿切断や移動能力に制限があるために，階段や歩道橋ばかりあるような地域では，自分の行きたいス

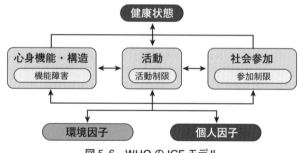

図 5-6　WHO の ICF モデル

ポーツ関連施設に行けなかったり，視覚情報を得ることに器質的に制限があるために，目の見える人と同様に，スポーツ施設やスポーツ道具を自由に使えなかったり，自閉症スペクトラム障害により，障害のない人が当たり前に実施できている余暇活動が限定的であったりする状態をさしています．

　これらの状態それぞれが障害です．当然，障害種や状況，場面によってもその意味合いは異なります．例えば，同じ車イス使用者であっても，段差の多い街に住んでいる人と，日常生活範囲内が平地であることが多い人では，障害を感じる度合いは違いますし，スポーツをすることが好きで，しょっちゅう体を鍛えている人とそうでない人では，傾斜のある移動での心理的抵抗感は異なるでしょう．言い換えれば，<u>障害をひとくくりにして捉えず，個別性の高いものとして捉える</u>ことが必要ではないかと思うのです．

b. 障害のある人はできないことがあるができない人ではない

　ICF モデルは，「障害」だけではなく，障害のある人そのものに対する見方をも示しています．すなわち障害があるからと言って，必ずしも「できない人」を意味するものではありません．筆者が学生だったころ，障害者スポーツ分野の研究者から，disability は「できないことがある」状態をさすと教わりました．そしてさらに彼はこのように付け加えました．「『できないことがある』ということは裏を返せば『できることがある』ということです」．

　先ほど紹介した事例で説明すると，「心身機能・構造」の例は，例えば，右片足の太ももから切断した状態（右下肢大腿切断）があるからといって，サッカーができないわけではありません．実際，アンプティーサッカーという，下肢切断者が杖を使って行うサッカーは世界的に楽しまれているスポーツのひとつです．

　また両眼の視力が合わせても 0.01 以下であり，視野が極端に狭い状態（弱

視)があるために，激しいボールの動きがあるようなスポーツは不向きと思われるかもしれませんが，すでにサッカー(ブラインドサッカーやロービジョンフットサル)やバレーボール(フロアバレーボール)，野球(グランドソフトボール)など，視覚障害のある人のスポーツは多く開発され，楽しまれています．

　このように障害者スポーツの多くは，障害のある人の特性を踏まえて創造されています．その源流を辿ると，パラリンピックの父とも呼ばれるグットマン博士(Guttman L. 1899-1980)にたどり着きます．彼は第二次世界大戦で脊椎損傷になった傷痍軍人を中心とする患者に対して身体活動を使ってリハビリテーションを実践しました．彼は，脊椎損傷患者に対して，ボクシングやベンチプレス，ロープ登り，キャッチボールなど，障害されていない上半身で実施できる運動やスポーツを実施させることで，体全体への血の巡りをよくし，障害されている患部の症状を改善させたと言われています．そのことで，当時，余命幾ばくもないと言われ，ベッドの上で過ごすことが多かった脊椎損傷の患者が，延命するだけでなく，社会復帰に至るまでの者が増えました．

　さらにグットマン博士は，1948年7月，ロンドンオリンピックの開会式の日に，彼が働いていたストークマンデビル病院の中庭で，障害があってもオリンピック選手として参加可能な種目のひとつであったアーチェリーによる競技会を実施しました(Brittain, 2016)．参加者はわずか16名でした．この競技会が後のパラリンピックへと発展していったのです．彼が発した言葉とされている「残っているもの(残存機能)を生かせ」は，こうした彼の取り組みを見事に表現しています．

　このように，<u>できないことばかりに焦点をあてるのではなく，できる可能性のあることに注意を向けること</u>が，障害のある人にスポーツをさせるうえで重要な視点のひとつではないかと思います．

(2) アダプテッドについて

a. アダプテッドとは

　グットマン博士らをはじめとして，多くの人たちによって発展してきたパラリンピックスポーツ種目の多くは，オリンピックで取り上げられたスポーツを，障害のある人の特性に応じて修正，追加，調整されたものです．車いすバスケットボールや，シッティングバレーボール，ブラインドサッカーなどはそれに該当します．それらの障害者スポーツを総じて「アダプテッドスポーツ

（Adapted Physical Activities)」と表現されることがあります．現在は，障害者スポーツをパラスポーツと称し，「アダプテッド」は，学術的用語としてや，障害に閉じずに使われていたりします（澤江，2018）．

すなわち，「アダプテッド」という言葉が，何か意味をもつものではないかと考えることができます．そもそも，スポーツの多くにはルールがあり，私たちはそのルールに合わせてスポーツを行います．しかし，それらのスポーツ種目の多くは，そのルールが障害のある人にとって，いわゆるバリアとなっており，スポーツに参加することを拒んでしまうことがあります．例えば，足が不自由な人がバレーボールをするうえで，ネットの高さにルールがあることは，明らかに足が不自由でない人に比べれば，バレーボールの魅力を阻害する可能性があるということです．その一方，アダプテッドは，その逆の発想として，スポーツを障害のある人に合わせようと考えるわけです．アダプテッドの定義として，「ルールや用具，身体活動の方法を個人の状況に応じて作り変えていく」(矢部，2004)とあり，その具体的方法として，「調節，変更，修正」等が考えられています．

もしあなたのところに，例えば，足の不自由な人がサッカーをしたいと求めてきたとします．あなたはどのように対応するでしょうか．昔であれば(今でも居なくはないが)，「サッカーは足で行うため，足に障害のあるあなたには無理です．そうであれば，車いすバスケットなどの手でボールを扱うスポーツが望ましいです」と言われたかもしれません．こうした考えを「障害に特化した考え方」と言うことができます．現在，教育・福祉場面を中心に，足が不自由であることを踏まえて，どうしたら，その人がサッカーできるかを考えようとする指導者が増えてきました．そのような考えを「教育・活動ニーズに基づく考え方」と言うことができます．そのような思考の人たちによって生み出されたのが「電動車椅子サッカー」（日本電動車椅子サッカー協会：http://www.web-jpfa.jp)や，「ハンドサッカー」（日本ハンドサッカー協会：https://handsoccer.jimdo.com)であったりするわけです．

b. その人を知る

したがって，みなさんがアダプテッドを試みようと思ったときにまずしなければならないのは，スポーツをしたいと求めてきている「その人」を知ることです．例えば，年齢や性別，身長や体重，運動能力などの身体特性はもちろんのこと，興味や関心，認知的特性，社会性，情緒的特性などだったりします．

実際に，よい指導者と言われる人は選手中心主義である可能性が高いようで

す．早坂(2018)は，複数回，全国大会や国際大会に知的障害選手を導いた指導者に，指導方法について質問紙調査を実施しました．そのなかの回答で，自分が指導している選手に対して，「この選手は「自分の思いを相手に伝えることが苦手」である一方，「さまざまな人と親和的な関係を築くことができます．半面，気を遣いすぎて疲れてしまう面もある」，「傾聴する中でプラス思考に転じることが多い」など，選手の特性について，スポーツ面だけでなく人格の部分に，それも短所だけでなく長所について述べられています．そして，その指導者の選手に対する指導は，本人の特性に応じた指導であることは言うまでもありません．例えば，「踏切前の間延び・後傾改善のために，本人がイメージしやすい擬音に修正をしました．当初は，「タ・タン」と表現していましたが，踏切2歩前の歩幅を「大小」と意識できるよう，本人と話し合い「ター・メテ」の表現を活用しました」とあります．確かに個性的な指導内容ではありますが，本人のことを知るからこそ，導き出されたその人のための指導であると理解できます．

c．その人を知るための方法

具体的にその人を知るために必要な情報には，大きく2つのレベルがあると考えています．一つは客観的情報のレベルと，もう一つは相互作用による情報レベルです．

客観的情報レベル：相手を理解するために収集される客観的な情報レベルです．その情報を収集するためには，聞き取り（インタビュー・面接）やアンケート（質問紙），身体・心理・社会面などのテストやアセスメントがあります．また医療情報や，本人の福祉サービス受給状況などの福祉情報などを取得することも必要に応じて行うとよいでしょう．

相互作用による情報レベル：相手を知るうえで必要な情報は上記の客観的なものだけでよいとする考え方もありますが，上記の事例にもあるように，気分や感情，その日の微妙な調子や精神状態，特に自閉症などの障害のある人は，表情や行動からは読み取りにくい感情などがあり，それらは客観的情報レベルでは理解しにくいと言わざるを得ません．したがって，日頃から，こまめに選手を観察し，また声をかけたり，調子がよくないと思った時には相談にのったりするなかで，一人ひとりの気分や感情の現れ方，不安や昂揚のしやすさ，その気持ちや感情の切り替わり方などを知っていたいところです．上記の事例の指導者もまた，調査のなかで，「自分の思いを相手に伝えることが苦手であることが多いので，表情や仕草，態度を見て，どのような思いでいるのかを理解

してこちらからアプローチしている」と発言していたり，「威圧的な態度で指導を行うことは絶対にしてはいけない．常に笑顔で言葉をかけ，選手に寄り添って一緒に上を目指すことを伝えるようにしている」という発言が印象的でした．

d. その人に合わせて工夫をするアダプテッドの方法

さて具体的に，どのようなアダプテッドがあるのかをみていきましょう．図5-7にあるように，アダプテッドには，個人のレベルと，支援者やチームメイトなどの人員レベル，コートなどの物理的環境レベル，それらを含めたシステムのレベルに分けることができます．

用具のレベル：スポーツをする個人が使用する道具や義肢や車いすなどに対して，加工や調整，追加することを指します．例えば，車いす常用者が，バスケットボールをする際，足回りをよくするために，車輪の部分を「ハ」の字に調整したり，視覚障害のある人がサッカーをするために，ボールに鈴を加えたり，運動経験の少ない人がスポーツに取り組みやすいように，柔らかいボールに変更したりすることをさします．

集団・仲間のレベル：ある人がスポーツを行う際に，支援者や仲間を加えたり，チーム編成を調整したりすることをさします．例えば，ボッチャ（日本ボッチャ協会：http://japan-boccia.net）の競技には，手足がほとんど動かない人たちが行うことができるクラスがあります．そこでは，ボールの方向や強

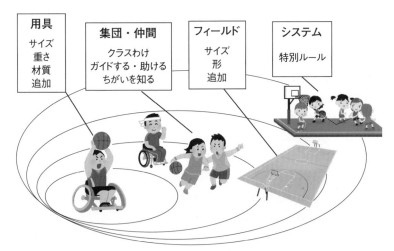

図5-7　アダプテッドの構造

さを調整するためのランプ台を持つ人を加わることが許されています（web 5-3 参照）．また視覚障害のある人の陸上競技の走種目では，伴走者が彼らノ彼女らの目の代わりとなって一緒に走ります．またスポーツになじみにくい子どもがいた場合，その子と仲良しの子どもと同じチームにするなどの調整もこのレベルに含まれます．

フィールドのレベル：スポーツをする場所や建物などの物理的環境に加工を加えたり，調整したりすることをさします．例えば，主に足に何らかの障害がある人が座った姿勢でバレーボールを行うシッティングバレーでは，コートやネットの高さを調整しています．また視覚障害のある人が野球をするために，野手と走者がぶつからないように，ベースを2つ置いています．ボーリングでうまくボールを操作ができない子どものために，ガターを無くすことができるレーンもまたこのレベルに含まれます．

システムのレベル：上記のレベルを含めて，または越えて，ルールを追加，変更，修正することをさします．例えば，耳の聞こえに制限のある人が，陸上競技の走種目でのスタートのタイミングを，ピストルの音ではなくフラッグや，スターティングポジションに設置してある光センサーを使うことや，スペシャルオリンピックスのルールのひとつであるマキシマムエフォートルールは，予選会に出した記録より明らかに高いパフォーマンスだった場合はなんらかのペナルティを課す方法をいれています．また集団スポーツゲームのなかで，明らかに能力差が顕著にある人がボールに触れる機会を与えるために，その人がボールを5秒以上キープしたらポイントにしたり，その人がボールをキープしたら，10秒間，他のメンバーは止まっていなければならないなどのルールを加えたりすることがあります．

このように，障害のある人がスポーツを楽しめるために，参加している人の特性に合わせて，いろいろなレベルでアダプテッドしてほしいと考えています．

e. アダプテッドの落とし穴

上述したように，アダプテッドは「その人にあわせる」ことを特徴としています．しかし，気をつけておかなければならない留意点があります．つまり何から何まで，本人に合わせることが望ましいかと言うとそうではないこともあるのです．

例えば，ある学校現場の指導者が，あるクラスのなかにいた知的障害と自閉症のある男子生徒に，ボール運動の単元で，ボール投げの指導をしていました．そのとき，彼はボールを遠くまで投げなかったので，それが本人の今の実

力であると考え，そのあたりに的をおいて指導しました．加えて，肘がさがったまま上体だけで押し込むように投げるようなフォームであったが，本人なりの努力であると考え，なんら指導することなく，そのフォームのままボール投げをさせていました．そのうち数が限られている色のボールにこだわってしまったため，限られた回数しかボールを投げようとしなくなりました．そうこうしているうちにボール投げすらしなくなり，指導者は興味がなくなったと判断し，その生徒だけ，マット運動に切り替えました．

　このような事例は少数ではありません．この事例にあるように，確かに障害のある生徒の特性に合わせている点で，一見してアダプテッドしているように考えてよいかもしれません．しかし運動の獲得やスポーツ参加に至っていないという点で，これはアダプテッドではないと判断したいと考えています．その根拠となるのは，Sherill(2004)が示したアダプテッドの考え方です．彼女は，障害のある個人と環境，課題との三項関係を考慮してアダプテッドを考えることを提案しています．つまり，単に個人の特性のみに合わせてアダプテッドするのではなく，課題の適切さとともに，その課題を遂行するために，どのような環境が望ましいかを考えることを求めているのです．このような考え方をエコロジカルモデル(Davis and Broadhead, 2007)と呼びます(図5-8：澤江，2018)．

　それによれば，課題内容や参加目的が，個人の特性だけでなく環境に応じてアダプテッドしているか(課題の適切さ)，課題を達成するために，うまく環境をアダプテッドしているだけでなく，個人に動機づけられるようにアダプテッドしているかなど，3要因との関連を考えながら，複合的にアダプテッドの内

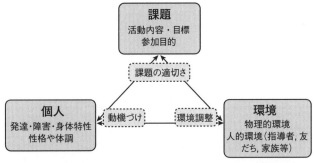

図5-8　Davis and Broadhead(2007)をもとに示したエコロジカルモデルにおけるアダプテッド(点線にくくられたものがアダプテッドの目的)

容を吟味していかなければならないと考えています．すなわち，先ほどの事例で言えば，課題の設定をさらにスモールステップを設けることができなかったか，環境面で刺激を減らすなど課題に集中させるようなアレンジができなかったか，ボールにこだわらないように，課題に動機づけできるような工夫ができなかったなど，ふり返るとやれることがあった可能性は否定できません．

（3）インクルーシブ・スポーツについて

最近，障害のある子どもと健常の子どもをともに集団のなかで体育やスポーツをするために，どうしたらいいかという相談が増えました．この状況を一般的にはインクルーシブ体育を含めたインクルーシブ・スポーツと呼ばれています．ここでは比較的多く相談が寄せられている体育場面を中心に述べます．

インクルーシブ・スポーツの定義ですが，これまでの研究のなかで，必ずしも一定しているわけではありませんが共通して言えるのは，インクルージョンを前提としたスポーツ指導であるということです．そこでまずインクルージョンについて確認していきます（澤江，2017）．

a．ノーマライゼーションとそのための実践理論について

インクルージョンとはノーマライゼーションの実践的理論です．歴史的経緯は別書（例，河東田，2005）に委ねるとして，端的に述べると「障害のある人が人として当たり前の生活を送る」ための理念として広がってきたものです．障害者権利条約が2006年国連で採択されましたが，これは障害者のノーマライゼーションを支える国際的な制度のひとつで，日本は遅まきながら2014年に批准するにいたりました．

この条約は，障害者が，障害があったとしても差別されることなく人権を行使できることを約束したものです．この条約の第30条には，「文化的な生活，レクリエーション，余暇及びスポーツへの参加」というタイトルのもと，条約を結んだ国々は「障害者が他の者との平等を基礎としてレクリエーション，余暇及びスポーツの活動に参加することを可能とする」ように何らかの措置を講じることが求められます．すなわち，私たちスポーツ関係者は，人権としてのスポーツ権を確かなものにするために，スポーツ参加場面において，障害のある人を除くことを避けなければならないのです．

このように障害者権利条約にあるスポーツ権を保障すること，つまり障害のある人が何らかの形でスポーツに関わることを保障していくことがノーマライゼーションを支えることになるのです．そのノーマライゼーションを実践して

いくための理論のなかに，歴史的には，インテグレーションやメインストリーミング，インクルージョンという考え方があるのです．

そのうちインテグレーションとは，健常の人たちの集団に，障害のある人たちを統合することを意味しています．教育場面においては統合教育がそれにあたります．しかし障害のある子どもたちが一般の学校等に在籍することを「普通」なことと考え，たとえ校庭で一日中，砂いじりをしていても，それを問題として認識されることがなかった時代がありました．こうした障害のある子どもに対して配慮されることなく統合することを「ダンピング」と言い，それが教育的な問題として今もなお取り上げられています．

こうしたダンピング問題を解決すべく発展した実践理論としてインクルージョンという考え方が起こりました．インテグレーションが，障害の「ある」と「ない」という二元論を基本にした考え方である一方で，インクルージョンは，障害があるなしではなく，一人ひとりが唯一無二の存在として，「違い」があることを前提にすべての人を包含した状態で実践する理論として理解されています．一人ひとりに違いがあるということは，状況に応じて，それぞれに何らかの扶助（助け合い）が必要とされることを意味します．すなわち日常的には自分の力で何とか適応できることもあれば（自助），家族や友だち，地域の人たちの力を必要とすることもある（共助），そしてさまざまな医療保険制度や社会福祉制度障害などを含めた公的制度を必要とすることもある（公助）．言い換えれば，「障害がある」イコール「扶助」ではなく，そのおかれた状況によって，必要とする人が必要とされる支援を受けることを意味する考え方なのです．

b. インクルーシブ・スポーツの2つのエッセンス

このようなインクルージョンを前提としたスポーツ場面における営みがインクルーシブ・スポーツです．ここまでに論じた内容から推察するに，インクルーシブ・スポーツには，本質的に2つのエッセンスが含まれているのではないかと考えます．

ひとつは障害者権利条約に代表される，障害のある人が，健常の人と同様にスポーツや運動する機会を保障されなければならないことと，もうひとつは指導目的を達するために，障害であるからという理由ではなく，指導上の本人の困難さに応じた支援を講じなければならないということです．

c. インクルーシブ・スポーツの現状

ところでインクルーシブ・スポーツにおいて，もっとも必要とされる場面は

体育です．体育は，他教科に比べ，インクルージョンしやすい教科として，その優位性が謳われてきました．その理由のひとつは，体育場面は他教科と比べて，「障害のある」子どもとそうでない子どもとの接触機会が少ないという理由で）（長曽我部，2003）．また草野・長曽我部（2001）は，体育においては，他教科と同様に，能力の差が障壁になって障害のある子どもと，障害のない子どもが同一の学習内容を一緒に学習することの難しさがあるが，体育場面は，活動内容やルールの工夫（すなわちアダプテッド）を行うことによって，その能力差を埋めながら学習を行うことができる教科であると述べていました．それに対して澤江（2017）は，今後，学習指導要領にも登場する「アクティブ・ラーニング」の活用により，他教科においても子ども間の相互作用がますます展開される点と，「障害理解」を目的にするならば，今日，生活や道徳，総合などの授業などでも体系化して実施されている点をあげ，インクルーシブ教育を推進していくためには，体育は他教科を含めた複合的なアプローチのひとつとして機能することが望まれるのではないかと主張しています．つまり必ずしも体育を含めたスポーツ場面でなくても，障害理解を含めたインクルーシブにおける恩恵は得ることができるのではないかという主張です．

d. インクルーシブ・スポーツの問題

そうした澤江の主張の背景には，インクルーシブ・スポーツにおける問題があります．すなわち，ひとつは障害のある子ども自身が，スポーツ場面においてインクルーシブすることで，必要とされる恩恵を必ずしも受けているとは言えないからです．それは先述のように安易にダンピングが行われている事実です．澤江（2015）や村山（2013）などの研究によれば，通常の学級での体育では，「見学することが当たり前」「自分が入ると迷惑になるからむしろ積極的に得点係を申し出た」「体育をしなくて済んで助かったと思った」と発言した障害のある子どもたちが少なくないという事実がみえてきました．そして，その子どもたちが，進路先の特別支援学校でアダプテッドされた体育授業を経験して，「体育で汗をかくことが気持ちいい」とか，「体を動かすことはキツいけど楽しい」「スポーツをもっとしたい」といった感想を述べていたことが報告されています．すなわち障害のない子どもたちが大勢を占める体育授業を含めた通常のスポーツ場面では，障害のある子どもたちは，スポーツのもつ特有の楽しさを十分に経験できないままでいる可能性が否定できないのです．

そのような事態になる理由はいくつかあるでしょうが，代表的なものとして，体育教師などを含めたスポーツ指導者が，障害のある子どもに対するス

ポーツ指導上のアダプテッドの仕方を十分に理解，実践ができていないからという問題が指摘されます．実際，特別支援学校において障害のある子どもが運動スキルを獲得できているのは，特別支援学校の体育授業では，通常学校に比べてアダプテッドのノウハウがあるからだと考えられます（澤江・加藤，2018）．言い換えれば，通常の体育授業を含めたスポーツ場面において，アダプテッドが実施できれば，今よりは多くの障害のある子どもに運動スキルを獲得させていけるようになるかもしれません．

しかしこのような事態は，そのような問題だけで解決するものでもなさそうです．なぜならば，現場の多くのスポーツ指導者は，インクルーシブ・スポーツの機会を期待しつつも，健常の人たちとの「兼ね合い」に戸惑いを感じているからです．実際，鈴木（2017）は，現職学校体育を担当している教員の声として，「障害児に課題を合わせたいが，そうすると健常児には物足りないのでは」とか，評価において「（障害児にも健常児と）同じ評価軸でみてあげたいが，現時点での観点別評価だとどうしても低くなってしまう」など，障害のある子どもと健常の子どもとの運動課題の設定や評価の仕方において，それらの両立に困難さを感じています．

つまりインクルーシブ・スポーツ場面において，指導者にアダプテッドする技術があったとしても，健常の人との能力差を埋める術が機能しない限り，すなわち，アダプテッドとは異なるインクルーシブするための方法をつきつめていかなければ，インクルーシブ・スポーツ場面は，障害のある人とない人にとって，必ずしも充実したスポーツ場面にはならないのではないかと考えています．

e. インクルーシブ・スポーツにおける今後の課題

では一体どうしたら，解決へと導くのか，特に「健常の人との兼ね合い」に焦点をあてて，今後の課題について検討してみたいと思います．

いつも一緒に行う必要はない：健常の人との能力差は歴然として存在している場合，現場のスポーツ指導員はその差を埋めるために，個別指導を行うか，障害のある人に合わせた課題を設定することが求められます．しかしインクルーシブ・スポーツの目標は，みんなが一緒に同じことを行うことではないことは上述した通りですから，「いつも一緒で行う必要はない」と考えてほしいと思います．これはBlack（2012）による「インクルージョン・スペクトラム・モデル」という考え方に基づいています（図5-9）．すなわち一緒に行う活動もあれば，個別に行う活動もあるし，小集団での活動もある．課題内容や教材は

5-3 障害のある人のコーチング

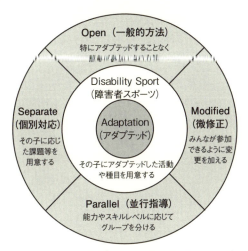

図5-9 インクルージョン・スペクトラム・モデル
注：原著ではSTEPというアダプテーションの具体的方法を示しているため，詳細はThe University of Worcester(2017)を参照してほしい．

既存のものも使う場合があれば，全員が楽しめるように工夫した活動もあれば，障害者スポーツを教材にすることもある．大事なことは，そこでの活動目標や指導目標を達成するために，障害のある人ない人を含めた参加者の実態に合わせて，柔軟的にグループ編成や道具，課題などにバリエーションを加えることだと主唱しているのです(The University of Worcester, 2017)．

インクルーシブ・スポーツを支えるチームづくり：こうしたインクルーシブ・スポーツモデルを実施するためには，ひとつは，チームティーチング体制をとることが不可欠です．ただこれまでのように，同じ場面にいるのに支援員などの専門職に丸投げするような体制ではなく，イタリアでの最近の取り組みなどを参考に(大内ほか，2015)，主たる指導者もまたインクルーシブ・スポーツに対する理解や技術を得るために研鑽することが必要ではないかと考えます．

さまざまなスポーツの価値観の指導と共有：そしてもうひとつは，障害のある人ない人を含めたスポーツをする人たち全体が，もっとスポーツに対する価値観を広げなければならないと考えています．現状は，「できる／できない」の能力主義に偏っていること，また「勝敗」の価値が強すぎて，負けることは時の運ではなく，努力不足や「負け組」という言葉に代表されるような人格否定にまでに至っている状況であることを見聞きしています．

障害のある人の多くは，健常の人に比べて，その障害ゆえにスキルとしては低く，できることが限られているのが現状です．そのなか，「能力」とその能力にのみを包含した「勝利至上」に支配されたスポーツ場面は，そうした人たちにとって，スポーツを楽しむ機会を失いやすいと言わざるを得ません．スポーツ場面全体が，その価値に支配されないようにし，豊かなスポーツの価値観をスポーツ参加者全員に共有できること，またそうしたスポーツのもつ懐の広さを経験できる機会をつくってほしいと願っています．例えば，「できる／できない」や「勝敗」に加えて，チームワークの面白さや，個々のレベルで挑戦することの楽しさ，さまざまな身体感覚（走って風を感じる）を得るなどです．
　そして性格も含めて参加者たちの個々の運動や身体特性，感覚の「違い」を互いに認め合い，その「違い」を生かし協力し合い，そして互いを思いやる態度があらわれれば，インクルーシブ・スポーツ場面に障害のある人がいることが，特別なことでなく，当たり前の感覚になっていくのではないかと期待してやみません．そうなったとき，「インクルーシブ・スポーツ」という言葉も必要でなくなるのです．

（4）さいごに

　障害のある人のスポーツにおける指導者のあり方について述べてきました．しかし実際のところ，「その人を知る」「一人ひとりに合わせて工夫をする」「みんなと一緒にスポーツを楽しめるようにする」といった内容は，必ずしも，障害のある人たちに特化したテーマではないかもしれません．言い換えれば，私たちが障害のある人たちのスポーツ指導について議論していくことは，ひいては，障害のあるなしに関係なく，スポーツ全体の問題に対してもアプローチしていけることになるかもしれないのです．その点を含め，この領域のさらなる発展のため，多くの人に障害のある人を含めたスポーツ指導に携わっていただき，議論を活性化してほしいと期待しています．　　　　　　［澤江幸則］

5-4　コーチングにおけるリスクマネジメント（体罰・ハラスメント）

　スポーツ活動におけるコーチの暴力行為は，大きな社会問題となっています．2012年に大阪市立高校のバスケットボール部員が，顧問からの暴力や理不尽な指導を苦にして自死するという事件がありました．また，2009年には大分県立高校の剣道部員が練習中に意識をなくし，熱中症で死亡するという事

件がありました．その時，その部員は暑さの中での練習によって熱射病の症状を引き起こしていたにも関わらず，「そげん演技は通用せん！」との言葉を顧問から浴びせられ，激しい暴力を受けていました．青少年の人間形成という教育的な意義が大きく期待される運動部活動において，このような暴力的指導が行われてよいはずがありません．2013 年に「スポーツ界における暴力行為根絶宣言」が発され，わが国のスポーツ界から暴力を根絶するという強固な意志が表明されました．しかし，その実現にまだまだ至っているとはいえません．本節では，青少年スポーツ活動における暴力的指導やハラスメントについて理解するとともに，それらの行為が起こり得るとの立場から，問題の発生を未然に防ぐためのリスクマネジメントを考えていきます．

(1) スポーツにおける暴力的指導
a. 体罰，ハラスメントとは？

　学校教育法第 11 条において，「校長及び教員は教育上必要があると認めるときには，児童，生徒及び学生に懲戒を加えることができるが，体罰を加えることはできない」と定められています．すなわち，生徒に「違反行為」があった場合の懲戒行為としての暴力は「体罰」ですので，それが認められることはありません．ましてや，選手が失敗をした際や奮起を促す際に用いられる暴力は体罰の概念にすら当てはまらず，その行為は決して許されることではないのです．なぜなら，より高い水準の技能や記録に挑戦する中で，失敗の経験は不可避のものだからです．むしろ，選手は失敗の中から多くの学びを得て，再度挑戦し，技能の上達や心理社会的な側面の成長を遂げていきます．このようなことから，プレーにおける失敗は「違反行為」にはなり得ず，そこでの暴力は「単なる暴力の行使」でしかありません．もちろん，体罰それ自体も禁止事項ですので，スポーツ指導に暴力が入り込む余地はありません．

　ハラスメントについては，その代表的なものにパワーハラスメントやセクシャルハラスメントがあります．スポーツを行う者を暴力等から守るための第三者相談・調査制度の構築に関する実践調査研究協力者会議（2013）は，それぞれを以下のように定義しています．すなわち，パワーハラスメントについては，「同じ組織（競技団体，チーム等）で競技活動をする者に対して，職務上の地位や人間関係などの組織内の優位性を背景に，指導の適正な範囲を超えて，精神的若しくは身体的な苦痛を与え，又はその競技活動の環境を悪化させる行為・言動等」としています．また，セクシャルハラスメントについては，「性

的な行動・言動等であって，当該行動・言動等に対する競技者の対応によって，当該競技者が競技活動をする上での一定の不利益を与え，若しくはその競技活動環境を悪化させる行為，又はそれらを示唆する行為も含まれるもの」としています．

スポーツにおける暴力的指導を，厳しい指導として正当化することは決して許されるものではありません．コーチは科学的，かつ合理的な練習方法としての肉体的，精神的な負荷や厳しい指導と，それとは異なる体罰やハラスメント等の許されない指導とを，しっかりと区別する必要があります．運動部活動の在り方に関する調査研究協力者会議(2013)は，体罰等の許されない指導と考えられるものとして，以下に示す内容をあげています．

①殴る，蹴る等，②社会通念，医・科学に基づいた健康管理，安全確保の点から認め難い又は限度を超えたような肉体的，精神的負荷を課すこと，③パワーハラスメントと判断される言葉や態度による脅し，威圧・威嚇的発言や行為，嫌がらせ等を行うこと，④セクシャルハラスメントと判断される発言や行為を行うこと，⑤身体や容姿に関わること，人格否定的(人格等を侮辱したり否定したりするような)発言を行うこと，⑥特定の生徒に対して独善的に執拗かつ過度に肉体的，精神的負荷を与えること．

また，日本スポーツ協会(2018)は，暴力やハラスメント等の指導者としての倫理に反する行為や言動として，以下に示す内容をあげています．すなわち，①殴る，蹴る，物を投げつけるなどの「身体的暴力」，②無視や選手の人格や尊厳を否定するような発言を行う「精神的暴力」，③権力乱用による相手の望まない性行為である「性暴力」，④相手が不快や不安を感じる性的な言動である「セクシャルハラスメント」等を指摘しています．その他にも，罰として正座をさせたり，不適切な負荷を設定したトレーニングを課したりすること，それに脱衣，断髪の強要など個人の尊厳を傷つける行為も倫理に反する不適切な指導としています．

体罰やハラスメントは，直接の被害者である選手はもちろんですが，周囲にいる他の選手にも肉体的，精神的に悪影響を及ぼします．そして，その被害は一過性にとどまらず，その後の人生にまで及ぶことにもなります．したがって，スポーツ指導に関わる者は体罰やハラスメントを絶対に行わないという強い意志を持つことが大切です．ところで，スポーツ指導を効果的に行ううえで，選手−指導者間の信頼関係が大切であることはいうまでもありません．しかし，たとえ両者の間に信頼関係があったとしても，体罰やハラスメントに該

当する行為が許されると考えるのは，大きな間違いであることを理解しておくべきです．

b．なぜ，スポーツでは暴力的指導が行われるのか？

社会の常識に反して，スポーツにおいて暴力的指導が行われるのにはさまざまな理由があります．コーチはスポーツの置かれた状況や自らの指導環境を理解して，適切な指導を行うよう努めることが求められます．

① **権威に基づく主従関係**：コーチは選手が服従してしまうようなさまざまな権限を持っています．例えば，競技会に出場する際の選手選考はコーチが行います．また，進学や就職等においても内申書の記載や推薦を行う立場として，コーチの意向が強く働くことがあります．そのような権限を有するコーチとの関係において，選手はコーチの暴力的指導を受け入れざるを得ないといえます．

② **閉鎖的な社会・空間**：クラブ単位で行われるスポーツ活動では，外部との接触が持ちにくい活動環境が作られていきます．閉鎖的な社会や空間の中で，コーチはあたかも一国の主として自分が絶対であるとの感覚を持ちやすく，その結果として独善的で利己的な指導に陥る可能性も生じてきます．

③ **短期間で結果が求められる**：日本の競技会の特徴として，小学校，中学校，高等学校といった学校期を単位として開催されることが多いということがあります．そして，自らの評価を大会での勝利に強く求めるコーチは，数年間のうちに選手を強化し，目に見える形で成績を残さなければいけません．そのような中で，選手を手っ取り早く自分の指示に従わせることができる暴力的指導は，コーチにとって都合のよい指導方法となっている場合があります．

④ **暴力的指導の連鎖**：青少年にとってコーチは尊敬の対象となります．もし，そのコーチが暴力的指導を行うのならば，選手はそれがよい指導であるとの認識を持つこともあります．そして，そのような選手が将来コーチになったとき，やはり暴力を用いて指導を行うこともあるかもしれません．このように，暴力的指導は選手に不適切なスポーツ観を持たせることにより，次の世代まで暴力的指導を継承するといった負の連鎖を引き起こす恐れがあります（web 5-4 参照）．

(2) 青少年スポーツにおけるリスクマネジメント

a．リスクマネジメントとは？

リスクマネジメントとは，組織を取り巻くさまざまなリスクに対する備えの

ことをいいます．リスクには事故や災害等，多種多様なものがありますが，リスクマネジメントはそれらを未然に防止することを第一に考えます．しかし，そのための対策が講じられたものの，事件や事故が発生してしまった場合には，最少の費用と時間でリスクの影響を最小化しようとします．とりわけ，スポーツ活動においては事故や傷害の発生といったリスクはつきものです．しかし，たとえそうであったとしても，参加者がスポーツに安心して取り組めるようにするためには，それらの発生を完全に防止することに向けて，効果的な対応を行うことが求められます．実際のスポーツ活動の現場では，些細な怪我の発生だけではなく，重い後遺症を負ったり，死に至ったりするケースも起きています．選手の安全を守るためにも，事故や傷害の発生防止，あるいはそれらが発生した際には原因の究明，再発防止に努めることが大切です．日本体育協会 (2015) はスポーツクラブを取り巻くリスクとして，次に示す6つの内容をあげています．①活動時のリスク (衝突，怪我等)，②施設・用具管理のリスク (用具落下，怪我，盗難等)，③人や組織のリスク (横領，セクハラ，指導者の引き抜き等)，④情報のリスク (個人情報漏えい等)，⑤活動環境のリスク (騒音，夜間照明等)，⑥経営面のリスク (会費の減少等)．ここで，コーチによる暴力的指導は「③人や組織のリスク」に該当すると考えられ，リスクマネジメントの対象として捉えられていることがわかります．

b. リスクマネジメントのプロセス

　実際のリスクマネジメントは次のようなプロセスをたどります．最初の段階はリスクアセスメントです．この段階ではリスクを網羅的に洗い出し，重要リスクを目に見える形で表していきます．あらゆる角度からスポーツ活動で起こり得る事故や傷害発生の可能性を考えましょう．コーチによる暴力的指導の発生も，この段階で取り上げることができます．重要なのは，想定されるすべてのリスクを取り上げることです．「うちの学校やクラブでは起きるはずがない」と考えるのではなく，「国内の学校やクラブで起こったことはどこでも起こり得る」と考えるようにすることが望まれます．このようにして洗い出されたリスクに対して，今度は対処すべき重要リスクを特定します．具体的には，発生頻度と影響度を検討して，それらを掛け合わせることによってリスクの重要性を理解していきます．暴力的指導の発生頻度は，それを行うコーチの個人的要因 (スポーツ観や指導理念，コーチングスキル等) やコーチを取り巻くさまざまな環境的要因 (学校やクラブの伝統，勝利志向性，集団規範等) によって異なることが予想されます．しかし，影響度については，暴力的指導が実際の被害者

コラム9　順道制勝のコーチング

　甲子園大会初出場を遂げたある監督の「文武両道あり得ない！」の発言は2017年夏のこと．その方のさまざまな思いが込められた言葉なのでしょうが，強い違和感を覚えました．文武両道どころか，文武徳三道の均整のとれた生き方をスポーツと関わる中で身につけることが体育スポーツの役割であり魅力であると，筆者は信じているからです．

　甲子園常連校には，優れた大学進学実績を併せ持つ学校が散見されます．しかし，その多くは進学クラスとスポーツクラス，いわば文武分業体制が敷かれています．高校進学先を決める14〜15歳の時期に，勉強かスポーツの二者択一を迫られているかのようです．スポーツクラスを設置せず，優れた競技実績とそれに負けない大学進学実績を収めている高校は，極めて少数といえるでしょう．

　2020年の東京五輪を控え，過去にない注目を集める大学スポーツでも，これと似た状況があります．少子化社会と逆行した大学数増加により，選り好みしなければどこかの大学へ入学できる大学全入時代の今，学生集めの手段としてスポーツが大学経営に使われている部分があります．中学期に獲得しているはずの学力を備えていなかったり，学業を放棄し部活動だけに励む「名ばかり大学生」の存在も指摘されています．近年の全日本大学野球選手権大会出場校には，学内に占める野球部員の比率が突出している大学が多いという事実も存在します．野球人口減少が叫ばれるなか，大学野球人口だけが増加し続けている事実には，社会の歪みを感じてしまいます．

　大学野球はその昔，平日開催当たり前ともいえる時期がありました．地域にもよりますが，市民球場の土日利用権は市民にあり，大学野球が優先利用できないという事情がその背景にあります．2010年の学生野球憲章の全面改定で，学生の「教育を受ける権利」が明確に確認されて以降，平日開催を継続する大学野球リーグは確実に減少しました．しかし，プロ野球選手を多数輩出する東都大学野球I部リーグは，神宮球場開催を重視し，今もなお平日開催を継続しています．今日の高等教育界では「教育の質保証」が国際的な課題となっていますが，学生が平日の授業に出席できない状況は，教育の質以前にその量の保証すらできていないことにつながりかねません．

　講道館柔道の創始者でありスポーツ・教育分野の発展や日本の五輪初参加に尽力した嘉納治五郎の残した言葉に，「順道制勝」があります．「勝つにしても道に順（したが）って勝ち，負けるにしても道に順って負けなければならない．負けても道に順って負けたなら，道に背いて勝ったより価値がある」という意味です．つまり，勝ち負け以上に「いかによく戦うか」がスポーツの最大の価値であることを伝えています．スポーツ活動の場でよりよく戦う態度や徳性を身につけ自己成長していくことが重要なのは，体育授業でも運動部活動でも，中学生も大学生も同じです．味方や相手への敬意を払い，知恵を絞って仲間と力を合わせて最後までよく戦う姿勢，そしてそれを

> 学習場面や日常生活，さらには将来の働き方に反映させることが大切なのは，来たるべき AI 時代にも変わることはありません．「順道制勝」のコーチングこそが，グッドコーチになるための心得ともいえます．　　　　　　　　　　　　　　［木内敦詞］

である選手や周囲の人々に及ぼす影響が極めて大きいことは明白です．また，学校やクラブの評価，さらにはスポーツの品位や信用においても，その悪影響は計り知れません．このようなことから，スポーツにおける暴力的指導は，リスクマネジメントにおける対処すべき重要リスクとして位置づけられるといえます．

　つづいての段階はリスク対応です．この段階では重要リスクに対して具体的な対応策を考えていきます．すなわち，リスクの発生を未然に回避したり，リスクが顕在化した場合には損害を最小限に抑えたりするよう対処します．以降では，暴力的指導に対するリスク対応として重要なポイントを説明していきます．

　① **態度表明**：コーチに暴力的指導を行わせないようにするためには，学校やクラブを統括する組織の長が，スポーツ指導におけるいかなる暴力的行為も許さないという，峻厳な態度を表明することが重要です．そのことによって，暴力的指導は認められないものであるという意識を組織全体に浸透させ，個々のコーチが「暴力行為をしてはいけない」という規範意識を高く持てるようになります．

　② **ガイドラインや啓発冊子の作成と周知徹底**：暴力的指導の防止に関する明確なルールを定めて，ガイドラインを作成します．そして，ガイドラインの内容を指導現場の実態に則してわかりやすく理解できるよう，啓発冊子を作成して内容の周知徹底を図ります．ガイドラインや啓発冊子には，スポーツ活動の意義，コーチの役割と倫理，暴力やハラスメントに関する知識，指導目標の達成に向けた効果的な指導，禁止事項，コーチの行動チェックリスト，相談・連絡窓口等の内容が含まれるとよいでしょう．

　③ **研修の実施**：コーチが暴力的指導に頼らない効果的な指導を行うためには，定期的，かつ継続的な研修は不可欠です．研修の機会はすべてのコーチに求められるものです．そして，暴力的指導を防止する観点からは，特に経験主義的なコーチに研修参加を促すことも大切です．そのような点で，組織的に研修会を設けたり，それへの参加を義務化したりすることも考えなくてはいけま

せん．コーチが指導力を高めるためには，時代に即した正しい知識を得ることが不可欠です．そのうえで，コーチが有する知識も絶えず更新していくことが求められます．特に，暴力的指導への対応としては，アンドゴラに求められる資質能力のうち，スポーツの意義や価値，コーチングの理念・哲学等を含む「思考・判断」，前向きな思考や行動，コミュニケーションスキル等を含む「態度・行動」について重点的に研修することが効果的です．なぜなら，これらの内容はコーチ自身の「人間力」を高めるものとして，これからの時代のコーチが是非とも備えてほしい指導力であるからです．

④ **体制作り**：学校やクラブは，暴力的指導が起こる原因を個々のコーチに求めるのではなく，それを起こさせないようにするための環境を整えることが重要です．そのうえで，コーチの指導行動を他者が観察する機会を設けることは効果的です．先に，暴力的指導は外部との接触が少ない閉鎖的な社会や空間で起こりやすいことを指摘してきました．他者による観察の機会を設けることは，開かれたクラブ運営を推進するという意味を持ちます．具体的な方法としては，コーチの指導行動を監督する部署を学校内に設けること，あるいは，そのような役割を保護者会に担ってもらうことが考えられます．また，2～3のクラブを単位として，お互いの指導を監督し合うことも効果的です．ただし，観察の際には学校等で定めたチェックリストに基づいて指導行動を評価し，その結果をフィードバックするなどして効果的な指導に役立てていくことが大切です．このような「見える化」を進めることで，コーチは外部からの観察の目を意識するようになります．そして，そのことによって自身の指導行動を客観的に捉えることができるようになれば，結果として暴力的指導の抑止力となることが期待されます．

また，コーチの指導行動に対する相談や苦情を受け付ける窓口を設置することも重要です．相談窓口があることによって，暴力的指導の発生に対する予防的効果が期待されます．その一方で，暴力的指導が発生した際には被害者等から報告を受けることができます．このことによって，事実関係の確認や被害者対応，さらには再発防止に向けた対策を検討することができます．ところで，相談窓口の設置が効果的に機能するためには，選手や保護者に対する啓発活動や教育が不可欠です．スポーツにおける暴力行為の根絶に向けて，それが許されないことであるという意識を持つことは，コーチや学校だけではなく選手や保護者においても重要だということです．

⑤ **事実関係の確認と再発防止に向けた対応**：コーチによる暴力的指導が何

らかの事故を引き起こした場合には，選手の安全を最優先に考え，直ちにしかるべき対応を行わなければなりません．事故対応としての救急措置等については他を参照して頂くことにして，ここでは暴力的指導への対応を考えていきましょう．まずは，関係者から情報を得ることで速やかに事実関係の確認を行うとともに，暴力的指導が生じた状況や原因等を特定することが求められます．そして，暴力的指導の防止に向けた組織的な取り組みにおいて何が欠けていたのかを検討し，今後の方針を確認します．その際，暴力的指導の発生を自分以外のコーチが行ったこととして他人事と捉えるのではなく，学校やクラブの問題として組織に属する個々人が当事者意識を持つことも大切です．暴力的指導を受けた選手や周囲の人々の苦痛を理解しつつ，同じような過ちを再び繰り返さないためにも，その失敗から学ぶ必要があります．具体的には，組織全体による対策会議を開催して再発防止に努めます．また，暴力的指導を行った当事者においても相応の処分を下すとともに，仮に当該のコーチが指導現場に復帰する可能性があるのであれば，再教育を的確に実施する必要があります．

（3）今後の課題

日本体育協会が2016年に作成した「コーチ育成のためのモデル・コア・カリキュラム」では，コーチ自身の「人間力」を高めることの重要性が意図されています．この「人間力」には，体罰やハラスメントの根絶に向けた資質能力が含まれています．今後は，モデル・コア・カリキュラムに基づいたコーチ育成を，大学教育や指導者研修等を通じて効果的に行うことが課題となります．なぜなら，スポーツにおける暴力行為の根絶に向けて，これからの時代に求められるグッドコーチを育成することが，リスクマネジメントの観点からは最も重要であると考えられるからです． ［渋倉崇行］

5-5 運動部活動の外部指導者を探す・活用する

さて，ここまで指導者として知っておいてほしい知識を学んできました．しかし，それでも自分一人だけの力で指導していくのは大変だと思うこともあるでしょう．また，選手のためにより高度な知識・技能を持った指導者にサポートしてもらいたいと考える指導者もいると思います．一方で，現在指導する機会を探しているという指導者もいるのではないでしょうか．本節では特に中学校および高等学校の運動部活動を例に，指導者を必要とする人（顧問教員）が指

導者(外部指導者)を探し,良好な関係を築いていく方法について紹介していきます.

(1) 外部指導者とは

外部指導者とは,「技術指導を中心に,顧問教員の補助や代行として部活動指導にあたる学校外関係者」のことをいいます(笹川スポーツ財団,2017).その担い手としては学校のある地域社会の専門的指導者や保護者,卒業生などがあげられます.日本中学校体育連盟や全国高等学校体育連盟の集計では,2016年度の中学校の運動部活動における外部指導者数は約3万人,高等学校では約1万人とされており,過去の集計と比較するとその数は増加傾向にあります(笹川スポーツ財団,2017;全国高等学校体育連盟,2017;日本高等学校野球連盟,2017;日本中学校体育連盟,2017).中学校の運動部活動数は男女合わせて約12万部,高等学校は約9万部ですので,中学校では4部に1人,高等学校では9部に1人と,多くの外部指導者が部活動をサポートしています.

どのような人が外部指導者になるのか,もう少し詳しく見てみましょう.20代から60代の男女約2万人を対象にした調査から,運動部活動の外部指導者としての指導意欲がある人が5.9%いることがわかりました(青柳ほか,2014).また同調査で,指導意欲を持っている人は,主に男性,若年者,就業者,大学生,既婚者,教員免許所持(および取得予定)者,指導者資格保有者という特徴があることが示されました.なかでも指導者資格保有者は,指導意欲がある人の割合が一般の人の8倍以上でした.2018年10月1日現在での日本スポーツ協会の指導者資格保有者は55万人ほどですので(日本スポーツ協会,2019),他の団体の資格も含めるとこのような指導資格保有者は外部指導者としての大きな人材源であると考えられます.また,指導意欲のある人は大学生にも多く,特に大学の運動部員はその33%が外部指導者としての指導意欲を持っていることから,資格保有者に並んで外部指導者としての活躍が期待されます(Aoyagi et al., 2016a).

(2) どうやって指導者を探せばよいのか

外部指導者を探す際にどこから始めればよいのでしょうか.もちろん,同僚や知り合いのスポーツ関係者につてがあればそのネットワークを使って探すことも可能でしょう.しかし,ここでは身近につてがない場合を考え,青柳ほか(2015a)を参考に代表的なサポートの例を紹介します.

a. スポーツ・行政団体等による指導者仲介サポート

「スポーツリーダーバンク（またはスポーツ指導者バンクなど）」という組織があります．スポーツリーダーバンクとは各種のスポーツ指導資格を持つ人材等をあらかじめ登録しておき，市町村・スポーツ団体・学校・地域住民等の要請に応じて指導者を紹介する取り組みです．2015年度現在では33都道府県が設置しており，全国で約1万5千人の指導者が登録されています（笹川スポーツ財団，2017）．加えて，市区町村単位で独自にスポーツリーダーバンクを設置している場合や，スポーツに限らない学習支援人材のバンクが設置されている自治体もあります．スポーツリーダーバンクではいくつかの方法で指導者を仲介しています．ひとつは，依頼者からの問い合わせに対して，スポーツリーダーバンクが条件の合う登録者を紹介する方法です．また，Webサイトに登録者情報の一部を公開し，その中から依頼者側が登録者を選んで，スポーツリーダーバンクに情報提供を依頼して登録者の連絡先などの詳細情報を得る方法などもあります．さらに，スポーツリーダーバンクが指導者講習会を実施していたり，指導者保険の保険料を補助している事例もあります．例えば，神奈川県立体育センター web 5-5 や東京都教育庁 web 5-6 ，日本スポーツ協会 web 5-7 が指導者情報を公開しています．

b. 大学生ボランティアによるサポート

次に，大学生ボランティアによる取り組みを紹介します．ひとつの例ですが，鹿児島県にある鹿屋体育大学では，学生を外部指導者として学校や地域のスポーツ団体等に派遣する取り組みを行う「学生スポーツボランティア支援室」が設置されています．この事業では学生をただ派遣するだけではなく，部活動指導を学生の学びの場と位置づけ，派遣前の事前研修や派遣中の指導相談，大学による学生の指導力認証制度（指導後の学生の自己評価と派遣先からの他者評価によって，顧問の指導下で指導の補助ができるレベル［C級］から1人で指導ができるレベル［A級］まで大学独自に認証する制度）を設けています．また事前研修のために「学生スポーツボランティア指導者ガイドブック」や派遣先が申請を円滑に行うために「派遣手続きの手引・申込書」といった印刷物も作成されています．

静岡県教育委員会では外部指導者の活用推進に関して，学生を活用した「部活動支援ボランティア事業」を行っています web 5-8 ．ここでは，静岡県内の大学と連携し，地域の学校に対して学生を派遣しています．静岡県教育委員会が学校から外部指導者のニーズを集約し，Webサイトに掲載して，学生が

応募するという形式です．研修会を企画し，さらなる指導力向上の機会を設けたり，スポーツ安全保険への加入補助も行っています．

いずれの取り組みもボランティアという前提で行われており，謝礼金は用意されていませんが，学生としても貴重な学びの機会となっているようです．大学生派遣の取り組みについて教員に話を聞くと，部員と一緒にプレーしてくれたり，部員と近い目線で指導してくれるという肯定的なイメージを持っており（青柳ほか，2015b），生徒と学生双方にとって有益な活動になっています．

c. 民間企業による指導者派遣サポート

民間企業によるプロコーチ派遣の取り組みも行われています．2013年，筆者はスポーツデータバンク株式会社と東京都杉並区立和田中学校にインタビューを行いました．この取り組みが始まったきっかけは，顧問が休日の指導を行えないことでした．和田中学校では複数の部活動で企業からの指導者を活用しており，部員1人につき1回500円の指導料（保険料込み）を各部の代表の保護者が徴収し企業への支払いを行っていました．指導回数は基本的に月2回であり，1回3時間程度の指導でした．指導者が来る日には顧問は部活動に参加しなくてもよいことになっています．それぞれの立場としては，企業は指導者の派遣，学校が活動場所の提供，保護者が活動の責任者です．このように，部員の保護者も運営には積極的に関与しており，保護者の3つの大きな役割は生徒の出欠管理，緊急時の対応，どのような指導を受けたかなどを記入する指導報告書の確認でした．さらにその後，杉並区の教育委員会が主導し，平日も活用可能な「部活動活性化事業」として，より多くの学校がプロコーチを活用するようになりました（杉並区教育委員会，2016）．また，前出のスポーツデータバンク株式会社では，東京都以外でも指導者派遣を行っています web 5-9．

d. 外部指導者に対する経済的サポート

そのほかにも，秋田県教育庁の「運動部活動テクニカルサポート事業」など，外部指導者に対する謝礼金を補助する取り組みも行われています．また，2017年4月からは「部活動指導員」が制度化されました（スポーツ庁，2017）．部活動指導員は学校職員に位置づけられ，単独での指導や引率も認められますが，給与や活動形態についての検討が続けられています．これらは外部指導者を探すこととは直接関係しませんが，謝礼金補助や立場の明確化によって，外部指導者の活用をサポートする制度として役立ちそうです．

紹介した事例と類似の取り組みを都道府県または市区町村の教育委員会，体

育協会，体育センター，スポーツセンター，各競技協会などが行っている場合がありますので，まずは地域の体育・スポーツ関連団体に問い合わせてみるとよいでしょう．

(3) 外部指導者を活用する際の留意点

　外部指導者を活用する側(顧問)が活用の際に留意すべきこととして，まずは外部指導者が部活動関与の促進要因と認識していることを示します(図5-10)．この結果は外部指導者に対するインタビュー調査から出てきた項目を，外部指導者に対するアンケート調査によって重みづけしたものです(Aoyagi et al., 2014a)．上位にはその競技が好きであったり，楽しいという気持ちが位置しています．そして，部員の技術的・人間的成長を感じられることや外部指導者自身の成長，人脈の獲得も促進要因になっています．「顧問が協力的である」という項目も90％以上の外部指導者が促進要因として認識しています．一方で，謝礼金はそれほど促進要因として認識されていないようです(詳細は web 5-10)．スポーツリーダーバンクに登録しているものの，現在は活動していない指導者(潜在的な外部指導者)に同様の調査を行ったところ，外部指導者と同じように，その競技が好きだという気持ちや楽しさ，部員の成長が上位にあげられました(Aoyagi et al., 2016c：詳細は web 5-11)．

　次に外部指導者が部活動関与の阻害要因と認識していることを示します(図5-11)．阻害要因には練習の変更や中止の連絡が不十分なこと，施設や設備の不備，練習の時間が希望と合わないことなど，マネジメント上の課題が見受けられました．部員の意欲が低いことや部員との人間関係が悪いことも比較的上位に位置します．また，顧問が部活動に関わらないことも3割程度の外部指導者が感じている阻害要因でした．負傷者が出ることへの不安に対しては，学校の安全体制(保健室，AED，最寄りの医療機関等)に関する情報の共有や指導者保険への加入が有効であると考えられます．一方で，謝礼金の不足はそれほど阻害要因としては認識されていないようです(詳細は web 5-12)．スポーツリーダーバンク登録者(潜在的な外部指導者)への調査では，「事故などの際に保証されない(85.6％)」，「責任の所在があいまい(85.4％)」が最上位でした．そして，「依頼がない(81.0％)」，「ニーズがあるかわからない(80.5％)」，「学校や部活動に関する情報がない(78.7％)」，「自分からは部活動に入っていきづらいと感じる(74.5％)」というように，指導者側からの「指導したい」という希望がなかなか実現しづらい状況があることがわかりました．そのほか，

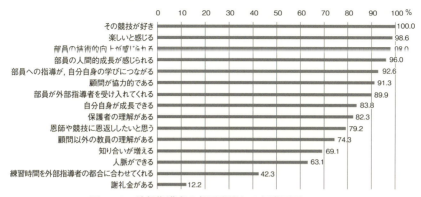

図 5-10　外部指導者の部活動関与の促進要因
（Aoyagi et al., 2014a から一部抜粋し作成）

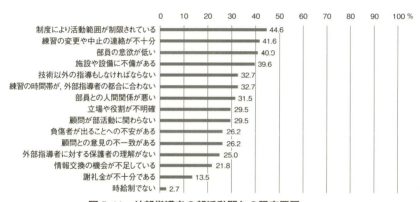

図 5-11　外部指導者の部活動関与の阻害要因
（Aoyagi et al., 2014a から一部抜粋し作成）

「一人では指導するのが大変（72.6％）」，「顧問が練習にいない（64.3％）」というように顧問の関わりを求める意見も多くあげられました（Aoyagi et al., 2016c：詳細は web 5-13 ）．

　以上の促進・阻害要因をまとめると，外部指導者は謝礼金を主目的として指導しているわけではなく，純粋にその競技が好き・楽しいという気持ちであったり，部員や自分自身の成長，人脈が広がることが魅力になっているようです．また，顧問の協力次第で関与が促進されも阻害されもすることが読み取れます．技術指導以外のマネジメントや生徒指導の部分については，外部指導者を活用していたとしても顧問に期待される役割となります．学校現場で十分な

謝礼金を用意するのは容易なことではありません．顧問は謝礼金が用意できないからといって外部指導者の活用をあきらめるのではなく，外部指導者がどのような思いで部活動の指導を引き受けてくれているのかに留意し，外部指導者にとって魅力的な環境を整えていくことが重要です．

（4）指導を依頼される側の心得

　続いて，依頼される側（外部指導者）が部活動に入っていくにあたって気をつけることについて説明します．まず，教員は外部指導者にどのような資質を求めているかについて，教員に対する調査から見ていきます（Aoyagi et al., 2015）．上位には「守秘義務を守れること（98.0％）」や「セクシャルハラスメントを行わないこと（98.0％）」，「部員との関係にけじめをつけられること（97.2％）」など，学校教育現場で活動するにあたっての信頼性に関わる資質が多く，また，「外部指導者だけの意見で指導しないこと（94.4％）」や「顧問が意見を言いやすいこと（92.0％）」のように，顧問の立場や意見を尊重してくれることも重要です．「栄養指導ができること（43.0％）」や「メンタルトレーニングの専門家であること（42.3％）」などの専門性についても一定の需要がありました．一方，年齢（若いこと：20.8％）や立場（教え子であること：9.2％，保護者であること：8.8％）といった項目はあまり重要視されていないことがわかりました（詳細は web 5-14 ）．

　次に，教員が外部指導者を活用することを促進する要因を図 5-12 に示します（Aoyagi et al., 2014b）．練習の効率向上や技能レベルや安全性の向上など，部員にとっての恩恵になるものが多く認識されています．外部指導者の関わりは顧問自身の成長にとってもプラスととらえられています．上記の外部指導者に求める資質と合わせて，教員が外部指導者に期待している項目といえるでしょう（詳細は web 5-15 ）．

　外部指導者を教員が活用することを阻害する要因を図 5-13 に示します．「一度，外部指導者に来てもらうと断りづらい」や「どのような外部指導者が紹介されるかわからない」という項目からは，外部指導者を活用することに対する不安がうかがえます．そして，その不安の中身には教育面の軽視や指導意見の不一致，求める指導をしてもらえないことなどがあげられます．また，顧問よりも外部指導者の立場が上になってしまうことへの不安もありました．顧問のほうが外部指導者よりも立場が上である，ということではありませんが，例えば外部指導者が顧問を軽視したり，顧問の指導よりも自分の指導のほうが正し

5-5 運動部活動の外部指導者を探す・活用する

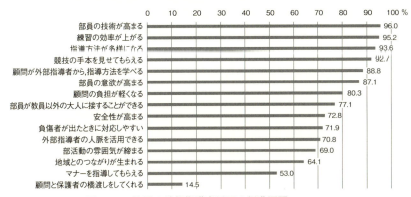

図 5-12　教員の外部指導者活用の促進要因
（Aoyagi et al., 2014b から一部抜粋し作成）

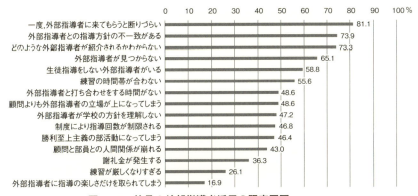

図 5-13　教員の外部指導者活用の阻害要因
（Aoyagi et al., 2014b から一部抜粋し作成）

いという趣旨のことを部員に伝えた場合，学校生活での指導場面でも生徒(部員)が教員(顧問)の指導に従わなくなるなどの弊害がでてきます(詳細は web 5-16)．

　以上のように，教員は外部指導者に対して技術指導や安全性の向上といった役割を望んでいました．しかしそれだけでなく，部員への教育的な関わりや教員という立場を尊重してくれることも求めています．外部指導者は部活動があくまでも学校教育の一環であることを念頭に置き，過度な勝利追求や，行き過ぎた指導を行わないように留意してください．また，指導方針の不一致に対す

る不安感も報告されたことから，指導前には部活動の状況・目標を確認し，顧問と指導方針について話し合っておく必要があります．

(5) 外部指導者を活用する際のチェックリスト

顧問と外部指導者が活動を開始する際に事前に確認しておいたほうがよいことをチェックリストにまとめます(図5-14)．活用する顧問側の視点で作成していますが，外部指導者を目指す人も事前に確認しておくべき事項です．お互いによく理解しあったうえで指導を開始することで，ミスマッチやトラブルを回避できるはずです．

【外部指導者活用チェックリスト】

☐ 可能な限り外部指導者のこれまでの指導や人物についての情報を収集する
☐ 管理職の立会いのもと，面談を実施する
　☐ 学校における部活動の位置づけを説明する(学習指導要領には「生徒の自主的，自発的な参加により行われる部活動については，スポーツや文化及び科学等に親しませ，学習意欲の向上や責任感，連帯感の涵養等に資するものであり，学校教育の一環として，教育課程との関連が図られるよう留意すること」と記されています)
　☐ 顧問と外部指導者の立場を説明する(指導者間の意見の相違は生徒を混乱させます．学校教育の一環である部活動に関しては，外部指導者との相談のもと顧問が主導してかじ取りをしていくことが適切であると考えられます)
　☐ 学校が求めている指導，守ってほしいことを伝える(当該部活動の指導方針や目標，体罰・ハラスメント・守秘義務・部員との連絡や送迎についてのルールなど)
　☐ 外部指導者が求めていることは何かを聞く
　☐ 外部指導者が求めていることへのリターン(学校側から何が提供できるか)を提示する
　☐ 部活動や部員の学校内および部活動での様子を外部指導者に伝える
　☐ 部員の保護者の状況を外部指導者に伝える
　☐ 指導してほしい曜日時間と指導可能な曜日時間を調整する
　☐ 顧問と外部指導者の役割分担を確認する
　☐ 責任の所在を確認する
　☐ 謝礼金や交通費について確認する
　☐ 契約期間や外部指導者をやめる際のルールを確認する
　☐ 以上を確認し，書面として残す
☐ 指導者保険に加入する
☐ 外部指導者を活用していることを他の教職員にも周知する
☐ 試用期間(1か月程度)を設ける
☐ 顧問と外部指導者の密なコミュニケーションにより部員の情報を共有する

図5-14　外部指導者を活用する際のチェックリスト

チェックリストは，外部指導者の候補者が見つかったところから始めています．大切なのは指導開始前の面談ですが，面談までにはできるだけ外部指導者の情報を収集しておくとよいでしょう．そして，管理職立会いのもとで面談を実施します．面談では，学校における部活動の位置づけ，顧問と外部指導者の立場，学校が求める指導やルールなど，学校として外部指導者に求めることを伝えます．そして，外部指導者から指導方針や部活動で実現したいことを聞き取ります．そのうえで，部活動の現状を共有し，具体的な指導計画や謝礼金等の実務的な事項を相談していきます．外部指導者が求めていることへのリターンには，謝礼金だけではなく，人脈を得る機会や指導者講習会等の情報の提供など多様なものが考えられます．以上の面談内容は議事録や契約書のような形で残しておくことをお勧めします．面談後，実際の指導前には指導者保険に加入し，他の教職員に不審な目で見られないように外部指導者を活用していることを伝えておいてください．可能であれば1か月程度の試用期間を設けることもお互いの不安感を軽減してくれます．このチェックリストのように細かく確認しておくことは，学校側だけでなく，外部指導者のためでもあります．自身の立場や求められていることが明確になることで，さらに指導がしやすくなると考えられるからです．

（6）まとめ

外部指導者を探すために，また，外部指導者として活動するためには指導者と指導機会をつなぐ支援や取り組みがさまざまあることを紹介してきました．自分自身にネットワークがなかったとしても，近くにネットワークを構築してくれるサポートがあるかもしれませんので，まずは探してみてください．また，顧問側と外部指導者側の視点から，それぞれの立場やニーズを提示しました．生徒を対象に行ったインタビュー調査でも顧問，外部指導者のそれぞれから受け取る恩恵（例えば，顧問側からは部活動のマネジメントや学校生活との連携，外部指導者側からは専門的な技術指導など）があることが示されています（Aoyagi et al., 2016b）．顧問と外部指導者がお互いを理解し尊重しあって，協働的に部活動を支えていくことが生徒にとって有益であると考えられます．

［青柳健隆］

5-6　運動部活動顧問の役割と負担

　組織的なスポーツ活動をマネジメントしていくためには，指導や運営に関わる業務内容を把握していることが大切です．それによって，必要な予算や人員数，指導者間の役割分担等を検討することが可能になります．本節では，わが国の特徴的なスポーツ文化である中学校および高等学校の運動部活動を事例に，運動部活動を指導・運営していくにあたってどのような業務内容があるのかを紹介し，より効果的・効率的に運営していく方法を検討していきます．

(1) 運動部活動顧問の業務内容と時間的負担

　社会的な働き方改革の潮流の中で，教員の働き方についても議論が進められています．2013年に実施された「OECD(経済協力開発機構)国際教員指導環境調査(TALIS)」によると，日本の中学校教員の労働時間は週平均53.9時間で，参加国平均の38.3時間よりも約15時間も長くなっています．そして，課外活動の指導(放課後のスポーツ活動や文化活動等)に費やした時間も参加国平均の週2.1時間を大きく上回る7.7時間でした(国立教育政策研究所，2014)．教員勤務実態調査(文部科学省，2017)では，勤務時間の長時間化が指摘されています．

　では，運動部活動にかかわる顧問の業務について見てみましょう．この調査(青柳ほか，2017)では，公立中学校および高等学校の教員にインタビューを実施し，運動部活動の指導・運営を行う上で年間を通してどのような業務があるのかを調べ，それらの業務を年間にどのくらいの時間行っているかをアンケート調査によって定量化しています．アンケート調査の対象者は，公立中学校および高等学校の運動部活動顧問教員361名です．その結果，年間に平均で1396.5時間を部活動に関連する業務に充てていることがわかりました(表5-9)．内訳を見ると，最も長い時間を費やしていたのが「実際に部活動の練習に参加している時間」で年間平均755.8時間です(時間全体の56%；この時間には練習前後の準備・後片付けや部員の下校の確認・見届けなども含まれています)．次に多かったのが「他校との練習試合や練習会への引率」の143.9時間で，大会および合宿への引率時間を合わせると274.4時間となり，時間全体の20%を引率に関わる業務に充てています．そして，合計時間から指導と引率を差し引いた366.3時間(全体の26%)がそれ以外の運営に関連する業務です．このように，指導・引率という目に見えやすい部分だけではなく，部活動

表 5-9　運動部活動顧問の業務内容と時間的負担（青柳けい，2017 から一部抜粋）

	業務内容	平均値 （時間／年）
1	実際に部活動の練習に参加している時間 （練習前後の準備・後片付け，部員の下校の確認・見届けなども含む）	755.8
2	他校との練習試合や練習会への引率 （宿泊を伴う場合，就寝時間は除く）	143.9
3	大会への引率，大会中の運営・審判・役員 （宿泊を伴う場合，就寝時間は除く）	93.6
4	部員への生徒指導・生活指導	48.1
5	年間・月間・週間および各日の練習計画，スケジュールの立案，他の部活との練習調整	45.2
6	合宿の引率（宿泊を伴う場合，就寝時間は除く）	36.9
7	顧問自身の競技・指導力向上のための講習会参加，自主的な勉強	36.7
8	部活動日誌等の確認，コメント	31.4
9	他校との練習試合や練習会の企画・連絡調整・対応	23.3
10	部員の勉強の課題・宿題の指導	22.2
11	大会開催までの企画・準備・連絡調整	22.0
12	部員の相談に乗る時間，カウンセリング	21.1
13	部活動環境（施設・用具）の整備・保持・管理	18.4
14	安全管理，部員のケガ・病気への対応	16.2
15	専門部の諸活動	15.7
16	部費の集金，会計管理，物品購入，会計報告	11.0
17	学内外の顧問会議	11.0
18	部員名簿の作成や選手登録作業，大会申込み	10.0
19	保護者会の準備・開催，普段の保護者対応	7.7
20	部活動としての地域貢献活動の企画・実施	7.0
21	部員の担任との連絡調整	6.8
22	学校や生徒会への活動報告	5.9
23	合宿の企画・調整	5.8
24	部の広報等の作成	5.3
25	地域スポーツ団体との連絡調整	4.0
26	外部指導者（監督・コーチ）との連絡調整・対応	2.7
	合計時間	1396.5

を支える運営の部分にも多くの業務があることがわかります．特に，中学校や高等学校という学校現場で行われる部活動には，技術指導以外にも様々な業務があります．学校では生徒指導や進路指導，学校での指導との相互補完的な役割も部活動に期待されているため(額賀ほか，2017)，部活動で指導する際には「部員への生徒指導・生活指導」，「部員の勉強の課題・宿題の指導」，「部員の相談に乗る時間，カウンセリング」などの業務もあることに留意する必要があります．

(2) 運動部活動顧問への経済的な手当と自己負担

部活動の指導・運営に対して，顧問にはいったいどれほどの報酬が支払われているのでしょうか．自治体によって多少違いはありますが，2017年現在，土曜日や日曜日に4時間以上部活動指導を行った場合には「部活動指導手当」として3,000円が支払われます．また，大会等において生徒を引率して行う指導業務で泊りがけのもの(または土曜日や日曜日等に行うもの)に8時間以上従事した場合には「対外運動競技等引率指導手当」が4,250円支払われています(運動部活動の在り方に関する調査研究協力者会議，2013)．これらの手当ては，2018年1月に部活動指導手当が3,600円へと増額され，2019年1月には部活動指導手当が2時間以上4時間未満の活動に対しても1,800円支払われるようになるなど，改善が進められています(朝日新聞，2017a)．そのほかに，教員には「教職調整額」として給与の4％が一律で追加支給されています(中央教育審議会，2007)．ただし，教職調整額は教員の特殊な勤務様態に鑑み，時間外勤務手当(いわゆる残業代)のかわりに学校に関わる多様な職務遂行を補助するために定められたものですので，平日の部活動指導を直接的にカバーする手当とはいえません．このように，平日はほとんど手当らしい手当がなく，休日の活動についても時給換算すると500〜900円程度という厳しい状況の中で顧問は部活動を支えているのです．

また，顧問の活動に対しては公式な大会等であれば旅費が支出されますが，それ以外の活動については自己負担も発生しています．中学校および高等学校の運動部活動顧問に年間の自己負担額を調査したところ，年間平均で136,491円であることがわかりました(青柳ほか，2017)．内訳の中で最も多かったのが「飲食費・交際費」で32,692円(部員やコーチのために顧問が支出した場合はそれも含めています)，そして，「交通費」の31,343円，「ウエア・シューズ等の衣類」の26,276円が続き，「宿泊費」，「スポーツ用具」，「教本・DVD等の

表 5-10　運動部活動顧問の経済的負担
(青柳ほか，2017 から一部抜粋)

	支出費目	平均値(円/年)
1	飲食費・交際費	32,692
2	交通費	31,343
3	ウエア・シューズ等の衣類	26,276
4	宿泊費	17,779
5	スポーツ用具	16,095
6	教本・DVD 等の教材費	12,552
	合計金額	136,491

教材費」にもそれぞれ 1 万円以上の支出がありました(表 5-10).

(3) 部活動運営のコストと運営に関する今後の方向性

　ここまで顧問個人としての時間的・経済的な負担を見てきましたが，運動部活動数は中学校および高等学校の男女合わせて約 21 万部でした(全国高等学校体育連盟，2017；日本高等学校野球連盟，2017；日本中学校体育連盟，2017).男女部をまとめて担当している顧問もいる可能性がありますので，主顧問数は 10〜20 万人というところでしょう．顧問個人ではなく学校教育全体で考えると，部活動がいかに規模の大きい活動であるかがわかります．顧問に公的に支出されている交通費や宿泊費，副顧問や外部指導者の活動分まで含めると，部活動自体にはさらに多くの運営コストがかけられています.

　運動部活動のあり方については，これまでスポーツ少年団や総合型地域スポーツクラブなどの地域スポーツへの移行(社会体育化)が試みられたこともありますが，実際にはほとんど移り変わることはありませんでした(中澤，2017).その背景には，部活動が時間的にも規模的にも非常に大きな活動であり，それだけの活動を担える基盤が地域になかったことも影響していると推察されます．また，大胆に部活動の日数や時間の総量を規制するという提案も顧問の負担軽減策のひとつとして挙げられています(内田，2017).確かに，顧問の労働問題として負担軽減は喫緊の課題ですが，部活動の地域への移行や縮小という方向性には，子どものスポーツ機会を制限してしまうリスクを伴います．短期的には負担やコストを抑制することはできても，中期的には子どもの体力低下や社会性発達などへの影響，中長期的な視点では国民の健康寿命の短縮(医療費の増大)，国際的な競技競争力の低下やスポーツビジネス市場の縮小

なども予想されます．榊原(2000)は，大阪府における中学校および高等学校の部活動の社会的費用を約100億円と試算し，子どもの文化活動の保障という観点から，部活動の人的・環境的整備，部活動の校務化(教育課程化)の必要性を訴えています．部活動の地域への移行によって，家庭の経済状況に恵まれない子どもが十分にスポーツ活動に参加できないといった「スポーツ格差」が生じてしまう可能性もあるため，特に義務教育課程である中学校においては部活動を公教育として整備していくことも含めて，多様な視点からのさらなる議論が望まれます．

(4) 負担感の軽減策

では，個人で取り組みやすい負担軽減の方法にはどのようなものがあるでしょうか．いくつかのアイデアを紹介します．

まずは外部指導者の活用です．時間的に多くを占める日常的な指導の部分をサポートしてもらうことで物理的な負担の軽減が見込めます．専門的な技術指導に自信のない顧問にとっては心強い味方になるでしょう．2017年4月からは単独で指導や引率を行うことのできる「部活動指導員」が制度化されるなど(スポーツ庁，2017)，その活動範囲は広がりつつあります．

また，表5-9に示した多くの業務内容のうちで削減できるものがないか，外部指導者や副顧問，保護者等と役割分担できる業務内容がないかも一考の余地ありです．同様に，部員の自治的な運営に任せられる部分がないかも検討してみてください．学習指導要領(文部科学省，2008，2009)には「生徒の自主的，自発的な参加により行われる」と部活動の性格が示されており，神谷(2015)も教育的な視点から部活動を生徒が自治的に運営していくことの重要性を唱えています．例えば，練習計画の立案，合宿の企画，地域貢献活動の企画，部活動の広報作成などは部員に考えさせることで，負担の軽減だけでなくよい学びの機会としても活用できそうです．

もうひとつの重要な視点は顧問の指導・運営力です．学校運動部活動指導者の実態に関する調査(日本体育協会，2014)では，中学校の45.9%，高等学校の40.9%の運動部顧問は保健体育の教員ではなく，なおかつ担当部活動の競技経験がないことが示されています．また同調査で，そのような専門性を持たない顧問は自分自身の専門的指導力の不足を最も大きな課題として認識していることがわかりました．「担当する部活動の指導に必要な知識や技術がない」と感じている中学校教員ほどストレスが高い状態であることも報告されています

(朝日新聞，2017b；文部科学省，2018)．一方で，その報告では部活動の活動日数とストレスの間には相関関係は認められていません．さらに，寺岡・松元(2015)はスポーツの指導や教育に関する専門的な研修を受講していない人のほうが，指導に対して不安を感じている割合が高いことを報告しています．これらのことから，顧問の負担軽減のためには単に時間的負担を削減するだけでは不十分であり，指導・運営力の向上がカギになる可能性があるのです．

そこで筆者は顧問の「競技的専門性」，「指導・運営に対する自信」，「指導・運営の負担感」についての調査を実施しました(青柳ほか，2018)．対象者は社会調査会社に登録している公立の中学校および高等学校の教員で，運動部活動を指導している者211名です．主な質問項目は運動部活動の指導・運営に対する自信（「部活動の指導には自信がある」，「部活動の運営には自信がある」のそれぞれについて「1. 全くあてはまらない」～「5. とてもあてはまる」で回答を得て平均点を算出）および負担感（「部活動の指導や運営に負担を感じている」，「部活動の指導や運営は精神的に疲れる」，「できれば現在の部活動の顧問は担当したくない」のそれぞれについて「1. 全くあてはまらない」～「5. とてもあてはまる」で回答を得て平均点を算出）でした．専門性の有無による部活動の指導・運営に対する自信と負担感の差を明らかにするため，分散分析の後に多重比較検定を行いました．その結果，自信については保健体育以外かつ非専門の顧問(2.05)に比べて，保健体育以外かつ専門の顧問(3.38)と保健体育担当の顧問(3.55)のほうが有意に高いことが明らかになりました(図 5-15)．負担感については反対に，保健体育以外かつ非専門の顧問(3.86)に比べて，保健

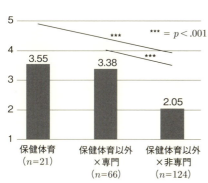

図 5-15　部活動の指導・運営に対する自信の群間差(青柳ほか，2018 から作成)

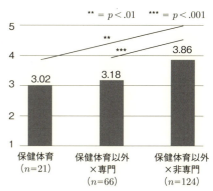

図 5-16　部活動の指導・運営に対する負担感の群間差(青柳ほか，2018 から作成)

体育以外かつ専門の顧問(3.18)と保健体育担当の顧問(3.02)のほうが有意に低いことが明らかになりました(図5-16).さらに3群それぞれについて,運動部活動の指導・運営に対する自信と負担感の相関を算出したところ,保健体育以外かつ非専門の顧問の相関係数(r)は-.394,保健体育以外かつ専門の顧問は-.466,保健体育担当の顧問は-.662でした(いずれも有意).

　これらの実証的な分析から,専門性を生かせる部活動に配置すること,必要な知識や技能の習得によって指導や運営に対する自信を高めることが負担感の軽減に有効である可能性が示唆されました.日本体育協会(2016)はコーチ育成のための「モデル・コア・カリキュラム」を作成し,①日本体育協会公認スポーツ指導者養成カリキュラムへの導入,②全国体育系大学学長・学部長会加盟大学における導入,③教員養成系大学における導入,教員現職研修等における導入などの普及を進めていますが,今後,指導・運営の知識および技能を高めていくような取り組みが充実していくことが望まれます.

(5) まとめ

　この節では,学校運動部活動の顧問にはどのような業務内容や負担があるのかを紹介してきました.顧問は部活動を指導・運営するために多様な業務を,多くの時間をかけて行っています.部活動での指導を行う場合には,前述した業務があることを念頭に置き,活動をマネジメントしていく必要があります.顧問の経済的な負担についても検討したところ,現状では業務に見合った報酬が支払われているとはいえないため,早急な改善が求められます.顧問の負担軽減のためには,部活動の縮小や地域への移行,支援の拡大といったさまざまな方向性が考えられますが,子どものスポーツ機会保障という視点や中長期的な影響についても考慮し,多角的に検討していかなければなりません.まずは外部指導者の活用や周りの人との役割分担,活動の一部を部員の自治に任せることなどで部活動運営の効率化を考えてみてください.また,顧問の指導・運営力を向上させるような取り組みによって,相対的に負担感を軽減していくことも重要です.

[青柳健隆]

アクティブ・ラーニング5　対話の雰囲気を変える

　ファシリテーションなどのアクティブ・ラーニングを行うことは，参加者の主体性に期待し，参加者に場を委ねることを意味します．予定外のこと，予想外のことが起きます．最後に，対話の温度を上げたいとき・ピンチに対処したいときに試してほしい方法を紹介します．

1. 温度を上げる
    - ①**グループの大きさを小さくする**：6人グループより2人の方が，参加者が対話に参加する密度は高まります．
    - ②**個人的な体験を話してもらう**：発言が少ないと感じる場合は，個人的な体験を話してもらうような問いを投げかけます．意見を言ってもらうことが難しくても，体験であれば語りやすいからです．
    - ③**ファシリテーターが動き回る**：ファシリテーター自身が会場を動き回ることで，雰囲気は変わります．停滞した空気は，身体の動きで打破しましょう．
    - ④**トーキングスティックを使う**：トーキングスティックとは，マイクのような意味合いを持つもので，それを持っている人だけが話してよいというアイテムです．野球のボールとか，対話のテーマに関連するグッズを使うのがよいでしょう．トーキングスティックは真ん中に置いて，それを取った人が発言します．トーキングスティックを取りに行くのにひと手間かかるため，会話のテンポが自然と緩やかになります．

2. ピンチに対処する

　ファシリテーションでは，参加者から意見を引き出せば引き出すほど，対立が表面化することもあるのです．しかし対立は，対話の幅を広げ，お互いの理解を深める絶好の機会です．どこが対立しているところなのか，ギャップを特定することが大切です．

　結末が見えてきたときは，ピンチでもあります．堀・加藤（2011）の言葉を借りれば，優勢派・劣勢派が明らかになってくると，「総論賛成・各論反対」の対話となります．そんなとき，ファシリテーターが劣勢派に譲歩を勧めるのは厳禁です．ファシリテーターの信用もなくなり，対話が成立しなくなります．では，どうすればよいか？優勢派から積極的に譲歩してもらうことです．そうすることで，劣勢派は「名誉ある撤退」を受け入れやすい状況が作られます．それでも合意が難しい場合は，部分的に合意する（例えば課題1～3のうち課題1については合意した，など）ことや，プロセスに合意する（各自が検討してきた上で来週もう一度対話を行う，など）ことを目指します．

　ファシリテーターは，「私」や「あなた」ではなく，「私たち」を主語にして語りかけ続けます．「私たちは，私たちのために，対話をしているのですよね」という対話の原点を，参加者に問いかけ続けることが大切です．　　　　　　　　　　［荒井弘和］

引 用 文 献

◆1章

アリストテレス（著）神崎繁（訳）(2014) ニコマコス倫理学. 岩波書店.
Culver, D., and Trudel, P. (2008) Clarifying the concept of communities of practice in sport. International Journal of Sports & Coaching, 3(1): 1-9.
コーチング推進コンソーシアム (2015) グッドコーチに向けた「7つの提言」. 文部科学省.
Côté, J., and Gilbert, W. (2009) An integrative definition of coaching effectiveness and expertise. International Journal of Sports Science and Coaching, 4(3)：307-323.
Cushion, C. (2007) Modelling the complexity of the coaching process. International Journal of Sports Science and Coaching, 2(4)：427-433.
深澤浩洋 (2017) フェアプレイの精神とは何か. 友添秀則編　よくわかるスポーツ倫理学. ミネルヴァ書房, pp. 20-33.
Ghaye, T. (2011) Teaching and Learning through Reflective Practice: A Practical Guide for Positive Action. Rouledge.
平井伯昌 (2008) 見抜く力—夢を叶えるコーチング. 幻冬舎.
Horn, T.S. (2002) Coaching effectiveness in the sports domain. In T.S. Horn (Ed.), Advances in sport psychology. Champaign, IL: Human Kinetics, pp. 309-354.
International Council for Coach Education, Association of Summer Olympic International Federations, and Leeds Metropolitan University (2013) International sport coaching framework (Version 1.2). Champaign, IL: Human Kinetics.
International Council for Coaching Excellence (2014) International coach developer framework (Version 1.1). https://www.icce.ws/_assets/files/documents/PC_ICDF_Booklet_Amended%20Sept%2014.pdf（2018年4月20日参照）
伊藤雅充 (2016a) アスリートセンタードコーチング：伝わらないのは理由がある. Training Journal, 38(5)：32-37.
伊藤雅充 (2016b) 運動部活動に活かすグッドコーチング. 友添秀則編　運動部活動の理論と実践. 大修館書店, pp. 159-169.
伊藤雅充 (2017) コーチとコーチング. コーチング学会編　コーチング学への招待. 大修館書店, pp. 12-25.
菊幸一 (2017) スポーツと暴力の倫理学. 友添秀則編　よくわかるスポーツ倫理学. ミネルヴァ書房, pp. 110-121.
國土将平 (2016) 児童・生徒の発育発達と練習内容. 友添秀則編　運動部活動の理論と実践. 大修館書店, pp. 118-131.
Kolb, D. A. (1984) Experiential learning: Experience as the source of learning and development. Prentice Hall.
Mallett, C. J., and Coulter, T. J. (2016) The anatomy of a successful Olympic coach: Actor, agent, and author. International Sport Coaching Journal, 3(2)：113-127.

引用文献

文部科学省　新しい時代にふさわしいコーチングの確立に向けて―グッドコーチに向けた「7つの提言」http://www.mext.go.jp/b_menu/houdou/27/03/__icsFiles/afieldfile/2015/03/13/1355873_1.pdf（2018年4月20日参照）
文部科学省編（2013）私たちは未来から「スポーツ」を託されている．学研パブリッシング．
中原淳（2018）働く大人のための「学び」の教科書．かんき出版．
南部さおり（2016）運動部活動の安全対策と事故への対応．友添秀則編　運動部部活動の理論と実践．大修館書店，pp. 84-106.
南部さおり（2017）部活動の安全指導―先生方に心がけていただきたいこと―．日本体育大学総合スポーツ科学研究センター．
日本バスケットボール協会（2018）マンツーマン推進の運用における一部変更およびリーフレット第3版の発行について．http://www.japanbasketball.jp/training-news/43417（2018年7月20日参照）
日本オリンピック委員会（2017）「トップアスリート育成・強化支援のための軌跡調査」報告書〈第一報〉．
日本サッカー協会技術委員会テクニカルハウス編（2015）合言葉は Players First !!．公益財団法人日本サッカー協会．
日本体育協会（2016）平成27年度コーチ育成のための「モデル・コア・カリキュラム」作成事業報告書．www.japan-sports.or.jp/Portals/0/data/ikusei/doc/curriculum/modelcore.pdf（2018年4月5日参照）
リチャード・ニスベット（著）村本由紀子（訳）（2004）．木を見る西洋人森を見る東洋人．ダイヤモンド社．
小澤治夫（2016）スポーツ医科学の知見を指導に活かす．友添秀則編　運動部活動の理論と実践．大修館書店，pp. 135-148.
佐良土茂樹（2018）「コーチング哲学」の基礎づけ．体育学研究，63(2)：547-562.
笹川スポーツ財団（2016）スポーツライフ・データ．
関口遵（2017）スポーツコーチの学びとその教育・育成に関する研究．Strength and Conditioning Journal, 24(6)：2-11.

◆ 2章

青柳健隆（2017）子どもを育てるコーチングマインド．体育の科学，67：476-480.
荒井弘和（2016）行動変容技法．日本スポーツ心理学会編　スポーツメンタルトレーニング教本（三訂版）．大修館書店，pp. 78-82.
荒井弘和・青柳健隆・日比千里（2013）大学生陸上競技選手を対象とした一体感向上のための短期ワークショップ型ファシリテーションプログラムの効果．スポーツ産業学研究，23：101-106.
Arai, H., Suzuki, F., and Akiba, S. (2016) Perception of Japanese collegiate athletes about the factors related to mentoring support. Journal of Physical Education Research, 3(4): 12-24.
荒川葉（2009）「夢追い」型進路形成の功罪―高校改革の社会学．東信堂．
荒木香織（2016）ラグビー日本代表を変えた「心の鍛え方」．講談社．

Bass, B. M., and Riggio, R. E. (2006) Transformational leadership (2nd ed.). New York: Psychology Press.

Birrer, D., Wetzel, J., Schmid, J., and Morgan, G. (2012) Analysis of sport psychology consultancy at three Olympic Games: Facts and figures. Psychology of Sport and Exercise, 13：702-710.

Charbonneau, D., Barling, J., and Kelloway, E. K. (2001) Transformational leadership and sports performance: The mediating role of intrinsic motivation. Journal of Applied Social Psychology, 31：1521-1534.

Chelladurai, P. (2001) Managing organization for sport and physical activity: A systems perspective. Scottsdale, AZ: Holcomb-Hathaway.

Chelladurai, P., and Saleh, S.D. (1980) Dimensions of leader behavior in sports: Development of a leadership scale. Journal of Sport Psychology, 2：34-45.

中央教育審議会（2012）新たな未来を築くための大学教育の質的転換に向けて―生涯学び続け，主体的に考える力を育成する大学へ―（答申）．http://www.mext.go.jp/component/b_menu/shingi/toushin/__icsFiles/afieldfile/2012/10/04/1325048_3.pdf（2019年5月23日参照）

中央教育審議会（2014）初等中等教育における教育課程の基準等の在り方について（諮問）．http://www.mext.go.jp/b_menu/shingi/chukyo/chukyo0/toushin/1353440.htm（2019年5月23日参照）

DeRue, S. D., and Wellman, N. (2009) Developing leaders via experience: The role of developmental challenge, learning orientation, and feedback availability. Journal of Applied Psychology, 94：859-875

Dragoni, L., Tesluk, P. E., and Oh, I. S. (2009) Understanding managerial development: Integrating developmental assignments, learning orientation, and access to developmental opportunities in predicting managerial competencies. Academy of Management Journal, 52：731-743.

Duguay, A. M., Loughead, T. M., and Munroe-Chandler, K. (2016) The development, implementation, and evaluation of an athlete leadership development program with female varsity athletes. The Sport Psychologist, 30：154-166.

Erickson, K., Côté, J., and Fraser-Thomas, J. (2007) Sport experiences, milestones, educational activities associated with high-performance coaches' development. The Sport Psychologist, 21：302-316.

Fransen, K., Vanbeselaere, N., De Cuyper, B., Vande Broeck, G., and Boen, F. (2014) The myth of the team captain as principal leader: Extending the athlete leadership classification within sport teams. Journal of Sports Sciences, 32：1389-1397.

船川淳志（2006）ロジカルリスニング．ダイヤモンド社．

グロービス（2014）ファシリテーションの教科書：組織を活性化させるコミュニケーションとリーダーシップ．東洋経済新報社．

長谷川誠（2016）大学全入時代における進路意識と進路形成―なぜ4年生大学に進学しないのか―．ミネルヴァ書房．

平木典子（2017）何を，なぜ，どうほめるか．こころの科学，196：19-23.

引用文献

平野裕一（2016）科学する野球―ピッチング＆フィールディング．ベースボールマガジン社．
平山るみ・楠見孝（2004）批判的思考態度が結論導出プロセスに及ぼす影響―証拠評価と結論生成課題を用いての検討―．教育心理学研究，52：186-198．
堀公俊（2009）「小さな」を引き出す質問力．PHP研究所．
堀公俊・加留部貴行（2010）教育研修ファシリテーター．日本経済新聞出版社．
堀公俊・加藤彰・加留部貴行（2007）チーム・ビルディング―人と人を「つなぐ」技法．日本経済新聞出版社．
堀公俊・加藤彰（2008）ワークショップ・デザイン―知をつむぐ対話の場づくり―．日本経済新聞出版社．
石丸径一郎（2014）認知行動療法の技法群（3）―認知療法②　下山晴彦・神村栄一編著　認知行動療法．放送大学教育振興会，pp.185-196．
伊藤絵美（2011a）ケアする人も楽になる認知行動療法入門　BOOK 1．医学書院．
伊藤絵美（2011b）ケアする人も楽になる認知行動療法入門　BOOK 2．医学書院．
伊藤絵美（2015）認知行動療法カウンセリング実践ワークショップ―CBTの効果的な始め方とケースフォーミュレーションの実際―．星和書店．
伊藤絵美（2016a）伊藤絵美の認知行動療法入門講義　上巻．公益財団法人矯正協会．
伊藤絵美（2016b）伊藤絵美の認知行動療法入門講義　下巻．公益財団法人矯正協会．
Jowett, S., and Ntoumanis, N. (2004) The coach-athlete relationship questionnaire (CART-Q): Development and initial validation. Scandinavian Journal of Medicine and Science in Sports, 14：245-257.
金澤潤一郎（2017）行動療法を活かした臨床の現場から．こころの科学，196：75-79．
苅谷剛彦（1991）学校・職業・選抜の社会学―高卒就職の日本的メカニズム―．東京大学出版会．
苅谷剛彦（2014）増補　教育の世紀―大衆教育社会の源流―．筑摩書房．
川喜田二郎（1967）発想法　創造性開発のために．中央公論新社．
川喜田二郎（1970）続・発想法　KJ法の展開と応用．中央公論新社．
風間八宏・西部謙司（2017）技術解体新書　サッカーの技術を言葉で再定義する．カンゼン．
Klaus Heinemann (ed.) (1999) Sport Clubs in Various European Countries. 川西正志・野川春男監訳（2010）ヨーロッパ諸国のスポーツクラブ．市村出版．
児玉真樹子・深田博巳（2010）育児中の女性正社員の就業継続意思に及ぼすメンタリングの効果：ワーク・ファミリー・コンフリクトと職業的アイデンティティに着目して．社会心理学研究，26：1-12．
栗山靖弘（2012）スポーツ特待生の進路形成―高校球児の事例を通して―．筑波大学社会学研究室編　社会学ジャーナル，37：167-183．
栗山靖弘（2017）強豪校野球部員のスポーツ推薦による進学先決定のメカニズム―部活を通じた進路形成と強豪校の存立基盤―．スポーツ社会学研究，25(1)：65-80．
楠見孝（2013）良き市民のための批判的思考．心理学ワールド，61：5-8．
Machida-Kosuga, M., Schaubroeck, J., Gould, D., Ewing, M., and Feltz, D. (2017) What influences collegiate coaches' intentions to advance their leadership careers? The roles of leader self-efficacy and outcome expectancies. International Sport Coaching Journal, 4：265-278.

Martin, S., Jackson, A., Richardson, P., and Weiller, K. (1999) Coaching preferences of adolescent youths and their parents. Journal of Applied Sport Psychology, 11：247-262.

松尾哲矢 (2015) アスリートを育てる〈場〉の社会学―民間クラブがスポーツを変えた―. 青弓社.

McCauley, C. D., Ohlott, P. J., and Ruderman, M. N. (1999) Job challenge profile: Facilitator's guide. San Francisco: Jossey-Bass.

McCauley, C. D., Ruderman, M. N., Ohlott, P. J., and Morrow, J. E. (1994) Assessing the developmental components of managerial jobs. Journal of Applied Psychology, 79：544-560.

道田泰司 (2001) 批判的思考の諸概念：人はそれを何だと考えているか？ 琉球大学教育学部紀要, 59：109-127

道田泰司 (2002) 合理性と批判的思考. 琉球大学教育学部紀要, 61：99-110.

Mumford, T. V., Campion, M. A., and Morgeson, F. P. (2007) The leadership skills strataplex: Leadership skills requirements across organizational levels. The Leadership Quarterly, 18：154-166.

森時彦 (2008) ファシリテーターの道具箱―組織の問題解決に使えるパワーツール49. ダイヤモンド社.

諸富祥彦 (2018) 傾聴. 岩壁茂編著 カウンセリングテクニック入門―プロカウンセラーの技法30. 金剛出版, pp.57-64.

中村高康 (1997) 大学大衆化時代における入学者選抜に関する実証的研究―選抜方法多様化の社会学的分析―. 東京大学大学院教育学研究科紀要, 37：77-89.

中野民夫 (2009) ワークショップとファシリテーション. 開発教育, 56：55-67.

中野民夫・森雅浩・鈴木まり子・冨岡武・大枝奈美 (2009) ファシリテーション―実践から学ぶスキルとこころ. 岩波書店.

日本オリンピック委員会 (2016) 平成27年度コーチング・イノベーション推進事業「アスリート・アントラージュ」の連携協力推進報告書.

西島央 (2014)「体育会所属大学生の学生生活と進路形成に関するアンケート」報告：関東地区のラグビー部とアメリカンフットボール部を事例に. 人文学報 教育学, 49.

Norris, L. A., Didymus, F. F., and Kaiseler, M. (2017) Stressors, coping, and well-being among sports coaches: A systematic review. Psychology of Sport and Exercise, 33：93-112.

額賀將・鈴木郁弥・秋葉茂季・飯田麻紗子・荒井弘和 (2018) 大学生アスリートが考えるメンターと競技・日常生活で求めるメンタリング. スポーツ産業学研究, 28：75-84.

Price, M.S., and Weiss, M.R. (2013) Relationships among coach leadership, peer leadership, and adolescent athletes' psychosocial and team outcomes: A test of transformational leadership theory. Journal of Applied Sport Psychology, 25：265-279.

Rhind, D. J. A., and Jowett, S. (2010) Relationship maintenance strategies in the coach-athlete relationship: The development of the COMPASS model. Journal of Applied Sport Psychology, 22：106-121.

Riemer, H. A. (2008) Multidimensional model of coach leadership. In S. Jowett and D. Lavallee. (Eds.) Social psychology in sport. Champaign, IL: Human Kinetics.

引用文献

Rowold, J. (2007) Transformational and transactional leadership in martial arts. Journal of Applied Sport Psychology, 18：312-325.
島宗理 (2004) インストラクショナルデザイン―教師のためのルールブック．米田出版.
島宗理 (2015) 部下を育てる！強いチームをつくる！リーダーのための行動分析学入門．日本実業出版社.
スポーツ指導者の資質能力向上のための有識者会議 (2013) スポーツ指導者の資質能力向上のための有識者会議（タスクフォース）報告書．http://www.mext.go.jp/b_menu/shingi/chousa/sports/017/toushin/__icsFiles/afieldfile/2014/06/12/1337250_01.pdf (2019年5月23日参照)
杉山尚子 (1988) スポーツ行動分析．異常行動研究会誌, 27：6-17.
杉山尚子 (2005) 行動分析学入門―ヒトの行動の思いがけない理由―．集英社.
杉山尚子・島宗理・佐藤方哉・マロット R.W.・マロット M.E. (1998) 行動分析学入門．産業図書.
菅原翔 (2018) 運動技能に与える声掛けの効果．体育の科学, 68：253-256.
菅山真次 (2011)〈就社〉社会の誕生―ホワイトカラーからブルーカラーへ―．名古屋大学出版会.
van Kleef, G. A., Cheshin, A., Koning, L. F., and Wolf, S. A. (2019) Emotional games: How coaches' emotional expressions shape players' emotions, inferences, and team performance. Psychology of Sport and Exercise, 41：1-11.
Van Velsor, E., McCauley, C. D., and Ruderman, M. N. (2010) The Center for Creative Leadership handbook of leadership development (3rd ed.). San Francisco, CA: Jossey-Bass.
Vealey, R. S. (2005) Coaching for the inner edge. Morgantown, WV: Fitness Information Technology.
Zhang, J., Jensen, B. E., and Mann, B. L. (1997). Modification and revision of the leadership scale for sport. Journal of Sport Behavior, 20：105-122.

◆3章

阿江通良・藤井範久 (2002) スポーツバイオメカニクス20講．朝倉書店.
荒井弘和 (2016) 行動変容技法．日本スポーツ心理学会編　スポーツメンタルトレーニング教本 (三訂版)．大修館書店, pp. 78-82.
朝岡正雄 (2016) 競技力とは何か．日本コーチング学会編　コーチング学への招待．大修館書店, pp.66-71.
ベック, J.S.（著）伊藤絵美・神村栄一・藤澤大介 (訳) (2015) 認知行動療法実践ガイド：基礎から応用まで (第2版) ―ジュディス・ベックの認知行動療法テキスト―．星和書店.
Brown, D. J., and Fletcher, D. (2017) Effects of psychological and psychosocial interventions on sport performance: A meta-analysis. Sports Medicine, 47：77-99.
深町花子 (2018) 新しい認知行動的技法．体育の科学, 68：257-261.
深町花子・石井香織・荒井弘和・岡浩一朗 (2016) 大学生アーチェリー選手のパフォーマンス向上へのアクセプタンス＆コミットメントセラピーの適用事例．行動療法研究, 42：413-

423.
Gordon, A. M., Huxley, A. F., and Julian, F. J. (1966) The variation in isometric tension with sarcomere length in vertebrate muscle fibres. Journal of Physiology, 184:170-192.
グロッサー，M.・ノイマイヤー，A.(著)朝岡正雄・佐野淳・渡辺良夫(訳)(1995)選手とコーチのためのスポーツ技術のトレーニング．大修館書店，pp.116-128, 132-142.
　　(Grosser M., and Neumaier A. (1982) Techniktraining, BLV Verlagsgesellschaft mbH.)
長谷川裕(2016)トレーニング計画とその実際．日本体育協会編　公認スポーツ指導者養成テキスト共通科目Ⅲ．日本体育協会，pp118-127.
長谷川望(2008)イメージトレーニング．日本スポーツ心理学会編集　スポーツ心理学事典．大修館書店，pp. 441-443.
ヘイズ，S.C.・スミス，S.(著)武藤崇・原井宏明・吉岡昌子・岡嶋美代(訳)(2008)〈あなた〉の人生をはじめるためのワークブック―「こころ」との新しいつきあい方　アクセプタンス&コミットメント．ブレーン出版．
Hill, A. V. (1938) The heat of shortening and the dynamic constants of muscle. Proceedings of the Royal Society B, London, 126:136-195.
神村栄一・佐々木雄二(1991)系統的脱感作法による恐怖・不安低減効果とイメージ想起のストラテジー―反応志向想起と刺激志向想起の比較から―．行動療法研究, 17:29-38.
北村勝朗(2008)積極的思考．日本スポーツ心理学会編集　スポーツ心理学事典．大修館書店，pp. 446-449.
猪飼道夫(1968)生理学からみた体力と技術．体育の科学, 5:291-294.
伊藤絵美(2011a)ケアする人も楽になる認知行動療法入門　BOOK 1．医学書院．
伊藤絵美(2011b)ケアする人も楽になる認知行動療法入門　BOOK 2．医学書院．
伊藤絵美(2015)認知行動療法カウンセリング実践ワークショップ　CBTの効果的な始め方とケースフォーミュレーションの実際．星和書店．
伊藤絵美(2016a)伊藤絵美の認知行動療法入門講義　上巻．公益財団法人矯正協会．
伊藤絵美(2016b)伊藤絵美の認知行動療法入門講義　下巻．公益財団法人矯正協会．
伊藤絵美(2017)折れない心がメモ1枚でできる．コーピングのやさしい教科書．宝島社．
窪康之(2013)スピードを生み出す身体の動き―種々の動作における力学的エネルギーの発生と利用に着目して―．体育の科学, 63(7):517-521
マイケンバウム，D(著)根建金男(監訳)(1992)認知行動療法―心理療法の新しい展開―．同朋舎出版．
森丘保典・品田貴恵子・門野洋介・青野博・安住文子・鍋倉賢治・伊藤静夫(2011)陸上競技・中距離選手のトレーニング負荷の変化がパフォーマンスおよび生理学的指標に及ぼす影響について―走行距離と強度に注目して―．コーチング学研究, 24(2):153-162.
森丘保典(2017)スプリント走のエナジェティクス．日本スプリント学会編　スプリント学ハンドブック．西村書店．pp.10-11.
村木征人(1994)スポーツトレーニング理論．ブックハウスHD．
武藤崇(2011)自分の〈こころ〉との新しいつきあい方：マインドフルネスとは何か．心理臨床科学, 1:13-15.
ノレム，J. K.(著)末宗みどり(訳)西村浩(監修)(2002)ネガティブだからうまくいく．ダイヤモンド社．

Norem, J. K., and Cantor, E.C. (1986) Anticipatory and post hoc cushioning strategies: Optimism and defensive pessimism in "risky" situations. Cognitive Research and Therapy, 10; 347-362.

日本体育学会監修 (2006) 最新スポーツ科学事典. 平凡社, pp.697-703.

Rumbold, J. L., Fletcher, D., and Daniels, K. (2012) A systematic review of stress management interventions with sport performers. Sport, Exercise, and Performance Psychology, 1: 173-193.

シュミット, R.A. (著) 調枝孝治 (訳) (1994) 運動学習とパフォーマンス―理論から実践へ―. 大修館書店, pp. 203-208, 233-237. (Schmidt, A. R. (1991) Motor learning & performance ― from principle to practice ―, Champaign, IL. Human Kinetics.)

関矢寛史 (2016) メンタルトレーニングとは. 日本スポーツ心理学会編 スポーツメンタルトレーニング教本 (三訂版). 大修館書店, pp. 7-11.

Tod, D., Hardy, J., and Oliver, E. (2011) Effects of self-talk: A systematic review. Journal of Sport and Exercise Psychology, 33：666-687.

土屋裕睦 (2016) イメージ技法. 日本スポーツ心理学会編 スポーツメンタルトレーニング教本 (三訂版). 大修館書店, pp. 103-107.

ザチオルスキー・クレーマー (著) 高松薫 (監訳) 図子浩二 (訳) (2009) 筋力トレーニングの理論と実践. 大修館書店, pp13-15.

図子浩二 (1999) トレーニングマネジメント・スキルアップ革命―スポーツトレーニングの計画がわかる①～⑦―問題解決型思考によるトレーニング計画の勧め. コーチングクリニック, 14(1-7) の連載.

図子浩二 (2014) コーチングモデルと体育系大学で行うべき一般コーチング学の内容. コーチング学研究, 27(2)：149-161.

図子浩二 (2016) トレーニング理論と方法論. 日本体育協会編 公認スポーツ指導者養成テキスト共通科目Ⅲ. 日本体育協会, pp.104-177.

◆4章

Erlacher, D., Ehrlenspiel, F., Adegbesan, O. A, and El-Din, H. (2011) Sleep habits in German athletes before important competitions or games. Journal of Sports Sciences, 29(8): 859-866.

Eston, R., and Peters, D. (1999) Effects of cold water immersion on the symptoms of exercise-induced muscle damage. Journal of Sports Sciences, 17(3): 231-238.

後藤一成 (2012) 疲労回復促進の科学 (1) 疲労回復促進をねらいとしたコンプレッションウェア着用の効果. 体育の科学, 62：799-803.

長谷川博・山本利春 (2014) リカバリーの科学―スポーツパフォーマンス向上のための最新情報 (第1版). ナップ.

早田剛・三浦隆・岩嵜徹治・宮地元彦 (2006) 段階的弾性ストッキング着用による下腿圧増加が下腿静脈コンプライアンスを増加させる. 体力科学, 55(4)：421-428.

星川雅子・内田直・藤田淑 (2015) 日本人トップアスリートを対象とした睡眠習慣に関する質問紙調査. 日本臨床スポーツ医学会誌, 23(1)：74-87.

星川雅子 (2017) アスリートの睡眠の改善に向けて（特集　戦略的リカバリー：アスリートの特性を踏まえた疲労回復）―（リカバリーにかかわる要素・手法）．臨床スポーツ医学，34(11)：1154-1161．

石河利寛・杉浦正輝 (1989) 運動生理学（初版）．建帛社．

Jakeman, J. R., Byrne, C., and Eston, R. G. (2010) Lower limb compression garment improves recovery from exercise-induced muscle damage in young, active females. European Journal of Applied Physiology, 109(6)：1137-1144.

Kosar, A. C., Candow, D. G., and Putland, J. T. (2012) Potential beneficial effects of whole-body vibration for muscle recovery after exercise. Journal of Strength and Conditioning Research, 26(10): 2907-2911.

Kraemer, W. J., Flanagan, S. D., Comstock, B. A., Fragala, M. S., Earp, J. E., Dunn-Lewis, C. et al. (2010) Effects of a Whole Body Compression Garment on Markers of Recovery After a Heavy Resistance Workout in Men and Women. Journal of Strength and Conditioning Research (Lippincott Williams & Wilkins), 24(3): 804-814.

Leeder, J., Glaister, M., Pizzoferro, K., Dawson, J., and Pedlar, C. (2012) Sleep duration and quality in elite athletes measured using wristwatch actigraphy. Journal of Sports Sciences, 30(6): 541-545.

Mah, C. C. D. (2011) The effects of sleep extension on the athletic performance of collegiate basketball players. Sleep (New York, N.Y.) 34：943-950.

光川眞壽・宮本直和・平田浩祐・利光徹哉・川村明・福永哲夫・川上泰雄 (2009) 段階的弾性圧迫ストッキングの着用が歩行中の足関節底屈筋群の血液量・筋活動および主観的運動強度に与える影響．スポーツ科学研究，6：88-96．

日本アンチ・ドーピング機構 (2018) PLAY TRUE Book，アスリートガイド．

日本薬剤師会，日本スポーツ協会 (2018) 薬剤師のためのアンチ・ドーピングガイドブック

西野精治 (2017) スタンフォード式最高の睡眠．サンマーク出版．

小田史郎 (2010) 大学生アスリートの睡眠状況について．北翔大学生涯スポーツ学部研究紀要，1：10-16．

小田史郎 (2011) 大学生アスリートの睡眠と生活習慣に関する研究．北翔大学生涯スポーツ学部研究紀要，2：11-18．

Pournot, H., Bieuzen, F., Duffield, R., Lepretre, P., Cozzolino, C., and Hausswirth, C. (2011) Short term effects of various water immersions on recovery from exhaustive intermittent exercise. European Journal of Applied Physiology, 111(7)：1287-1295.

Robson-Ansley, P., Gleeson, M., and Ansley, L., (2009) Fatigue management in the preparation of Olympic athletes. Journal of Sports Sciences, 27(13)：1409-1420.

Rose, C., Edwards, K. M., Siegler, J., Graham, K., and Caillaud, C. (2017) Whole-body cryotherapy as a Recovery Technique after Exercise: A Review of the Literature. International Journal of Sports Medicine, 38(14)：1049-1060.

Tei, C., Horikiri, Y., Park, J. C., Jeong, J. W., Chang, K. S., Toyama, Y., and Tanaka, N. (1995) Acute hemodynamic improvement by thermal vasodilation in congestive heart failure. Circulation, 91(10)：2582-2590.

内田直 (2016) 臨スポ OPINION　アスリートと睡眠．臨床スポーツ医学，33(4)：403-405．

Vaile, J., Halson, S., Gill, N., and Dawson, B. (2008) Effect of hydrotherapy on the signs and symptoms of delayed onset muscle soreness. European Journal of Applied Physiology, 102(4): 447-455.

Waterhouse, J., Atkinson, G., Edwards, B., and Reilly, T. (2007) The role of a short post-lunch nap in improving cognitive, motor, and sprint performance in participants with partial sleep deprivation. Journal of Sports Sciences, 25(14): 1557-1566.

Yanagisawa, O., Niitsu, M., Yoshioka, H., Goto, K., Kudo, H., and Itai, Y. (2003) The use of magnetic resonance imaging to evaluate the effects of cooling on skeletal muscle after strenuous exercise. / Utilisation de la resonance magnetique nucleaire pour l' evaluation des effets du refroidissement sur les muscles suite a une activite physique. European Journal of Applied Physiology, 89(1): 53-62.

堀公俊・加藤彰(2006)ファシリテーション・グラフィック．日本経済新聞出版社．

堀公俊・加藤彰(2009)ロジカル・ディスカッション．日本経済新聞出版社．

堀忠雄(2008)生理心理学—人間の行動を生理指標で測る(心理学の世界 基礎編12)．培風館．

◆5章

Aoyagi, K., Arai, H., Ishii, K., Shibata, A., and Oka, K. (2016a) Characteristics of Japanese collegiate athletes with motivation and feasibility for coaching in junior high and high school extracurricular sports activities. International Journal of Coaching Science, 10 (2): 115-126.

青柳健隆・荒井弘和・岡浩一朗(2018)運動部活動顧問の指導・運営力と負担感の関連．関東学院大学経済経営研究所年報，40: 7-12.

青柳健隆・石井香織・柴田愛・荒井弘和・深町花子・岡浩一朗(2015a)運動部活動での外部指導者活用推進に向けた組織の取り組み事例．体育学研究，60(1): 267-282.

青柳健隆・石井香織・柴田愛・荒井弘和・深町花子・岡浩一朗(2015b)運動部活動での外部指導者活用に向けた組織的実践の長所と問題点：異なる実践モデルに対する教員の評価．体育学研究，60(2): 783-792.

Aoyagi, K., Ishii, K., Shibata, A., Arai, H., Fukamachi, H., and Oka, K. (2016b) Cooperative coaching: Benefits to students in extracurricular school sports. Journal of Physical Education and Sport, 16(3): 806-815.

青柳健隆・石井香織・柴田愛・荒井弘和・岡浩一朗(2014)運動部活動における潜在的外部指導者の社会人口統計学的特徴．スポーツ産業学研究，24(2): 185-193.

Aoyagi, K., Ishii, K., Shibata, A., Arai, H., and Oka, K. (2014a) How to outsource coaching in school-based extracurricular sports activities: Evaluating perceptions of external coaches. International Journal of Education, 6(3): 101-118.

Aoyagi, K., Ishii, K., Shibata, A., Arai, H., and Oka, K. (2014b) Quantitative assessment of facilitators and barriers to using external coaches in school-based extracurricular sports activities. Journal of Physical Education and Sport Management, 5(4): 45-53.

Aoyagi, K., Ishii, K., Shibata, A., Arai, H., and Oka, K. (2015) Expected qualifications for external coaches in school-based extracurricular sports activities. Journal of Educational

and Social Research, 5(3):53-60.
Aoyagi, K., Ishii, K., Shibata, A., Arai, H., and Oka, K. (2016c) Potential external coaches' perceptions of facilitators and barriers for engaging in school-based extracurricular sports activities. International Journal of Coaching Science, 10(1):65-79.
青柳健隆・石井香織・柴田愛・荒井弘和・岡浩一朗 (2017) 運動部活動顧問の時間的・精神的・経済的負担の定量化．スポーツ産業学研究，27(3)：299-309．
荒井弘和 (2016) 行動変容技法．日本スポーツ心理学会編　スポーツメンタルトレーニング教本．大修館書店．
朝日新聞 (2017a) 9月8日付．土日の部活指導手当拡充．
朝日新聞 (2017b) 11月7日付．「部活の技術ない」教員にストレス．
浅見俊雄 (1985) スポーツトレーニング．朝倉書店．
Black, K. (2012). Inclusive Activities for All. https://www.icsspe.org/sites/default/files/K.Black_Inclusive_Activities_for_All.pdf (2018年5月1日参照)
Brittain, I. (2016). The Paralympic Games Explained (2nd ed.). Routledge.
長曽我部博 (2003)．小学生と知的障害児とのインクルージョン実践．体育科教育，51：46-49．
中央教育審議会 (2007) 今後の教員給与のあり方について（答申）．www.mext.go.jp/b_menu/shingi/chukyo/.../07041100.pdf (2017年11月14日参照)
Davis, W., and Broadhead, G. (2007). Ecological task analysis and movement. US: Human Kinetics.
現代スポーツ評論 (2015) 女性スポーツの現在．創文企画．
早坂知華 (2018)．知的障害者に対する走幅跳の指導方法について．平成29年度筑波大学体育専門学群卒業論文．
本間基照 (2016) 学校・大学リスクマネジメントの実践：地震対策・事故防止・情報管理．同文舘出版．
保坂亨・岡村達也 (1986) キャンパス・エンカウンター・グループの発達的・治療的意義の検討．心理臨床学研究，4：15-26．
星幸広 (2006) 実践　学校危機管理：現場対応マニュアル．大修館書店．
神谷拓 (2015) 運動部活動の教育学入門―歴史とのダイアローグ．大修館書店．
河東田博 (2005)．新説1946年ノーマライゼーションの原理．立教大学コミュニティ福祉学部紀要，7：13-23．
国立教育政策研究所編 (2014) 教育環境の国際比較―OECD国際教員指導環境調査（TALIS）2013年調査結果報告書．明石書店．
国立スポーツ科学センター (2016) Health Management for Female Athlete ―女性アスリートのための月経対策ハンドブック．
公益財団法人日本オリンピック委員会女性スポーツ専門部会 (2013) ロンドンオリンピック出場女性アスリートに対する調査報告
草野勝彦・長曽我部博 (2001) 障害児をインクルージョンした体育の授業と教員の態度．体育学研究，46(2)：207-216．
マイネル，K（著）金子明友（訳）(1981) スポーツ運動学．大修館書店．
宮下充正 (1980) 子どものからだ．東京大学出版会．
文部科学省 (2008) 中学校学習指導要領．東山書房．

引用文献

文部科学省(2009)高等学校学習指導要領．東山書房．
文部科学省(2017)教員勤務実態調査(平成28年度)の集計(速報値)について．http://www.mext.go.jp/b_menu/houdou/29/04/1385174.htm(2017年11月13日参照)
文部科学省(2018)教員勤務実態調査(平成28年度)の分析結果及び確定値の公表について(概要)．
森口佑介(訳)(2012)第3章心理発達．内田一成(監訳)ヒルガードの心理学(第15版)．金剛出版，p108.
村越真・長岡健一(2015)山のリスクと向き合うために．東京新聞．
村田光範(1996)身長の成長速度曲線の意義と問題点．産婦人科治療，72(4)：401-406.
村山未有(2013)．インクルーシブ体育を担当する教師に必要な視点：肢体不自由生徒のインタビューから．平成24年度筑波大学大学院修士論文．
中澤篤史(2017)そろそろ，部活のこれからを話しませんか：未来のための部活講義．大月書店．
Nattiv, A. et al. (2007), American College of Sports Medicine position stand. The female athlete triad. Medicine and Science in Sports and Exercise, 39(10), 1867-1882
沼崎一郎(2005)キャンパス・セクシュアル・ハラスメント対応ガイド：あなたにできること，あなたがすべきこと．嵯峨野書院．
日本中学校体育連盟(2017)加盟校調査集計．http://njpa.sakura.ne.jp/kamei.html#h13join (2017年10月20日参照)
日本高等学校野球連盟(2017)資料．http://www.jhbf.or.jp/ (2017年10月20日参照)
日本サッカー協会(不明)選手育成 トレセン概要トレセン制度．http://www.jfa.jp/youth_development/national_tracen/ (2018年6月30日閲覧)
日本スポーツ協会(2019)公認スポーツ指導者登録者数．http://www.japan-sports.or.jp/coach/tabid248.html (2019年4月19日参照)
日本体育協会(2014)学校運動部活動指導者の実態に関する調査報告書．www.japan-sports.or.jp/Portals/0/data/.../doc/houkokusho.pdf (2017年11月13日参照)
日本体育協会(2016)平成27年度コーチ育成のための「モデル・コア・カリキュラム」作成事業報告書．http://www.japan-sports.or.jp/Portals/0/data/ikusei/doc/curriculum/modelcore.pdf (2017年11月14日参照)
額賀將・青柳健隆・清水智弘・荒井弘和(2017)運動部活動顧問が感じている恩恵にはどのようなものがあるか？—教員へのインタビューに基づく質的検討—．日本スポーツ心理学会44回大会研究発表抄録集，268-269.
小笠原正・諏訪伸夫(2009)スポーツのリスクマネジメント．ぎょうせい．
小笠原正・諏訪伸夫(2014)体育・スポーツのリスクマネジメント．信山社．
大澤清二(2015)最適な体力トレーニングの開始年齢：文部科学省新体力テストデータの解析から．発育発達研究，69：25-35.
大内進・藤原紀子(2015)．イタリアにおけるインクルーシブ教育に対応した教員養成及び通常の学校の教員の役割．国立特別支援教育総合研究所研究紀要，42：85-96.
榊原義雄(2000)部活の社会的費用試論．体育科教育，48(9)：22-25.
笹川スポーツ財団(2017)スポーツ白書2017：スポーツによるソーシャルイノベーション．笹川スポーツ財団．

澤江幸則（2015）障害のある子どもたちと障害のない子どもたちの協働活動の現状と課題（体育系学術連合第1回記念大会シンポジウム障がいのある子どもたちの身体活動・スポーツについて考える）．

澤江幸則（2017）体育と特別支援教育．『楽しい体育の授業』編集部編　平成29年度学習指導要領改訂のポイント　小学校・中学校　体育　保健体育，明治図書，pp.44-47.

澤江幸則（2017）体育学　研究動向と特別支援教育への貢献．柘植雅義・『インクルーシブ教育の未来研究会』編　特別支援教育の到達点と可能性，金剛出版，pp.162-165.

澤江幸則（2018）20講　まとめ：アダプテッドに必要なことは？齊藤まゆみ編著：教養としてのアダプテッド体育・スポーツ．明治図書，pp.44-47.

澤江幸則・加藤彩乃（2018）障害のある子どもの体育に対する教師の意識：小中高等学校及び特別支援学校の校種間比較．日本特殊教育学会第56回大会（2018大阪大会）プログラム・発表論文集　第2版．pp.1-14.

Scammon, R. E. (1930) The measurement of the body in childhood. In: Harris, J. A., Jackson, C. M., Paterson, D. G., and Scammon, R. E. (Eds.), The Measurement of Man. Minneapolis：University of Minnesota Press.

Selman, R.L. (1981) The child as a friendship philosopher. In: S.R.Asher and J.M.Gottman (Eds.), The development of children's friendship. NewYork: Cambridge University Press.

Sherrill, C. (2004) Adapted physical activity recreation and sport. US: McGraw-Hill.

障害者福祉研究会（2002）．国際生活機能分類（ICF）：国際障害分類改定版，中央法規．

総務省（2016）平成28年地方公務員給与実態調査結果等の概要．http://www.soumu.go.jp/main_content/000391686.pdf（2017年11月15日参照）

スポーツ庁（2017）学校教育法施行規則の一部を改正する省令の施行について（通知）．http://www.mext.go.jp/sports/b_menu/hakusho/nc/1383344.htm（2017年10月23日参照）

Susan Pinker（2009）なぜ女は昇進を拒むのか　進化心理学が解く性差のパラドクス．早川書房，pp.280-281.

杉並区教育委員会（2016）すぎなみ教育報．No. 221.

鈴木美菜子（2017）インクルーシブ体育における障害のある生徒の学習評価について．平成28年度　筑波大学体育専門学群卒業論文．

寺岡英晋・松元剛（2015）中学校運動部活動における教師の指導実態に関する研究．体育学研究，60(1)：315-325.

田中正博・佐藤晴雄（2013）教育のリスクマネジメント：子ども・学校を危機から守るために．時事通信社．

タナー（著）林正（監訳）（1994）成長のしくみをとく―胎児期から成人期までの成長のすすみ方―．東山書房．

The University of Worcester (2017) The Worcester way; An inclusive approach to physical education and sport. University of Worcester.

東京大学病院（2018）Health Management for Female Athlete Ver3―女性アスリートのための月経対策ハンドブック．

鳥居俊・岩沼総一朗・飯塚哲司（2016）日本人健康男子中学生における身長，除脂肪量，骨量の最大増加時期．発育発達研究，70：11-16.

引用文献

内田良（2017）ブラック部活動：子どもと先生の苦しみに向き合う．東洋館出版社．
運動部活動の在り方に関する調査研究協力者会議（2013）運動部活動の在り方に関する調査研究報告書：一人一人の生徒が輝く運動部活動を目指して．http://www.mext.go.jp/a_menu/sports/jyujitsu/__icsFiles/afieldfile/2013/05/27/1335529_1.pdf（2017 年 11 月 13 日参照）
全国高等学校体育連盟（2017）加盟登録状況．http://www.zen-koutairen.com/f_regist.html（2017 年 10 月 20 日参照）
矢部京之助（2004）序章アダプテッド・スポーツとは何か？矢部京之助・草野勝彦・中田英男編著　アダプテッド・スポーツの科学．市村出版．

◆アクティブ・ラーニング 1

堀公俊・加藤彰・加留部貴行（2007）チーム・ビルディング―人と人を「つなぐ」技法．日本経済新聞出版社．
ミラー，B.C.（著）富樫奈美子（訳）（2015）15 分でチームワークを高めるゲーム 39．ディスカヴァー．
ウェインスタイン，M.・グッドマン，J.（著）佐原みどり（訳）（2005）プレイフェア．遊戯社．

◆アクティブ・ラーニング 2

香取一昭・大川恒（2009）決めない会議．ビジネス社．

◆アクティブ・ラーニング 3

ブラウン，A.・アイザックス，D.・ワールド・カフェ・コミュニティ（著）香取一昭・川口大輔（訳）（2007）ワールド・カフェ―カフェ的会話が未来を創る―．ヒューマンバリュー．
オーエン，H.（著）株式会社ヒューマンバリュー（訳）（2007）オープン・スペース・テクノロジー―5 人から 1000 人が輪になって考えるファシリテーション―．ヒューマンバリュー．

◆アクティブ・ラーニング 4

堀公俊・加藤彰（2006）ファシリテーション・グラフィック．日本経済新聞出版社．
堀公俊・加藤彰（2009）ロジカル・ディスカッション．日本経済新聞出版社．

◆アクティブ・ラーニング 5

堀公俊・加藤彰（2011）ディシジョン・メイキング―賢慮と納得の意思決定術．日本経済新聞出版社．

あとがき

　自分の大学での野球のコーチング経験を思い返してみる．そもそもコーチになろうと思って大学に入学したわけでも，もちろんそのために野球部に入部したわけでもなかった．たまたま年配の監督になったので，動けるそして時間の許される若手を登用しようということになってスポーツ科学の大学院に在籍していた私が指名されたのである．そのため「自分の受けた教育にしかリアリティはない」ということで，自分の受けたコーチングを頼りにコーチングを始めた．多くの人のコーチング経験のスタートはこんなものではないだろうか？本書を含めて，今ではそのような人のためにコーチングに関する知識を得る場が整いつつある．

　対象が同じ大学野球選手だったためコーチングはある程度うまく進んでいったが，対戦相手が強かったので，相手と同じコーチングをしているのでは差が縮まらない，何か縮めるコーチングをしなければと思っていた．何が競技力を構成しているのか？何が勝ちにつながるのか？考える拠り所はコーチ仲間との会話であり，学んでいたスポーツ科学であった．ようやく考えが及んだのは打撃技術の向上とトレーニングによるパワーアップだった．このように生みの苦しみを経験してトレーニングの狙いをつける，売りをつくるのはいつの時代でもコーチングの魅力のひとつである．

　選手の身のこなしを改善するのは容易なことではなかった．子どもの時期にどれだけ身体を理解し，身体機能を発揮する能力を高めておくことが肝要か．親はもちろんのこと，コーチはこの身体リテラシーの育成者である．その意味でナショナルコーチよりも子どものコーチの重要さに目を向けたい．子どものコーチの暴言や体罰事件が今もってメディアに取沙汰されているが，飲酒運転のように社会がそれを認めなくなる日は近い．

　そんな中，アメリカの大学で野球のコーチングを学ぶ機会を得た．ペーパーを配ってその日の内容を説明するのを日課としていた，筋力トレーニングからその日をスタートするような柔軟性をもっていた，ファーストネームで呼ばれても平気で，宗教，家族，学業を重視していた，などなど刺激的であった．こ

あとがき

の機会から何が合理的なのか？を考えさせられるようになった．このように現地に赴かなくても今はグローバル情報をたやすく入手できる時代になった．

　振り返りながら時間の流れを感じる．流れのおかげで本書にはスポーツのコーチングに関してバラエティに富んだ内容が含まれ，理解を助ける具体例も多く盛り込まれている．活用することで，道徳的になりがちと言われている大学でのコーチングの講義がより有意義なものになることを願う．最後になるが，そのためにねばり強く編集していただいた培風館の近藤さんに感謝申し上げたい．

　　令和元年 6月

平野　裕一

索引

■英数字

3+1C モデル　57
4C's（フォーシーズ）　24
ASUC 職業　73
ICF モデル　165,166
LGBT　161
TUE（治療使用特例）　140

■あ　行

アイシング　132
アイスブレイク　34
アスリート・センタード・コーチング　8
アスリートリーダー　62
　―の役割　62
アセスメント　37
アダプテッド　167,168,171,175
アンチ・ドーピング規則違反　138
アンチ・ドーピングホットライン　145
アントラージュ　8,16,44
異化作用　125
イメージ　111
イメージ的自動思考　115
インクルーシブ・スポーツ　173,174
インクルージョン　174
インクルージョン・スペクトラム・モデル　176
インテグリティ　9
インテグレーション　174

運動部活動　71,73,186,195
運動部活動顧問　196
栄養摂取　119
エネルギーの流れ　104
エプワース眠気尺度（ESS）　129
エルゴジェニックエイド　120,127
エンプティーフード　123
オープン・スペース・テクノロジー　118

■か　行

外在化　37
外的リーダー　62
外部指導者　187,190,194
課題解決　68
課題分析　47
課題リーダー　62
仮眠　132
寒冷療法　129,132
技術と動作の関係　105
技術トレーニング　100
技術の評価基準　102
技術力　82
気分プロフィール検査　131
客観的視点　29
客観的情報レベル　169
ギャンググループ　153
競技構造モデル　84
競技パフォーマンス　82
競技力　82
共助　174

禁止表国際基準　141
禁止物質　139, 141
禁止方法　139, 141
筋力　92, 97
クライオセラピー　132
グラフィッカー　147
クリティカルフレンド　31
クーリング　133
クレアチンキナーゼ　133
経験学習サイクル　29
経済性　102
月経　155
公式的学習　31
公助　174
行動的翻訳　47
コオリエンテーション　57
呼吸法　111
国際スポーツコーチング枠組み　19
個性的な技術　105
コーチデベロッパー　4, 32
コーチの学び　26
骨粗しょう症　157
好まれるリーダー行動　54
コーピング　38
鼓舞する動機づけ　56
個別配慮　56
コミットメント　57
コミュニケーション　160
コンプレッションウェア　134

■さ　行

サプリメント　126, 146
サポート　60
サモアンサークル　118
参加型コーチング　11
自己効力感　59
自己認識　23
自助　174

システムのレベル　171
実際のリーダー行動　54
実践(の)共同体　9, 31
自動思考　38
社会性の発達　151
社会的リーダー　62
集団凝集性　56
集団・仲間のレベル　170
自由度　103
柔軟性　94, 99
主観的視点　29
熟練者の動作　105
主体性　81, 203
準公式的な学習　31
順道制勝　183
障害者スポーツ　167
床内時間　131
職業スポーツ従事者　73
食事　119, 120
女性アスリートの三主徴　157
徐派睡眠　131
身長の発育速度曲線　149, 150
心的(メンタル)能力　82
親密性　57
心理サポート　117
進路形成　72
進路指導　73
随伴性報酬　57
睡眠　129
スキャモンの発育曲線　149
ストラテジックスキル　58
ストレス状況　35
ストレス反応　115
ストレッサー　36
スポーツ推薦入試　72, 74
スポードクター　145
スポーツファーマシスト　127, 145
スポーツボランティア　10, 188
スポーツメンタルトレーニング指導士

　　　　43
スポーツライフ　13
スポーツリーダーバンク　188
正確性　103
性差　158
省察　22
性的マイノリティ　162
世界アンチ・ドーピング機構（WADA）
　141
セクシャルハラスメント　162,163,179
セルフトーク　111
戦術力　82
専門的知識　22
相互作用による情報レベル　169
創造的思考　66
相補性　57

■た　行

代替思考　40
対自己の知識　23
対人スキル　58
対他者の知識　23
体罰　179
体力　82
体力トレーニング　92
多角的リーダーシップモデル　54
他者視点　30
炭水化物　121,122
たんぱく質　121,122
ダンピング　174
知的刺激　56
チームティーチング体制　177
チャムグループ　153
チャレンジ　60
調整力　94,98
デュアルキャリア　16
同化作用　125
動機づけ　111

動作の統合　109
動作の反復　106
トーキングスティック　203
ドーピング禁止物質　127
ドライサウナ　129,134
トランスジェンダー　161
トレーニング　82
トレーニング計画　88
トレーニング原則　83
トレーニング原理　83
トレーニング効果　83
トレーニングサイクル　84
トレーニング手段　86
トレーニング負荷　83
トレーニング目標　86,105

■な　行

日本アンチ・ドーピング機構（JADA）
　141
日本オリンピック委員会　46
日本スポーツ心理学会　43
認知行動療法　35
認知の発達　151
熱けいれん　136
熱失神　136
熱射病　136
熱中症　136
熱疲労　136
ノーマライゼーション　173
ノンレム睡眠　131

■は　行

パフォーマンスコーチング　14
ハラスメント　162,179
パワーハラスメント　163,179
反すう　113
ピアグループ　153

ビタミン類　121, 124
ピッツバーグ質問紙調査(PSQI)　129
批判的思考　67
非リーダーシップ　56
ファシリテーション　49, 203
ファシリテーション・グラフィック　147
ファシリテーター　32, 49, 203
フィードバック　44, 60, 106
フィールドのレベル　171
部活動指導員　189
部活動指導手当　198
フルレンジモデル　56
プロテインパウダー　128
分析の思考　65
変革型リーダーシップ　56
防衛的悲観主義　112
補食　120, 125

■ま　行

マクロサイクル　89
マナー　162
学ぶ能力　61
マネジメントスキル　58
ミクロサイクル　89
ミネラル類　121, 124
無月経　157
無酸素性持久力　93, 98
無酸素性パワー　92, 97

メゾサイクル　89
メンター　42
モチベーションリーダー　62
モデル・コア・カリキュラム　1, 18
モラル　162
問題発見　68

■や　行

有酸素性持久力　93, 98
要求されるリーダー行動　54
用具のレベル　170

■ら　行・わ

リカバリー　129
力学的仕事能　104
リスクマネジメント　181
理想的な影響　56
リーダーシップ　54
リーダーシップスキル　58
リーダーの成長プロセス　60
利用可能エネルギー不足　157
リラクセーション　116
理論的視点　30
例外による管理　57
レム睡眠　131
論理的思考　63
ワールド・カフェ　118

編者紹介

平 野 裕 一
ひら の ゆう いち

東京大学大学院教育学研究科博士課程単位取得退学
現　在　法政大学スポーツ健康学部教授
　　　　日本スポーツ協会スポーツ医・科学専門委員会委員
　　　　日本オリンピック委員会情報・医・科学専門部会員
　　　　全日本野球協会，日本バレーボール協会，評議員

土 屋 裕 睦
つち や ひろ のぶ

筑波大学大学院体育研究科コーチ学修了
現　在　大阪体育大学教授，学長補佐
　　　　日本オリンピック委員会科学サポート部門部門員
　　　　日本スポーツ心理学会資格委員会委員長
　　　　公認心理師，スポーツメンタルトレーニング上級指導士

荒 井 弘 和
あら い ひろ かず

早稲田大学大学院人間科学研究科博士後期課程修了
現　在　法政大学文学部教授
　　　　日本パラリンピック委員会医・科学・情報サポート事業競技団体サポートスタッフ
　　　　日本スポーツ心理学会資格委員会委員
　　　　スポーツメンタルトレーニング上級指導士

Ⓒ　平野裕一・土屋裕睦・荒井弘和　2019

2019 年 7 月 12 日　初 版 発 行

グッドコーチに
なるためのココロエ

編　者　平　野　裕　一
　　　　土　屋　裕　睦
　　　　荒　井　弘　和
発行者　山　本　　格
発行所　株式会社　培　風　館
東京都千代田区九段南 4-3-12・郵便番号102-8260
電　話(03)3262-5256(代表)・振　替 00140-7-44725

東港出版印刷・牧 製本

PRINTED IN JAPAN

ISBN978-4-563-05252-2 C3075